Découvrez l'histoire par les archives de presse

RETRONEWS

Le site de presse de la BnF

www.retronews.fr

Troisième Année. — Fascicules 1 & 2.

BULLETIN DES TRAVAUX

DE

L'UNIVERSITÉ DE LYON

PUBLICATION DE LA

SOCIÉTÉ DES AMIS DE L'UNIVERSITÉ LYONNAISE

RÉDIGÉE PAR

LES PROFESSEURS DES FACULTÉS

Comité du Bulletin

Président : **M. THALLER**, Professeur à la Faculté de Droit.

MM.

ANDRÉ, Professeur à la Faculté des Sciences, Directeur de l'Observatoire.

APPLETON, Professeur à la Faculté de Droit.

AUDIBERT, Professeur à la Faculté de Droit.

BARBIER, Professeur à la Faculté des Sciences.

BOURGEOIS, Professeur à la Faculté des Lettres.

FONTAINE, Doyen de la Faculté des Lettres.

MM.

LACASSAGNE, Professeur à la Faculté de Médecine.

LANNOIS Professeur agrégé à la Faculté de Médecine.

LÉPINE, Professeur à la Faculté de Médecine, Correspondant de l'Institut.

MORAT, Professeur à la Faculté de Médecine.

ROUX, Maître de Conférences à la Faculté des Sciences.

THAMIN, Maître de Conférences à la Faculté des Lettres.

Secrétaire général de la rédaction : **M. DUBOIS**, Professeur à la Faculté des Sciences.

TOME TROISIÈME

LYON

A. STORCK, IMPRIMEUR-EDITEUR

78, Rue de l'Hôtel-de-Ville

PARIS

Ernest LEROUX, ÉDITEUR, 28. rue Bonaparte

Voir le Sommaire aux pages 3 & 4 de la Couverture.

101

TRAVAUX

DE

L'UNIVERSITÉ DE LYON

BULLETIN DES TRAVAUX

DE

L'UNIVERSITÉ DE LYON

PUBLICATION DE LA

SOCIÉTÉ DES AMIS DE L'UNIVERSITÉ LYONNAISE

RÉDIGÉE PAR

LES PROFESSEURS DES FACULTÉS

Comité du Bulletin

Président : **M. THALLER**, Professeur à la Faculté de Droit.

MM.

ANDRÉ, Professeur à la Faculté des Sciences, Directeur de l'Observatoire.

APPLETON, Professeur à la Faculté de Droit.

AUDIBERT, Professeur à la Faculté de Droit.

BARBIER, Professeur à la Faculté des Sciences.

BOURGEOIS, Professeur à la Faculté des Lettres.

FONTAINE, Doyen de la Faculté des Lettres.

MM.

LACASSAGNE, Professeur à la Faculté de Médecine.

LANNOIS, Professeur agrégé à la Faculté de Médecine.

LÉPINE, Professeur à la Faculté de Médecine, Correspondant de l'Institut.

MORAT, Professeur à la Faculté de Médecine.

ROUX, Maître de Conférences à la Faculté des Sciences.

THAMIN, Maître de Conférences à la Faculté des Lettres.

Secrétaire général de la rédaction : **M. DUBOIS**, Professeur à la Faculté des Sciences.

TOME TROISIÈME

LYON

A. STORCK, IMPRIMEUR-ÉDITEUR

78, Rue de l'Hôtel-de-Ville

PARIS

Ernest LEROUX, ÉDITEUR, 28, rue Bonaparte

UNIVERSITÉ DE LYON

HAUTES ÉTUDES ET ENSEIGNEMENT SUPÉRIEUR

I. — Sciences générales et leurs applications.

Mathématiques pures. — M. Lafon, professeur ; M. Autonne, chargé de conférences.

Mathématiques appliquées (mécanique), — M. Allegret, professeur ; M. Autonne, chargé de conférences.

Physique. — M. Gouy, professeur ; M. Vauthier, maître de conférences ; M. Rigolot, chef des travaux pratiques ; M. Perrigot, préparateur.

Physique appliquée à la médecine. — M. Monnoyer, professeur ; M. Didelot, agrégé, chef des travaux pratiques.

Chimie générale. — M. Barbier, professeur ; M. Roux, maître de conférences ; M. Étaix, préparateur adjoint.

Chimie appliquée à l'industrie et à l'agriculture. — M. Raulin, professeur ; M. Recoura, chargé d'un cours complémentaire ; M. Vignon, maître de conférences ; M. Morel, chef des travaux ; M. Angelot, préparateur.

Chimie appliquée à la médecine. — M. Cazeneuve, professeur : MM. Linossier et Hugouneng, agrégés, chef des travaux.

Minéralogie et cristallographie. — M. Offret, maître de conférences.

Minéralogie appliquée à la pharmacie. — M. Didelot, agrégé.

Astronomie et météorologie. — M. André, professeur, Directeur de l'Observatoire de Lyon et des stations météorologiques du Parc de la Tête-d'Or, du Mont-Verdun, etc.; M. Gonnessiat, chargé d'un cours complémentaire ; M. Morel, chef des travaux pratiques ; M. Dit le Cadet, préparateur.

Géographie. — M. Gallois, chargé d'un cours complémentaire.

Géologie et paléontologie. — M. Depéret, professeur; M. Riche, préparateur.

Zoologie.. — M. Sicard, professeur; M. Kœhler, chargé d'un cours complémentaire; M. Bataillon, préparateur.

Zoologie et anatomie comparée appliquées à la médecine. — M. Lortet, professeur, directeur du Muséum d'histoire naturelle et du Jardin Zoologique de la Tête-d'Or.

Anatomie générale, histologie et embryologie. — M. Renaut, professeur; M. Vialleton, agrégé.

Anatomie descriptive appliquée à la médecine. — M. Testut, professeur; M. Jaboulay, agrégé, chef des travaux; MM. Albertin et Condamin, prosecteurs; MM. Rollet et Adenot, aides d'anatomie.

Botanique. — M. Gérard, professeur, directeur du Jardin Botanique de la Tête-d'Or; M. Lachmann, chargé d'un cours complémentaire; M. Garcin, préparateur.

Botanique appliquée à la médecine et à la pharmacie. — M. Beauvisage, agrégé, directeur du Jardin Botanique médical.

Physiologie générale et comparée. — M. Dubois, professeur; M. Couvreur, chef des travaux; M. Jardon, préparateur.

Physiologie appliquée à la médecine. — M. Morat, professeur; M. Reboul, chef des travaux.

Philosophie des sciences. — M. Hennequin, chargé d'un cours complémentaire.

II. — Sciences spéciales.

ANTHROPOLOGIE ET SOCIOLOGIE ANTHROPOLOGIQUE

Sanskrit. — M. Regnaud, professeur.

Langue et littérature sémitiques. — M. Montet, maître de conférences.

Égyptologie. — M. Loret, maître de conférences.

Langue et littérature grecques. — M. Allègre, maître de conférences.

Philologie grecque et latine. — M. Durand, maître de conférences.

Langue et littérature latines. — M. Lafaye, professeur et M. Jullien, chargé d'un cours complémentaire.

Langue et littérature françaises du Moyen Age. — M. Clédat, professeur.

Littérature française. — M. Fontaine, professeur.

Langue et littérature française. — M. Brunot, chargé d'un cours complémentaire.

Littérature étrangère. — M. Firmery, professeur.

Langue allemande. — M. Gruber, chargé de maîtrise de conférences.

Langue anglaise. — M. Legouis, maître de conférences.

Histoire ancienne. — M. Holleaux, chargé d'un cours complémentaire

Histoire et antiquités grecques et romaines. — M. Bloch, professeur.

Histoire et antiquités du moyen âge. — M. Bayet, professeur.

Histoire moderne. — M. Waddington, maître de conférences.

Histoire contemporaine. — M. Bourgeois, professeur.

Histoire du droit. — M. Berthélemy, agrégé.

Histoire du droit public. — M. Blondel, agrégé (en congé).

Histoire générale du droit français. — M. Lesueur, agrégé.

Droit romain. — M. Audibert, professeur (1re chaire); M. Appleton, professeur (2me chaire).

Droit civil. — M. Caillemer, professeur (1re chaire); M. Mabire, professeur (2me chaire). •

Procédure civile. — M. Cohendy, professeur.

Droit administratif. — M. Enou, professeur.

Droit commercial. — M. Thaller, professeur.

Droit international privé. — M. Sauzet, agrégé.

Economie politique. — M. Rougier, professeur.

Hygiène. — M. Rollet, professeur.

Droit criminel. — M. Garraud, professeur.

Médecine légale et anthropologie criminelle. — M. Lacassagne, professeur; M. Coutagne, chef des travaux.

Philosophie (psychologie, morale, pédagogie). — M. Bertrand, professeur; M. Thamin, maître de conférences.

Maladies mentales. — M. Pierret, professeur.

Pathologie interne. — M. Teissier, professeur; M. Roque, agrégé.

Clinique médicale. — MM. Lépine et Bondet, professeurs.

Clinique des maladies cutanées et syphilitiques. — M. Gailleton, professeur.

Clinique ophtalmologique. — M. Gayet, professeur.

Clinique des maladies des femmes. — M. Laroyenne, professeur.

Clinique obstétricale. — M. Fochier, professeur.

Accouchements (cours complémentaire). — M. Poullet, agrégé.

Clinique des maladies des enfants. — M. Perret, chargé de cours.

Pathologie externe. — M. Berne, professeur; M. Chandelux, agrégé.

Clinique chirurgicale. — MM. Ollier, Tripier (Léon), professeurs.

Médecine opératoire. — M. Poncet, professeur.

Petite chirurgie. — M. Rochet.

Anatomie pathologique. — M. Tripier (Raymond), professeur; M. Bard, agrégé.

Pathologie générale. — M. Mayet, professeur.

Matière médicale. — M. Cauvet, professeur (décédé); M. Beauvisage, agrégé.

Pharmacie. — M. Crolas, professeur; M. Florence, agrégé.

Thérapeutique. M. Soulier, professeur.

Médecine expérimentale et comparée. — M. Arloing, professeur; M. Rodet, chef des travaux (1).

SCIENCES APPLIQUÉES A LA VÉTÉRINAIRE

Anatomie descriptive, anatomie générale et extérieure des animaux domestiques. — M. Lesbu, professeur; M. Blanc, chef des travaux.

Physiologie et thérapeutique générale. — M. Arloing, professeur et directeur de l'Ecole vétérinaire; M. Guinard, chef des travaux.

Hygiène et zootechnie. — M. Cornevin, professeur; M. Bouchet, professeur.

Pathologie interne, pathologie générale et anatomie pathologique. — M. Cadéac, professeur.

Pathologie des maladies contagieuses, police sanitaire et jurisprudence. — M. Galtier, professeur.

Pathologie externe, chirurgie et obstétrique. — M. Violet, professeur; M. Mathis, chef des travaux.

Histoire naturelle et matière médicale. — M. Faure, professeur.

Physique, chimie et toxicologie. — M. Peteaux, professeur.

A côté de l'enseignement officiel proprement dit, MM. les étudiants français et étrangers trouveront encore à Lyon des éléments précieux, multiples et variés d'instruction générale ou spéciale; de vastes et riches hôpitaux avec de

(1) Le tableau ci-dessus comprend exclusivement le haut enseignement officiel dont les membres appartiennent tous à l'*Enseignement supérieur* et relèvent directement du ministère de l'Instruction publique.

nombreuses cliniques (de chirurgie, de médecine, de maladies spéciales, etc.)
qui jouissent depuis des siècles d'une réputation universelle, des laboratoires
de recherches largement installés et bien outillés, de grandes bibliothèques,
des musées et des collections publiques ou privées, des sociétés savantes et
des établissements d'instruction à tous les degrés ; Conservatoire de musique,
écoles des Beaux-Arts, etc., etc., dont nous ferons connaître ultérieurement
l'organisation et le fonctionnement dans la *Chronique du Bulletin de
l'Université*.

Outre l'enseignement médical, qui est donné par l'Université à MM. les élèves
de l'École de santé militaire, un enseignement spécial complémentaire a été
organisé par le ministère de la Guerre. Le corps enseignant est composé de
savants recrutés par voie de concours, parmi les médecins du Corps de Santé de
l'Armée, qui prennent alors le titre de *répétiteurs*.

Enseignement et personnel enseignant de l'Ecole de santé militaire.

Anatomie médicale et pathologique. — M. Cahier, répétiteur.

Physiologie et histologie. — M. Catrin, répétiteur.

Pathologie interne et clinique médicale. — M. Lemoine, répétiteur.

Pathologie externe et clinique chirurgicale. — M. Brousses, répétiteur.

Médecine opératoire et accouchement. — M. Mignon, répétiteur.

Matière médicale, thérapeutique; hygiène et médecine légale. —
   M. Manquat, répétiteur.

Conférences de littérature. — M. Fontaine; professeur de l'Université.

Conférences d'histoire — M. Bourgeois, professeur de l'Université.

Conférences d'allemand. — M. Firmery, professeur de l'Université.

Conférences d'allemand. — M. Grüber.

L'organisation complète de l'Ecole de Santé militaire et les conditions
d'admissibilité à cette école feront l'objet d'une étude spéciale. (V. chronique du bulletin.)

Le corps enseignant de l'Ecole vétérinaire relève directement du ministère
de l'Agriculture.

TRAVAUX

DE L'UNIVERSITÉ DE LYON[1]

SCIENCES GÉNÉRALES ET LEURS APPLICATIONS

PHYSIQUE

I. SUR LES TRANSFORMATIONS ET L'ÉQUILIBRE EN THERMODYNAMIQUE. *(Comptes-Rendus,* 11 mars 1889).

II. SUR UNE LOI GÉNÉRALE RELATIVE AUX EFFETS DES TRANSFORMATIONS RÉVERSIBLES *(Comptes-Rendus,* 18 février 1889).

III. SUR L'ÉNERGIE UTILISABLE ET LE POTENTIEL THERMODYNAMIQUE *(Comptes-Rendus,* 15 avril 1889).

IV. SUR L'ÉNERGIE UTILISABLE *(Journal de physique,* novembre 1889), par **M. Gouy,** professeur à la Faculté des Sciences.

Bien que les raisonnements et les calculs usités en thermodynamique reviennent, au fond, à la méthode des cycles, il est souvent utile de faire usage de certaines fonctions, telles que l'énergie U et l'entropie S, pour caractériser l'état du système étudié. Je me suis proposé de montrer qu'on peut employer dans ce but une fonction différente, qui paraît présenter l'avantage de ramener les divers problèmes à des considérations plus simples et plus générales.

Parmi les forces extérieures qui agissent sur un système matériel, il en est qui sont telles que le travail qu'elles produisent s'annule pour tout cycle fermé (pesanteur, pression

(1) En raison de la création des **Annales de l'Université**, le Comité de publication a décidé que les Comptes-rendus du Bulletin pour l'année 1890 seraient réduits autant que possible.

athmosphérique, etc...). D'autres forces ne satisfont pas nécessairement à cette condition; ce sont les seules, dont le travail soit à considérer dans la méthode des cycles réversibles. Pour simplifier le langage, nous supposerons que ces dernières forces sont mises en jeu par un *opérateur*, qui agit sur le système de manière à produire la transformation considérée.

Nous ne considérerons qu'un seul réservoir de chaleur, à température constante, qui sera *le milieu ambiant*. Les échanges de chaleur entre le système et ce milieu, ou entre les diverses parties du système, se produiront, soit spontanément, soit par l'intermédiaire de machines thermiques mises en jeu par l'opérateur. D'après le principe de Carnot, le travail total fourni par l'opérateur dans le cycle fermé sera nul ou positif.

D'après ce même principe, ce travail, pour faire passer le système d'un état A à un état B, par une opération réversible, ne dépend que de ces deux états; on peut donc l'exprimer par la variation d'une fonction $\mathcal{E}$ de l'état du système, qui est *l'énergie utilisable*.

La variation de $\mathcal{E}$ est donnée par l'expression

$$d\,\mathcal{E} = d\,\varpi + \mathrm{E}\,\Sigma\left(1 - \frac{\mathrm{T.}}{\mathrm{T}}\right)\,d\mathrm{Q},$$

ou $d\mathrm{Q}$ désigne la chaleur portée sur le système où la température absolue est T, T^0 désignant la température absolue du milieu ambiant; $d\varpi$ désigne le travail fourni par l'opérateur pour effectuer ses autres actions sur le système, (déformation, transport d'électricité, etc.). Cette expression peut être transformée de manière à mettre en évidence les variations de l'énergie intrinsèque et de l'entropie.

Toute transformation spontanée produit une variation nulle ou négative de l'énergie utilisable, car, d'après le principe de Carnot, l'opérateur, pour ramener le système à son état initial, doit fournir un travail nul ou positif. Il en résulte que *lorsque l'énergie utilisable est minimum, le système est en équilibre stable*.

On peut en déduire une loi générale des effets de transformation qui s'énonce ainsi : *Les effets instables s'opposent à l'action de l'opérateur, et les effets stables la favorisent.* Cette loi permet de prévoir sans calcul le sens des phénomènes soumis à la thermodynamique.

V. SUR L'ÉLARGISSEMENT DES RAIES SPECTRALES DES MÉTAUX, par **M. Gouy**, (*Comptes-Rendus*, 27 juin 1889).

Les raies métalliques, dites *étroites*, prennent une largeur sensible lorsque la quantité de vapeur augmente, ou lorsqu'on observe le spectre au moyen d'un appareil très dispersif. Cet élargissement s'effectue presque toujours d'une manière symétrique des deux côtés de la raie. Cependant, certaines raies du sodium et du potassium font exception; elles s'élargissent presque uniquement du côté du rouge, en sorte qu'elles se transforment en petites bandes dégradées du côté du rouge, et terminées nettement du côté du violet. Cette particularité n'est pas sans importance au point de vue théorique, en ce que certaines explications, qu'on pourrait proposer pour l'élargissement des raies, exigent une symétrie parfaite.

VI. SUR LE MOUVEMENT BROWNIEN, par **M. Gouy.** (*Comptes-Rendus*, 22 juillet 1889).

Le mouvement brownien est un phénomène général, qui se produit avec tous les liquides, tenant en suspension des particules quelconques. Les seules différences observables sont dûes au plus ou moins de viscosité des liquides. Ceux qui sont très mobiles, alcools, éthers, eau, etc., produisent un mouvement très marqué; les huiles et autres liquides visqueux ne montrent qu'un mouvement très affaibli.

Diverses expériences ont établi que le phénomène n'est dû, ni à des causes accidentelles, ni à l'action de la lumière; on doit donc le regarder comme dû à la constitution même des liquides, et, selon toute vraisemblance, aux vibrations calorifiques des molécules.

VII. SUR L'ÉNERGIE POTENTIELLE MAGNÉTIQUE ET LA MESURE DES COEFFICIENTS D'AIMANTATION, par **M. Gouy.** *(Comptes-Rendus,* 28 décembre 1889).

Les forces qui agissent sur un corps placé dans un champ magnétique dépendent de l'énergie potentielle magnétique de ce corps, dont l'expression ordinaire est établie en supposant que le coefficient d'aimantation est constant. Les formules données dans ce travail ne sont pas soumises à cette restriction. Elles conduisent à une méthode générale pour la mesure des coefficients d'aimantation des liquides, des solides et des gaz, ces coefficients étant regardés comme des fonctions de la force magnétisante.

CHIMIE

NOTE SUR LA FORMATION DU DUROL par **MM. P. Barbier** et **L. Roux** (*Bulletin de la Société Chimique* 3ᵉ série, t. II, p. 4.)

Nous avons essayé d'obtenir le composé $C^6H^2(CH^3)^4$ (1 : 3 : 4 : 5) en faisant réagir l'iodure de méthyle sur le mésitylène (1 : 3 : 5) en présence du chlorure d'aluminium. La réaction terminée, et le produit, après avoir été traité par l'eau, étant soumis à la distillation fractionnée, on recueille entre 190 et 200° un composé liquide. Mais celui-ci étant soumis au refroidissement abandonne une proportion notable de durol.

La proportion de durol ainsi formée semble être d'autant plus grande qu'on emploie dans la réaction une quantité plus forte de chlorure d'aluminium.

La formation du durol (1 : 2 : 4 : 5) à partir du mésitylène (1 : 3 : 5) est dûe à une transposition moléculaire, dont la méthode au chlorure d'aluminium a déjà fourni un certain nombre d'exemples.

I. RECHERCHES SUR LA DISPERSION DANS LES COMPOSÉS ORGANIQUES (*Comptes-rendus de l'Académie des Sciences,* séance du 17 juin 1889).

II. RECHERCHES SUR LA DISPERSION DANS LES COMPOSÉS AROMATIQUES (*Bulletin de la Société Chimique,* 3ᵉ série, t. III, p. 255) par **MM. Ph. Barbier** et **L. Roux.**

Les expériences, qui font l'objet de ces deux mémoires, ont été entreprises dans le but de rechercher les relations qui existent entre le pouvoir dispersif des corps et leur constitution chimique. Elles ont porté : 1° sur la benzine et ses homologues monosubstitués ; 2° sur un certain nombre de dérivés monosubstitués non sériés de la benzine ; 3° sur les benzoates alcooliques. Elles ont conduit aux lois suivantes :

1° Dans les séries homologues examinées, les valeurs du pouvoir dispersif B décroissent régulièrement à mesure que les poids moléculaires M augmentent et les pouvoirs dispersifs sont liés aux poids moléculaires par une équation de la forme

$$B = \alpha + \beta\, M + \gamma\, M^2.$$

2° Si l'on représente le volume moléculaire par $\frac{M}{d}$, l'expression

$$B \left(\frac{M}{d}\right)^{\frac{1}{3}}$$

est constante dans chacune des séries examinées. Il en résulte que, pour les composés aromatiques étudiés, le pouvoir dispersif est inversement proportionnel à la distance particulaire moyenne.

———

SUR LA CONSTITUTION ET LA FONCTION ACÉTONIQUE DU NITROCAMPHRE, par M. Paul Cazeneuve, professeur à la Faculté de médecine. (*Bulletin de la Société Chimique* 20 février 1889, p. 240).

Je démontre dans cette note que le nitrocamphre est une acétone comme le camphre, en m'appuyant sur l'action de la phénylhydrazine qui donne la combinaison :

$$C^{10}H^{16} = Az - Az \diagdown \begin{matrix} H \\ C^6 H^5 \end{matrix}$$

———

SUR UN CHLORHYDRATE DE NITROCAMPHRE. FORMATION D'UN POLYMÈRE PAR HYDRATATION : LE CAMPHROTRINITROTRIPHÉNOL, par M. Paul Cazeneuve, professeur à la Faculté de Médecine. (*Bulletin de la Société Chimique*, 20 février 1889, p. 243).

Le camphre nitré se combine au sein de l'alcool avec l'acide chlorhydrique. On obtient un chlorhydrate magnifiquement cristallisé, fondant à 127°-128° en dégageant de l'acide chlorhydrique.

Ce chlorhydrate se saponifie au sein de l'alcool acide vers 60° et donne un phénol par hydratation et condensation moléculaire, le camphotrinitrotriphénol, qui cristallise avec trois molécules d'eau et fond à 75° hydraté et à 98° anhydre. Ce corps donne avec le perchlorure de fer une magnifique coloration violette. Il se forme successivement :

$$C^8H^{14} \diagdown \begin{matrix} CHAzO^2 \\ | \\ C \diagdown \begin{matrix} Cl \\ OH \end{matrix} \end{matrix} \qquad et \qquad C^8H^{14} \diagdown \begin{matrix} CHAzO^2 \\ | \\ C \diagdown \begin{matrix} OH \\ OH \end{matrix} \end{matrix}$$

ce corps devenant

$$\left(C^8H^{14} \diagdown \begin{matrix} CAzO^2 \\ | \\ COH \end{matrix} \; H^2O \right)^3$$

SUR UN NITRO-PHÉNOL « LE CAMPHONITROPHÉNOL » ISOMÉRIQUE AVEC LE NITROCAMPHRE, par **M. Paul Cazeneuve,** professeur à la Faculté de Médecine. (*Bulletin de la Société chimique,* 5 avril 1889, p. 417).

Quand on fait bouillir soit le nitrocamphre α, soit le chlorhydrate de nitrocamphre et le trimère dérivé, que nous avons décrit, avec l'acide chlorhydrique concentré, on obtient facilement un phénol isomérique du nitrocamphre qui ne possède plus la fonction acétone.

$$C^8H^{14}\left\langle\begin{matrix}CHAzO^2\\|\\CO\end{matrix}\right. \quad\text{devient}\quad C^8H^{14}\left\langle\begin{matrix}CAzO^2\\\|\\COH|\end{matrix}\right.$$

Nous donnons dans cette note toutes les propriétés physico-chimiques de ce corps remarquable.

––––––

SUR LES CAMPHONITROPHÉNATES, par **M. Paul Cazeneuve,** professeur à la Faculté de Médecine. (*Bulletin de la Société Chimique,* 5 avril 1889, p. 423).

Nous décrivons les sels du camphonitrophénol et en particulier les sels de fer, de sodium, de calcium et d'ammonium.

––––––

SUR LES ÉTHERS ACÉTIQUE ET ÉTHYLIQUE DU CAMPHONITROPHÉNOL, par **M. Paul Cazeneuve,** professeur à la Faculté de médecine. (*Bulletin de la Société Chimique,* 20 avril 1889, p. 467).

Nous étudions dans cette note l'éther acétique du camphonitrophénol que nous avons formé par l'action de chlorure d'acétyle. Cet éther fond à 115° et correspond à la formule :

$$C^8H^{14}\left\langle\begin{matrix}CAzO^2\\\|\\CO(C^2H^3O)\end{matrix}\right.$$

L'éther éthylique, formé en faisant réagir l'iodure d'éthyle sur le camphonitrophénate de soude, fond à 54° et correspond à la formule :

$$C^8 H^{11} \left\langle \begin{array}{l} CAzO^2 \\ || \\ CO(C^2 H^5) \end{array} \right.$$

SUR L'ÉTHER PHOSPHORIQUÉ DU CAMPHONITROPHÉNOL, par **M. Paul Cazeneuve**, professeur à la Faculté de médecine. *(Bulletin de la Société Chimique*, 20 avril 1889, p. 469).

Cet éther se forme sous l'influence du trichlorure de phosphore. Il est infusible et se décompose par la chaleur. Il correspond à la formule :

$$C^8 H^{11} \left\langle \begin{array}{l} CAzO^2 \\ C \,\text{---} \end{array} \right.$$
$$C^8 H^{11} \left\langle \begin{array}{l} CAzO^2 \\ C \,\text{------} \end{array} \right\rangle PO^4$$
$$C^8 H^{11} \left\langle \begin{array}{l} CAzO^2 \\ C \,\text{---} \end{array} \right.$$

SUR LES ÉTHERS BENZOIQUE ET PHTALIQUE DU CAMPHONITROPHÉNOL, par **M. Paul Cazeneuve**, professeur à la Faculté de Médecine. *(Bulletin de la Société Chimique*, 20 avril 1889, p. 471).

Soit avec le chlorure de benzoyle, soit avec le chlorure de phtalyle, on obtient les éthers correspondants. La benzoïne fond à 113°, la phtaline fond à 275°.

Ces corps correspondent respectivement aux formules :

$$C^8 H^{11} \left\langle \begin{array}{l} CAzO^2 \\ || \\ C.O(C^7 H^5 O) \end{array} \right.$$

et
$$\left(C^8 H^{11} \left\langle \begin{array}{l} CAzO^2 \\ || \\ C.O \end{array} \right. \right)^2 (C^8 H^4 O^4)$$

SUR L'ÉTAIN, par **M. Léo Vignon**, maître de Conférences, Sous-directeur du Laboratoire de Chimie industrielle à la Faculté des Sciences (*Comptes-rendus de l'Académie des Sciences*, 5 novembre 1888).

L'auteur étudie l'étain déposé par l'action du zinc sur les solutions aqueuses des chlorures stanneux et stannique, et démontre, par ses expériences, que cet étain possède des propriétés caractéristiques.

Tout d'abord cet étain est très oxydable. Exposé à l'air, à la température ordinaire, il contient au bout de quelques jours une quantité de protoxyde d'étain anhydre égale au tiers ou au quart de son poids. Ce phénomène de l'oxydation de l'étain, à la température ordinaire, avait été jusqu'à présent méconnu.

En outre, cet étain partiellement oxydé ne peut être fondu. Quand on le chauffe au contact de l'air, il brûle comme de l'amadou. Dans un courant de gaz inerte, des globules métalliques se forment et subsistent à l'état isolé sans se réunir en culot. Il y a là un phénomène analogue à celui que présente le mercure qui reste divisé, sans se réunir en une masse unique, lorsqu'il renferme certaines impuretés.

———

SUR LA TENSION DE VAPEUR DES DISSOLUTIONS FAITES DANS L'ACIDE ACÉTIQUE, par **M. Recoura**, chargé d'un cours complémentaire de chimie à la Faculté des Sciences de Lyon (en collaboration avec M. Raoult, professeur à la Faculté des Sciences de Grenoble). (*Comptes-rendus de l'Académie des Sciences*, 24 février 1890).

Une molécule de substance fixe, en se dissolvant dans 100 molécules d'un liquide volatil quelconque, diminue la tension de vapeur de ce liquide d'une fraction à peu près constante de sa valeur et voisine de 0,01 (*Loi des tensions de vapeur de Raoult*).

Les auteurs ont reconnu que cette loi ne s'applique pas aux dissolutions faites dans l'acide acétique et observées au voisinage de leur point d'ébullition, si on prend pour poids moléculaire de l'acide bouillant $C^2H^4O^2 = 60$. Mais celui-ci rentre dans la loi générale, si on prend pour son poids moléculaire le nombre 97 déduit de sa densité de vapeur au point d'ébullition. L'exception présentée par l'acide acétique n'est donc qu'apparente, et est une conséquence de l'état de dissociation de la *molécule physique* d'acide acétique au point d'ébullition.

SUR UN NOUVEL HYDRATE DE CARBONATE DE SODIUM, par **M. J. Morel**, chef des Travaux de chimie appliquée. (*Bulletin Soc. Min.* Déc. 1889).

Etude des conditions de production, de la composition, des propriétés physiques et de la forme cristalline d'un hydrate de carbonate de sodium qui, d'après le dosage de l'eau, répond à la formule $2\,Na^2CO^3 + 5\,H^2O$.

(Faculté des Sciences. Laboratoire de chimie appliquée).

SYNTHÈSE DE LA MÉTAPHÉNYLÈNE DIAMINE PAR LA RÉSORCINE ET L'AMMONIAQUE, par **M. Alphonse Seyewetz**, élève de l'Enseignement de la Chimie industrielle à la Faculté des Sciences de Lyon, (*Comptes-rendus de l'Académie des Sciences*, 25 nov. 1889).

M. Seyewetz a obtenu la métaphénylène diamine en chauffant pendant trois heures, vers 280-300°, un mélange de résorcine avec quatre fois son poids de chlorure de calcium ammoniacal à 35 pour 100 d'ammoniaque.

Il a isolé cette diamine à l'état de chlorhydrate cristallisé, en a fait l'analyse et en a vérifié les propriétés essentielles.

(Laboratoire de chimie industrielle de la Faculté des Sciences de Lyon.)

SYNTHÈSE DE LA DIOXYDIPHÉNYLAMINE ET D'UNE MATIÈRE COLORANTE ROUGE, par **M. Seyewetz**, élève de l'Enseignement de la chimie industrielle à la Faculté des Sciences de Lyon. (*Comptes-rendus de l'Académie des Sciences*, 16 décembre 1889).

En chauffant dans des tubes scellés pendant 10 heures environ, vers 190-200°, un mélange de résorcine et de chlorure de calcium ammoniacal dans le rapport de 1 à 4, M. Seyewetz a obtenu une matière jaune foncé qu'il a isolée et purifiée, et qui lui a donné des cristaux microscopiques de dioxydiphénylamine dont il a étudié les propriétés essentielles. En répétant la même expérience vers 300° pendant le même temps, il a obtenu une matière rouge brun qui n'est pas seulement une matière colorée, mais une matière tinctoriale, teignant en brun cachou le coton mordancé au tannin et à l'émétique, et fournissant d'assez belles nuances sur la laine mordancée au bichromate de potasse.

(Laboratoire de chimie industrielle de la Faculté des Sciences de Lyon.)

SUR UN NOUVEL APPAREIL POUR LE DOSAGE RAPIDE DE L'URÉE par **M. Georges Linossier**, agrégé à la Faculté de Médecine. (*Société des Sciences médicales*, 16 janvier 1889.)

L'auteur se sert pour le dosage de l'urée dans l'urine par l'hypobromite de sodium d'un appareil fort simple qui fournit, avec le maximum de simplicité dans le fonctionnement, des résultats identiques à ceux qu'on obtient avec les uréomètres les plus compliqués.

C'est un flacon de 150^{cc} fermé par un bouchon de caoutchouc traversé par un tube à robinet.

On y introduit environ 35^{cc} de la solution d'hypobromite, puis 2^{cc},5 d'urine, contenus dans un tube bouché à un bout, de manière qu'il ne puisse y avoir mélange des deux liquides. On bouche, on ferme le robinet, puis on renverse l'appareil, ce qui provoque le mélange de l'urine et de l'hypobromite, on agite.

Dès que le dégagement gazeux est achevé, ce qui demande moins d'une minute, on ouvre le robinet au-dessus d'une éprouvette graduée. La pression de l'azote dégagé fait jaillir une certaine quantité de liquide. Le nombre de centimètres cubes de liquide recueilli dans l'éprouvette exprime en grammes par litre la teneur de l'urine en urée.

Telle est l'opération dans sa plus grande simplicité, telle qu'on peut l'employer pour les recherches courantes de clinique. Avec quelques précautions, indiquées par l'auteur dans sa communication, on peut rendre le procédé aussi exact que les meilleurs procédés à l'hypobromite; mais, il faut se rappeler que l'emploi même de l'hypobromite ne permet pas d'obtenir une précision suffisante dans des recherches délicates de physiologie.

TRAVAUX PRATIQUES DE CHIMIE ANALYTIQUE QUANTITATIVE, à l'usage des étudiants en médecine et en pharmacie, par le **Dr A. Florence**, agrégé. Avec une introduction par le professeur **Crolas**.

Le premier fascicule qui comporte 70 pages contient les méthodes générales avec des exercices gradués. Le 2e fascicule contenant les analyses des bases et des acides est sous presse.

DE L'ACTION DES PHOSPHATES SUR LA CULTURE DES CÉRÉALES, par **M. J. Raulin**, professeur de Chimie industrielle et agricole à la Faculté des Sciences de Lyon. (*Comptes-rendus de l'Académie des Sciences*, 26 août 1889).

Cette note présente le résumé des expériences faites au champ de la station agronomique du Rhône, à Pierre-Bénite, pendant l'année 1888-1889, sur l'action des divers phosphates sur la culture des céréales. Toutes les parties qui ont reçu de l'acide phosphorique ont eu des récoltes plus fortes que celles qui n'ont pas reçu cet élément; mais ces excédents ont varié avec la nature du phosphate; les phosphates à acide phosphorique soluble se sont montrés plus efficaces que les phosphates à acide phosphorique insoluble.

(Laboratoire de chimie industrielle et agricole de la Faculté des Sciences.)

EXPÉRIENCES DE CHIMIE AGRICOLE, par **M. J. Raulin**. (*Société d'Agriculture de Lyon*. Janvier 1890).

Ce mémoire donne le résumé des expériences de chimie agricole entreprises au champ d'expériences de Pierre-Bénite, pendant la campagne 1888-1889. Elles ont eu pour objets :

1° Des cultures composées avec engrais de ferme et avec engrais chimiques;

2° Des cultures composées de diverses espèces de blé;

3° L'influence de l'humus et des sels chimiques sur la végétation;

4° L'action des phosphates sur la culture des céréales.

(Laboratoire de chimie industrielle et agricole de la Faculté des Sciences.)

DOSAGE DE LA POTASSE ET DE L'HUMUS DANS LES TERRES, par **M. J. Raulin** (*Comptes-rendus de l'Académie des Sciences*, 10 février 1890).

L'auteur dose la potasse à l'état de phosphomolybdate de potasse, par pesée; l'avantage de ce procédé consiste en ce qu'il n'exige pas de séparations bien compliquées, et que d'autre part, le poids moléculaire du phosphomolybdate étant fort élevé, des traces de potasse donnent un poids de précipité relativement grand et facile à apprécier.

L'humus est dosé volumétriquement : on détermine à l'aide de l'acide oxalique la proportion de bioxyde de manganèse détruit à l'ébullition par un volume déterminé de liquide humifère extrait de la terre, et c'est de cette quantité de bioxyde de manganèse qu'on déduit la quantité d'humus.

(Laboratoire de chimie industrielle et agricole de la Faculté des Sciences.)

CRISTALLOGRAPHIE

ÉTUDES CRISTALLOGRAPHIQUES :

I. DU CAMPHONITROPHÉNOL *(Bull. Soc. Chim.* avril 1889).

II. DE L'ANISOL DICHLORÉ *(Bull. Soc. Chim.* septembre 1889).

III. DE L'HEXACHLOROPHÉNOL *(Bull. Soc. Chim.* décembre 1889), par **M. J. Morel**, chef des travaux de chimie appliquée à la Faculté des sciences.

SUR LA CONSTITUTION DE CERTAINS CRISTAUX DE BROMATE DE SODIUM par **M. J. Morel**. *(Comm. Soc. Sciences indust* , juillet 1889 Lyon).

Certains cristaux de bromate de sodium, cristallisés en tétraèdres réguliers modifiés ou non par les faces du cube, examinés en lumière polarisée paraissent constitués par la réunion de quatre individus cristallins correspondant aux pyramides triangulaires qui auraient pour bases les faces du tétraèdre régulier et leur sommet commun au centre du tétraèdre.

Deux des cristaux constituants présentent les phénomènes ordinaires de polarisation rotatoire ; les deux autres se comportent sensiblement comme des cristaux biaxes, mais avec quelques particularités qui pourraient se rapporter à la polarisation elliptique.

Il résulte d'essais postérieurs que les cristaux, provenant d'un mélange à proportions variables de bromate et de chlorate de sodium, ne jouissent plus de la polarisation rotatoire habituelle ; ils sont toujours en forme de cube sans modification et semblent résulter du groupement des six cristaux correspondant aux six pyramides quadrangulaires qui ont pour bases les faces du cube et pour sommet commun le centre du cristal.

D'après certains indices, ces pyramides elles-mêmes ne seraient pas des cristaux simples et résulteraient du groupement de quatre cristaux élémentaires groupés autour de l'axe de symétrie.

ASTRONOMIE

Chaire d'astronomie. — Observatoire.

DESCRIPTION DU SERVICE HORAIRE DE LA VILLE DE LYON, par **M. Ch. André**. professeur à la Faculté des Sciences, directeur de l'Observatoire (Gauthiers-Villars, Paris).

Le service horaire de la ville de Lyon, que l'Observatoire a été chargé d'organiser, comprend trois parties distinctes que M. André décrit séparément.

1° *Poste central horaire*. L'auteur y donne les méthodes adoptées par lui pour transmettre l'heure exacte aux pendules de ce poste, et pour l'y conserver.

2° *Transmission de l'heure aux cadrans*. Cette transmission se fait à l'aide de distributeurs spéciaux construits de façon à être gouvernés par la pendule maîtresse et à envoyer à chaque minute un courant de sens alterné.

3° *Etude des lignes et des cadrans*. Cette étude y est faite d'après des règles simples qui permettent de connaître du poste central la plupart de leurs imperfections.

———

OCCULTATION DE JUPITER PAR LA LUNE, DU 7 AOUT 1889 par **M. Ch. André**. (*Comptes-rendus des séances de l'Académie des sciences*, 20 août 1889).

Les occultations des planètes par la lune sont des phénomènes rares, mais importants, en ce sens qu'ils doivent conduire à des positions précises de notre satellite. On doit donc chercher à rendre leurs observations le plus précises possible, et en étudier avec soin toutes les causes d'erreur. C'est à ce point de vue que l'observation précédente a été faite, et c'est de là qu'elle tire son plus grand intérêt.

———

SUR LES OCCULTATIONS DES SATELLITES DE JUPITER par **M. Ch. André**. (*Comptes-rendus des séances de l'Académie des sciences*, 16 septembre 1889).

La liaison lumineuse qui lors des *occultations* ou *passages* des satellites de Jupiter se produit au voisinage du contact entre les satellites et la planète n'est pas la seule particularité que présentent ces phénomènes. M. André s'occupe tout d'abord des occultations et indique les faits qui résultent des observations faites depuis quelques années à l'Observatoire de Lyon sur ce sujet ; et, après avoir décrit ces apparences singulières, il conclut que leur cause est purement expérimentale et qu'elles sont dûes à ce que au voisinage du contact l'image focale du satellite est recouverte, pendant un certain temps par la zone de lumière diffractée d'étendue variable avec son ouverture que l'objectif de l'instrument répartit autour de l'image géométrique de la planète. L'observation normale de ces phénomènes est d'ailleurs une preuve nouvelle et des plus convaincantes de l'existence de cette zone de lumière diffractée autour des astres à diamètre apparent sensible.

ÉTUDE EXPÉRIMENTALE DES PASSAGES ET OCCULTATIONS DES SATELLITES DE JUPITER par **M. Ch. André**. (*Comptes-rendus des séances de l'Académie des sciences*, 18 novembre 1889).

Dans cette note l'auteur continue l'étude des phénomènes si intéressants que présentent les *passages et occultations* des satellites de Jupiter. Dans ce but il a fait construire un appareil capable de les reproduire tout au moins dans les plus importantes de leurs manifestations ; et, cet appareil étant placé à l'une des extrémités de la grande chambre noire de l'Observatoire (130 mètres de long) les observe avec des lunettes placées à l'autre extrémité.

Or l'expérience montre que :

1º Le *ligament lumineux* apparaît toujours *quelques minutes* avant le contact ; que son étendue varie avec les dimensions de l'objectif employé ; que le moment, où à cause de ce ligament on note le contact, est distant d'au moins une minute du contact réel.

2º Qu'en recouvrant l'objectif d'un écran convenable, soit en treillis soit en réseau, on diminue beaucoup l'intensité apparente du ligament et l'on réduit à quelques secondes l'erreur d'observation.

3º Que le moment du contact géométrique est caractérisé par des apparences optiques assez bien définies pour qu'elles puissent servir de base à un bon procédé d'observation directe du phénomène.

COMPARAISON DES EFFETS OPTIQUES DES GRANDS ET DES PETITS INSTRUMENTS D'ASTRONOMIE par **M. Ch. André.** (Brochure de 60 pages, librairie Georg, Lyon.)

Cette brochure est un résumé des théories adoptées pour la formation des images optiques des astres, en même temps qu'un exposé complet des causes des erreurs auxquelles les instruments donnent lieu dans les observations astronomiques.

L'auteur y étudie en particulier : les observations méridiennes et les déductions relatives à la constitution physique des astres ; les occultations d'étoiles par la lune, le passage des planètes inférieures sur le disque du soleil, les occultations d'étoiles par les planètes et les occultations des planètes par la lune, ainsi que les passages et occultations des satellites de Jupiter.

Il termine par la bibliographie complète de cette question.

RECHERCHES SUR LES ERREURS PERSONNELLES DANS LES OBSERVATIONS DE PASSAGES, par **M. F. Gonnessiat.** *(Bulletin astronomique,* novembre 1889, 10 p.).

Dans une longue série d'observations de passages aux fils d'une lunette (méthode de l'œil et de l'oreille), chaque fraction de seconde doit évidemment se présenter avec la même probabilité. On constate, cependant, que tout astronome est plus ou moins enclin, par défaut d'éducation, à noter de préférence certains dixièmes à l'exclusion de certains autres : le cas s'est présenté d'un observateur estimant, sur 1000 passages, de 185 à 195 fois les dixièmes 2 et 8, et seulement de 30 à 40 fois les dixièmes 4, 5 et 6 ; dans les mêmes conditions, un autre trouve 250 fois le 0.

La discussion des observations faites au cercle méridien de l'Observatoire, depuis 1882, a fait connaître les principales particularités, encore mal étudiées, de ce genre d'équation personnelle, ainsi que les moyens d'y remédier.

OBSERVATIONS DE LA COMÈTE DAVIDSON, FAITES A L'ÉQUATORIAL COUDÉ ($0^m,35$) DE L'OBSERVATOIRE DE LYON, par **M. Le Cadet.** *(Comptes-rendus des séances de l'Académie,* 23 septembre, 1889).

Le 30 août, la comète présente un noyau diffus, allongé un peu dans l'anyle de position 90° et entouré d'une nébulosité très diffuse, qui se prolonge de 4′ dans l'angle de position 120°. Dans un champ, progressivement illuminé, le noyau s'éteint en même temps que les étoiles de 11e–12e grandeur.

OBSERVATIONS DE LA COMÈTE BROOKS ET DE SON COMPAGNON, FAITES A L'ÉQUATORIAL COUDÉ ($0^m,35$) DE L'OBSERVATOIRE DE LYON, par **M. Le Cadet.** *(Comptes-rendus,* 23 septembre, 1889).

Le 16 septembre, le ciel est très clair et profond. Le compagnon qui suit la comète à 21″ de temps environ et dans l'angle de position 60°, est bien plus faible qu'elle ; la nébulosité qui entoure cette condensation secondaire est allongée, comme celle qui entoure le noyau principal, suivant la ligne qui les joint, c'est-à-dire dans l'angle de position 240°. On suit la nébulosité de la comète principale sur une longueur d'environ 7′ d'arc, et celle du compagnon paraît par instants rejoindre le noyau principal. J'ajoute que, ce même jour, 16 septembre, le compagnon était aisément visible, avant le lever de la lune, dans notre équatorial Brunner ($0^m,16$ d'ouverture libre).

MÉTÉOROLOGIE

MÉTÉOROLOGIE LYONNAISE pour 1888, par **M. Ch. André.** (Librairie Georg, Lyon).

Cette étude est un résumé complet de tous les phénomènes météorologiques qui ont intéressé notre région pendant l'année 1888.

NÉCESSITÉ D'UNE CORRECTION D'HUMIDITÉ DANS CERTAINES INSTALLATIONS DE MAGNÉTOMÈTRES, par **M. E. Marchand**, (*Comptes-rendus des séances de l'Académie des Sciences*, t. CVIII, p. 1001. — *Mémoires de l'Académie des Sciences, Arts et Belles-Lettres de Lyon, classe des Sciences*, t. XXX).

Les mesures de l'intensité horizontale de magnétisme terrestre, faites à l'Observatoire de Lyon, comparées aux indications de l'appareil enregistreur de cette intensité (magnétomètre à suspension bifilaire) et à l'humidité relative de la salle des enregistreurs, ont montré que la force de torsion d'une suspension bifilaire ordinaire en soie dépend de cette humidité; d'où la nécessité d'une correction aux indications de l'enregistreur. — On s'est assuré que tous les fils de soie s'allongent à peu près de la même quantité sous l'influence d'une augmentation d'humidité. — Et ces faits ont permis d'expliquer certaines variations *apparentes* de la composante qu'on a quelquefois rattachées, à tort, à celles de la direction des vents.

GÉOLOGIE

LES TERRAINS TERTIAIRES MARINS DE LA COTE DE PROVENCE : PREMIÈRE PARTIE. ÉTAGE AQUITANIEN ET LANGHIEN, par **M. Ch. Depéret**, (1 vol. 250 p. 2 pl. in *Société d'agric. hist. nat. et arts utiles de Lyon*. Avril 1889).

Le savant géologue lyonnais, Fontannes, dont la science française déplore toujours la perte, avait déjà rassemblé sur ces terrains des notes de voyage un peu éparses. Il m'a paru utile non seulement de mettre de l'ordre dans ces notes, mais encore et surtout de compléter l'œuvre du savant lyonnais en restant autant que possible fidèle aux idées et aux opinions que Fontannes m'avait manifestées oralement sur la classification de ces terrains intéressants.

Sur la côte nord du golfe de Marseille, du port de Gignac à celui de Saussel, les étages aquitanien et langhien constituent une étroite bande parallèle au littoral actuel dont le littoral oligocène devait du reste fort peu différer. L'étage aquitanien est représenté d'abord par des conglomérats rougeâtres, que surmontent des couches saumâtres attestant le voisinage d'un ancien estuaire de l'Huveaune. Les parties supérieures de l'aquitanien prennent un faciès plus franchement marin et il en est de même du langhien qui lui succède en stratification concordante dans la direction de l'ouest.

———

SUR L'IMPORTANCE DE L'ÉTUDE DES FACIÈS EN GÉOLOGIE, par **M. Ch. Depéret**, (*in Annales société linnéenne de Lyon*, mars 1889).

L'auteur s'attache à faire ressortir les indications importantes au point de vue de l'histoire de la terre, que nous fournit l'étude des *faciès géologiques*, c'est-à-dire des modifications qu'ont éprouvées les couches du sol au moment de leur formation, suivant que ce dépôt avait lieu en pleine mer, près d'un littoral, dans un milieu franchement marin, ou bien au sein d'eaux saumâtres, etc. Il prend comme exemple l'un des faciès les plus répandus dans les formations de l'époque secondaire, le *faciès coralligène*, c'est-à-dire les dépôts formés sous l'activité organique de certains animaux, dont les plus importants sont les polypiers. Il montre quels renseignements précieux nous donne la présence de ces êtres sur la profondeur des mers anciennes, sur leur température, sur leur état de pureté. Des considérations parallèles sont ensuite exposées en ce qui concerne les faciès saumâtres.

———

SUR L'AGE DES SABLES DE TRÉVOUX, par **M. Ch. Depéret** (*Comptes-rendus Acad. des sc.*, Paris, 28 janvier 1889).

Les sables de Trévoux constituent une formation fluviatile qui dessine, depuis Montmerle jusqu'auprès de Lyon, le cours d'une ancienne rivière pliocène. Ces sables ravinent les marnes de la Bresse et passent insensiblement à leur partie supérieure au *conglomérat bressan*, c'est-à-dire au pliocène supérieur. L'âge de cette formation se trouve établi par d'intéressantes découvertes paléontologiques faites dans le tunnel de Collonges à Saint-Clair : là en effet, le *Mastodon arvernensis* a été trouvé associé au *Paloeoryx Cordieri*, l'une des espèces les plus caractéristiques de la faune de Montpellier. La formation sableuse de Trévoux appartient en conséquence au pliocène moyen.

NOTES STRATIGRAPHIQUES SUR LE BASSIN TERTIAIRE DE MARSEILLE, par **M. Ch. Depéret**. (*Bulletin du service de la carte géologique de France*, n° 5, septembre 1889).

Après avoir tracé les limites géologiques naturelles du bassin tertiaire de Marseille ou bassin inférieur de l'Huveaune, l'auteur entreprend la description détaillée des différentes assises *oligocènes, pliocènes* et *quaternaires* qui constituent le remplissage de ce bassin. A aucune époque des temps tertiaires, la mer n'a pénétré dans le bassin de Marseille et ce fait paraîtra étonnant, si l'on songe que la mer miocène s'est avancée jusqu'en Suisse et en Bavière, et que la mer pliocène elle-même a pénétré jusqu'aux portes de Lyon par la dépression de la vallée du Rhône.

L'oligocène se compose d'une série de couches d'eau douce, ou à peine saumâtres dont la succession peut être bien étudiée le long du rivage depuis Lestaque jusqu'à Marseille. Le pliocène se compose de grandes nappes de travertins étalées sur les plateaux. Le quaternaire est peu développé sous forme d'alluvions caillouteuses de l'Huveaune.

EXCURSION PUBLIQUE DE GÉOLOGIE DE LA SOCIÉTÉ LINNÉENNE DE LYON A SAINT-RAMBERT-EN-BUGEY (AIN), par **M. Attale Riche**, chef des travaux de Géologie à la Faculté des Sciences. (*Revue Linnéenne de Lyon*, n° 56, 15 août 1889).

J'ai montré aux personnes qui ont pris part à cette course, la constitution de la partie inférieure de la série jurassique à Saint-Rambert-en-Bugey. En voici la succession :

Bajocien : calcaire à fucoïdes, calcaire à entroques, calcaire à polypiers en deux assises séparées par un calcaire à encrines.

Bathonien : calcaire marneux à *Ostrea acuminata*, calcaire oolithique, calcaire à petits grumeaux bleuâtres, assise inférieure à oursins, calcaire à rognons de silex, calcaire compacte à polypier rameux (Choin de Villebois), assise supérieure à oursins et nombreux autres fossiles, calcaire marneux.

Callovien : calcaire marneux avec oolithes ferrugineuses à *Am. macrocephalus*, marnes et calcaire marneux à *Am. anceps*, calcaire à *Am. athleta*. — Couche à fossiles phosphatés.

Oxfordien ; marnes à *Am. Renggeri*, calcaire à spongiaires, marnes supérieures à fossiles pyriteux.

ZOOLOGIE

LES HOMOLOGIES DES ORIFICES NASAUX ET LE CANAL LACRYMAL, par **M. E. Bataillon**, préparateur du cours de zoologie à la Faculté des sciences. (*Revue Linnéenne de Lyon* 15 décembre 1889).

L'auteur se basant sur des rapprochements entre certains stades de développement du canal lacrymal chez les larves d'anoures et l'orifice nasal postérieur des poissons attaque l'hypothèse de Balfour généralement admise et conclut :

L'orifice nasal antérieur des poissons n'est pas homologue de l'orifice des fosses nasales dans l'arrière-bouche chez les amniotes : il est l'orifice nasal externe vrai ; avec la fosse dans laquelle il débouche il correspond à l'appareil olfactif des autres vertébrés dans son ensemble.

L'orifice nasal postérieur n'est pas homologue de l'orifice externe des autres types ; il est en rapport avec un rudiment de canal lacrymal,

———

LA DÉGÉNÉRESCENCE MUSCULAIRE DANS LA QUEUE DES LARVES D'ANOURES ET LA PHAGOCYTOSE par **M. E. Bataillon** préparateur du cours de zoologie à la Faculté des Sciences. (*Société de biologie* séance du 8 mars 1890.)

Ce travail résume les principaux points de la dégénérescence musculaire dans la queue des larves d'amphibiens ; il renferme une critique rapide de l'opinion d'un savant allemand, Loos, qui nie le rôle actif des leucocytes dans ce cas de régression. La conclusion est que les globules blancs absorbent et contiennent des fragments dont la nature est bien reconnaissable ; en somme, qu'il **y** a phagocytose au sens propre du mot.

——— ✽ ———

ANATOMIE
1889-90

TRAITÉ D'ANATOMIE HUMAINE (ANATOMIE DESCRIPTIVE, HISTOLOGIE, DÉVELOPPEMENT), par le prof. **L. Testut**. (Tome I, *Ostéologie, Arthrologie, Myologie*, un vol. in-8° de 770 pages, avec 464 figures dont 200 tirées en couleurs).

L'ouvrage sera complet en trois volumes.
Le tome II, renfermant l'*Angéiologie* et la *Névrologie*, est sous presse et paraîtra incessamment.

LES ANOMALIES NUMÉRIQUES DE LA COLONNE VERTÉBRALE, par le prof. **L. Testut**. (*Province médicale*, 1889).

———

L'APOPHYSE SUS-ÉPITROCHLÉENNE CHEZ L'HOMME, *vingt-deux observations nouvelles*, par **L. Testut**, (in-8° de 46 pages, avec une planche en chromolithographie, tirage a part du *Journal International d'Anatomie* et de *Physiologie* publié par M. Krause, de Gœttingue, A. Schœffer, de Londres, L. Testut de Lyon).

———

L'APOPHYSE SUS-ÉPITROCHLÉENNE AU POINT DE VUE CHIRURGICAL, par **L. Testut**. (*Soc. de chirurgie de Paris*, 1889. Rapport de M. Pozzi).

———

NOTE SUR UN CAS D'APOPHYSE PARAMASTOIDE OBSERVÉ CHEZ L'HOMME, par **L. Testut**. (*Province médicale*, n° du 8 février 1890).

———

RECHERCHES ANTHROPOLOGIQUES SUR LE SQUELETTE QUATERNAIRE DE CHANCELADE (Dordogne), par **L. Testut**, gr. in-8° de 124 pages, avec 14 planches dont 4 en photogravure, tirage à part du *Bull. de la Soc. d'Anthropologie de Lyon*.

———

LES ANOMALIES DE L'OCCIPITAL, EXPLIQUÉES PAR L'ANATOMIE COMPARÉE ET LE DÉVELOPPEMENT, par le **D' P. Lucy**, (gr. in-8° de 114 pages, avec deux planches en lithographie. (Travaux du Laboratoire d'Anatomie de la Faculté de médecine).

————————<><>————————

BOTANIQUE

ARTICLE : CRYPTOGAMES VASCULAIRES, pages 955-982, *de la Flore du bassin moyen du Rhône et de la Loire,* par **l'abbé Cariot** et **P. Lachmann**, chargé de cours à la Faculté des Sciences, 8ᵉ édition, revue et augmentée par le Dʳ Saint-Lager.

Malgré les progrès accomplis dans l'étude des Cryptogames vasculaires depuis la publication de la 3ᵉ édition de cette flore (en 1860), son auteur s'était borné, dans les quatre éditions suivantes, à compléter les indications géographiques qui accompagnent les diagnoses spécifiques.

Nous avons entrepris la révision de ce chapitre, en nous aidant des conseils de M. le Dʳ Saint-Lager et nous avons apporté plusieurs modifications à la classification générale, à l'ordonnance des genres et des espèces, à l'exposé des caractères généraux des familles, etc..

———

CONTRIBUTIONS A L'HISTOIRE NATURELLE DE LA RACINE DES FOUGÈRES par **P. Lachmann**. *(Thèse de doctorat ès-sciences,* in-8° de 189 p., avec 26 figures dans le texte et 131 figures en cinq planches hors texte.)

———

GUIDE DES ÉTUDIANTS EN MÉDECINE ET PHARMACIE AU JARDIN BOTANIQUE DE LA FACULTÉ DE LYON, par le **Dʳ G. Beauvisage**, agrégé, chargé du cours de botanique à la Faculté de Médecine. (*Lyon, Georg,* 1889, 1 vol. petit in-8°, 75 p. avec un plan du jardin).

Dans ce petit *Guide,* après avoir décrit la disposition du jardin botanique dont j'ai dirigé la plantation, j'expose succinctement les caractères des familles végétales, suivant une méthode toute nouvelle.

Je m'attache à faire ressortir les ressemblances et les différences entre les familles, en vue d'obliger les élèves à un travail personnel d'observation, de comparaison et de raisonnement, seul conforme aux principes généraux de la logique, seul efficace aussi bien pour l'acquisition des connaissances techniques que pour le développement des facultés intellectuelles, seul susceptible enfin de détourner les jeunes gens des vains exercices de mnémotechnie, auxquels ils ne sont que trop tentés de se livrer.

———

UNE HERBORISATION D'ENSEIGNEMENT EN HIVER, par le **Dr G. Beauvisage**, Agrégé, chargé du cours de botanique à la Faculté de Médecine. (*Bull. soc. bot. de Lyon*, 1889).

Dans ce compte-rendu d'une herborisation faite aux portes de notre ville le 3 février 1889, je montre l'utilité d'une semblable excursion d'hiver pour l'étude sur nature de la morphologie externe des organes végétatifs des plantes, et tout particulièrement de certains caractères trop souvent négligés. Dans les excursions printanières ou estivales on rencontre trop de fleurs et on n'a pas le temps d'étudier les tiges et les racines, les rameaux et les bourgeons, les écorces et les piquants, etc., tandis qu'on a tout le loisir de le faire en hiver, où l'on trouve encore à observer beaucoup de feuilles persistantes ou marcescentes, beaucoup de fruits et de végétaux cryptogames.

———

LA CLASSIFICATION DES INFLORESCENCES par le **Dr G. Beauvisage**, Agrégé, chargé du cours de botanique à la Faculté de Médecine. (*Bull. soc. bot. De Lyon*, 1889).

Dans cette courte note, résumé d'une conférence faite à la Société botanique, je mets en lumière quelques points négligés de l'étude des inflorescences, quelques notions trop souvent omises, quelques faits non signalés malgré leur fréquence. Ces lacunes, à peu près constantes dans les ouvrages élémentaires actuels, sont pour les débutants, une cause d'embarras que j'essaie de supprimer en apportant à la classification ordinaire des inflorescences quelques modifications de détail qui tendent à lui donner un peu plus de souplesse et permettent d'y faire entrer aisément les cas difficiles et embarrassants,

---

SUR LE PIGMENT DE « L'EUGLENA SANGUINEA » Ehrbg. par **A. G. Garcin**, préparateur de botanique à la Faculté des Sciences. (*Journal de botanique* 1er juin 1889.)

La matière colorante de l'euglène sanguin est un pigment rouge orangé localisé à la périphérie du protoplasma. On l'extrait au moyen du chloroforme ; mais auparavant il faut avoir soin de se débarrasser totalement de la chlorophylle que l'algue renferme dans son sein. Examinée au spectroscope la solution chloroformique ne laisse rien voir d'anormal avant 600, l'absorption commence à 580 et devient totale à 480. Comparant cette substance nouvelle, qu'il nomme *rufine*, à la *chlororufine* extraite par M. Rostafinski de diverses algues (*Hematococcus, Chlamydomonas* etc.), l'auteur montre que cette dernière matière colorante n'est probablement que de la rufine souillée de chlorophylle. De cette étude il résulte que :

1° L'*euglena sanguinea* possède un pigment rouge orangé, insoluble dans l'eau et l'alcool froid, soluble dans le chloroforme et l'acide azotique concentré et bleuissant sous l'action de l'acide sulfurique ; 2° La rufine n'est point analogue a la chrysoquinone de Liebermann ; 3° La matière colorante du point oculiforme n'est point de la rufine.

SUR UNE SÉRIE D'ANOMALIES DU LONICERA PERICLYMENUM. (*Bulletin de la Société botanique de Lyon*. Juillet-décembre 1889).

M. Garcin décrit une série de fleurs anormales de chèvre-feuilles qu'il a récoltées aux environs de Lyon ; ces fleurs présentent tous les intermédiaires entre la fleur irrégulière normale des *Lonicera* et le type parfaitement régulier et actinomorphe. Il profite de ces exemples curieux pour tenter de donner la théorie de la transformation des Caprifoliacées régulières (*Lycesteria* etc.) en fleurs zygomorphes (*Lonicera*).

FLORE DU BASSIN MOYEN DU RHONE ET DE LA LOIRE. ARTICLE CHARACÉES, par **A.-G. Garcin**, préparateur de botanique à la Faculté des Sciences.

L'étude des characées ayant été jusqu'ici fort négligée dans la région, l'article concernant ces plantes était dans les éditions précédentes des plus incomplets. M. Garcin a tenté de combler en partie cette lacune de notre flore. Tout d'abord il a rejeté l'ancienne classification irrationnelle et incommode et y a substitué celle d'Al. Braun. Parmi les espèces que l'auteur a ajoutées à l'édition précédente, il faut citer : *Chara crassicaulis, Ch. contraria, Ch. intermedia, Lychnothamnus barbatus, L. stelliger, Nitella opaca, N. tenuissima, Tolypella intricata*.

PHYSIOLOGIE

SUR LA PERCEPTION DES RADIATIONS LUMINEUSES PAR LA PEAU CHEZ LES PROTÉES AVEUGLES DES GROTTES DE LA CARNIOLE, par **M. Raphaël Dubois**, professeur à la Faculté des Sciences, (*Comptes-rendus de l'Académie des Sciences*, 17 février 1890).

La Carniole est un pays extraordinaire, tout miné en dessous, plein de cavernes qui s'étendent parfois à plusieurs kilomètres et dans lesquelles on trouve des lacs, des rivières. Ces eaux souterraines sont habitées par un animal qu'on ne trouve que là et auquel on a donné le nom de *Protée*. Ces singuliers batraciens naissent, se développent et vivent dans l'obscurité, aussi leurs yeux sont-ils très peu développés, cachés sous la peau et ne présentent aucun appareil de réfraction. La vision est très imparfaite chez ces animaux, qui se heurtent à tous les obstacles placés sur leur passage. Pourtant ils sont sensibles à la lumière et, sortis de leurs cavernes, ils recherchent les endroits obscurs.

L'auteur a prouvé par des expériences précises que le *Protée* distinguait la lumière de l'obscurité non seulement par les yeux mais encore par *la peau*, seulement la sensibilité *dermatoptique* est deux fois moindre. Cette sensibilité dermatoptique est parfaitement consciente et l'auteur a établi par l'action des radiations colorées qu'elle ne devait pas être confondue avec une sensation vague de mieux être ou de malaise, comme l'a supposé, sans aucune raison, depuis la publication de ce travail, M. le professeur Georges Pouchet du muséum de Paris. Cette dernière sensation peut être également provoquée chez le *Protée*, comme chez d'autres batraciens d'ailleurs, mais elle ne doit pas être confondue avec la sensation dermatoptique.

(Laboratoire de physiologie générale et comparée.)

SUR LA PHYSIOLOGIE COMPARÉE DES SENSATIONS GUSTATIVES ET TAC-
TILES, par **Raphaël Dubois**, professeur à la Faculté des
Sciences (*Comptes-rendus de l'Académie des Sciences*, 3 mars 1890).

Avant la publication de ce travail, on ne possédait aucune notion précise sur la nature et le mécanisme des sensations gustatives chez les mollusques acéphales. Les expériences faites par l'auteur à la *Station maritime lyonnaise des Tamaris*, sur les pholades ont fourni des renseignements importants sur la physiologie spéciale du goût et du tact chez les mollusques lamellibranches. Les faits observés chez ces animaux sont d'ailleurs susceptibles de généralisation, comme ceux qui ont permis à l'auteur d'expliquer par la physiologie comparée le mécanisme des sensations visuelles.

Mais chez les pholades la différenciation morphologique des organes des sens n'existe pas et des excitations de nature différente peuvent être perçues par le moyen d'un même mécanisme fonctionnant d'une manière variable avec la nature de l'excitant.

L'impression (gustative) a lieu sur le segment épithélial, la sensation est produite par le mouvement du segment contractile (avertisseur) qui lui fait suite, la perception prend naissance dans les ganglions nerveux et elle est exprimée par les contractions des muscles moteurs du siphon.

(Station maritime lyonnaise des Tamaris.)

NOUVELLE THÉORIE DU MÉCANISME DES SENSATIONS LUMINEUSES, par **M**. **Raphaël Dubois**, professeur à la Faculté des Sciences (*Revue générale des Sciences pures et appliquées*, 15 avril 1890.)

Dans ce travail contenant 32 figures explicatives dans le texte, l'auteur montre que l'écran sensible de l'œil, la rétine, fonctionne comme la peau de certains animaux chez lesquels il a découvert et étudié en détail la *fonction dermatoptique*. Ces recherches conduisent à une explication nouvelle du mécanisme de la vision. La lumière provoque des modifications des *segments épithéliaux pigmentaires*, qui ont pour effet d'inciter des mouvements des *segments contractiles*. Ces mouvements internes ébranlent les terminaisons sensorielles et la sensation lumineuse se produit comme lorsqu'on excite mécaniquement la rétine, en pressant sur le globe de l'œil (phosphène) par exemple. La notion d'intensité lumineuse est donnée par l'amplitude des contractions; celle de la couleur, par leur rapidité plus ou moins grande. Cette théorie permet, en outre, de comprendre d'autres phénomènes, dont on n'avait pu fournir aucune explication satisfaisante et ramène le phénomène de la vision à un phénomène de tact.

SUR LA PHYSIOLOGIE COMPARÉE DU THÉLOTISME par **M. Raphaël Dubois** (*Assoc. des sc. méd.* 1890 *et Province médicale*, T. V, p. 178.)

Le thélotisme n'est pas un mécanisme physiologique spécial à certains mammifères, on le rencontre dans d'autres organes que le mamelon et chez des invertébrés (Siphon de la pholade). Chez la femme, il n'est pas le résultat d'un reflexe sensitif, mais bien de l'irritation directe des fibres lisses du mamelon ainsi que cela a été établi par l'examen histologique et les expériences faites dans le service de M. Carrier à l'Antiquaille chez des malades hystériques hémianésthésiques et dans le service de M. Poncet sur un sujet anesthesié avant et après l'amputation du sein. Ces constatations sont importantes au point de vue de l'explication des phénomènes sensoriels.

SUR L'INNERVATION VASO-MOTRICE DU POUMON par **M. E. Couvreur,** chef des travaux à la Faculté des Sciences (*Comptes-rendus Soc. Biol.* Séance du 21 décembre, 1889)

L'auteur montre dans cette note qui n'est que le complément d'une note précédente (1), qu'il a le premier constaté dans le pneumogastrique de la grenouille, l'existence de fibres vaso-motrices destinées au poumon. Il insiste sur la rigueur de la méthode employée (examen de la circulation au microscope) qui fournit une démonstration absolument directe et sans contestation possible, ce qui n'est généralement pas

(1) C-R Acad. des Sc. Séance du 25 novembre 1889.

le cas pour les méthodes employées ordinairement pour constater l'action des vaso-moteurs. Il montre également qu'il s'est mis à l'abri de toute cause d'erreur, en excitant le bout périphérique du nerf, la branche cardiaque étant coupée. Il fait remarquer de plus qu'il ne serait pas impossible que, même chez les mammifères, le pneumogastrique contînt un certain nombre de fibres vaso-motrices du poumon, à cause des hémorragies pulmonaires parfois très rapides, consécutives à la section des pneumogastriques (hémorragie constatée sur des cobayes moins d'une demi-heure après la section). .

Laboratoire de Physiologie générale et comparée

CONTRIBUTION A L'ÉTUDE ANATOMIQUE ET PHYSIOLOGIQUE DU DIAPHRAGME CHEZ LES BATRACIENS. par **M. E. Couvreur**. *(Journal de la Société Linnéenne de Lyon*. Février, 1889.

Les observations, faites sur la grenouille, montrent que chez cet animal le diaphragme forme un plancher tendu à la partie supérieure du thorax, à peu près complet, sauf en arrière, où il laisse entre ses deux piliers principaux un espace triangulaire. Il est formé par un dédoublement des muscles larges des parois de l'abdomen, auxquels viennent s'ajouter quelques fibres spéciales prenant attache sur le sternum. Il n'est pas musculeux dans toute son étendue et se rattache au péricarde par du tissu conjonctif. Il est innervé par deux filets nerveux qui émanent de la deuxième paire rachidienne, et dont l'excitation produit infailliblement sa contraction. Cette contraction, par le fait même de la situation du diaphragme (au-dessus des poumons) produit un effet expirateur. Le rôle expirateur autrefois dévolu uniquement aux muscles latéraux de l'abdomen chez la grenouille, appartient donc en partie au diaphragme, qui joue ici un rôle diamétralement opposé à celui que l'on connait chez les mammifères.

Laboratoire de Physiologie générale et comparée.

CONTRIBUTION A L'ÉTUDE DE L'INTOXICATION OXYCARBONÉE, par
M. Georges Linossier, agrégé à la Faculté de Médecine. (*Soc.
de Biologie*, 3 mai 1889).

Les expériences classiques de Claude Bernard l'ont conduit
à attribuer la toxicité de l'oxyde de carbone exclusivement à
l'action de ce gaz sur l'oxyhémoglobine. Cette conception ne
permet toutefois guère d'expliquer les différences symptomato-
logiques indéniables qui distinguent une intoxication oxycarbonée d'une asphyxie quelconque.

Il était donc intéressant de rechercher si l'oxyde de carbone
ne possède pas, en dehors de son action anoxhémiante, une
action toxique propre. Des recherches multiples entreprises
dans cette voie par l'auteur lui ont montré que :

1° Des grenouilles meurent beaucoup plus vite, plongées
dans l'oxyde de carbone que dans un gaz inerte.

2° Des escargots, dont le sang ne renferme pas d'hémoglobine, peuvent vivre plus de soixante jours dans des flacons de
deux litres pleins d'air ou d'un mélange de soixante-dix-neuf
d'hydrogène et de vingt-un d'azote et meurent au bout de quinze
à vingt jours dans des flacons identiques si l'on substitue à
l'azote ou à l'hydrogène un même volume d'oxyde de carbone;

3° L'injection dans le torrent circulatoire d'un chien de
moyenne taille de quinze grammes environ d'hémoglobine
oxycarbonée ne provoque aucun symptôme d'intoxication.

Ces expériences rapprochées des expériences de l'auteur
déjà publiées sur la germination en présence de l'oxyde de
carbone, permettent de conclure que ce gaz possède en dehors
de son action sur l'hémoglobine découverte par Claude Bernard
une action toxique propre, mais que cette action est faible,
et s'efface chez les vertébrés devant l'action anoxhémiante.

A PROPOS DE L'ACTION DE L'OXYDE DE CARBONE SUR LA GERMINATION, par **M. Georges Linossier,** agrégé à la Faculté de Médecine. (*Comptes-rendus de l'Ac. des Sc.*, 15 avril 1889).

Dans un précédent travail l'auteur avait annoncé que la germination des graines peut se produire, bien qu'avec un léger retard, dans une atmosphère renfermant 70 % d'oxyde de carbone, tandis que Claude Bernard affirme n'avoir obtenu aucune germination dans de l'air additionné de un sixième d'oxyde de carbone.

Pour expliquer une telle discordance entre les résultats d'expériences semblables, l'auteur avait supposé que Claude Bernard avait fait usage d'oxyde de carbone insuffisamment dépouillé d'acide carbonique.

Pour vérifier cette hypothèse, des expériences furent instituées, d'où il résulte que l'acide carbonique à faible dose produit sur la germination un retard qui devient très sensible quand la proportion de ce gaz atteint 10 %. A partir de ce chiffre, plus on élève la proportion d'acide carbonique, plus est diminué le nombre des graines qui germent; mais l'arrêt complet ne se produit que pour de très fortes doses, variables d'ailleurs avec la nature des graines en expérience.

Une telle toxicité, même combinée avec l'influence de la diminution de tension d'oxygène dans le mélange gazeux, est insuffisante à expliquer l'échec de l'expérience de Claude Bernard; tout au plus eût-elle produit un retard de quelques heures.

L'erreur du grand physiologiste reste donc momentanément inexplicable.

SUR L'EMPLOI SYSTÉMATIQUE DU TOURAILLON COMME SUBSTRATUM NUTRITIF DES BACTÉRIES, par le **Dr Gabriel Roux,** chef des travaux de clinique médicale à la Faculté de médecine. (*Soc. des sciences médic. de Lyon et soc. de Biologie,* juillet, 1889).

De recherches entreprises depuis longtemps déjà par l'auteur il résulte que le *touraillon* (résidu de l'orge germé), constitue un excellent milieu de culture pour la plupart des microbes, qui se développent dans les bouillons ou sur les gélatines faites avec lui plus vite et mieux que sur les substrata qui ont la viande pour base.

Un certain nombre de *streptocoques* notamment, plus spécialement étudiés, qui ne prospèrent pas ou ne le font qu'à peine sur la gélatine-peptone ordinaire, présentent des colonies assez copieuses sur le *touraillon-gélatinisé*.

L'emploi systématique de ce milieu de culture, d'origine végétale, dont le prix est infime, peut donc rendre de signalés services dans la culture et surtout dans la dissociation de certaines bactéries difficilement cultivables.

(Travail du laboratoire de clinique médicale de M le professeur Bondet).*

GRAMMAIRE COMPARÉE

LES GRANDES LIGNES DU VOCALISME ET DE LA DÉRIVATION DANS LES LANGUES INDO-EUROPÉENNES, par **M. le professeur Regnaud**, (Une brochure in-8, 16 p. Leroux, éditeur, Paris).

Réduction de tous les phénomènes que présente le vocalisme indo-européen à deux grands faits, — l'affaiblissement et l'alternance, — qui se sont développés simultanément. Tableaux qui résument la théorie. Indication des causes des faits en question. Lumière qu'ils jettent sur les stages les plus anciens de la dérivation. Formation des principaux noyaux radicaux en sanskrit et en grec.

LE VÉRITABLE SYSTÈME VOCALIQUE INDO-EUROPÉEN. — PREUVES ET RÉDUCTIONS NOUVELLES, par **M. le professeur Regnaud**. (Article de 22 p. dans la *Revue de Linguistique*, n° du 15 janvier 1890).

Nouvel exposé des théories contenues dans la brochure ci-dessus. Indication de faits nombreux qui viennent s'ajouter aux preuves déjà fournies.

Explication de différents phénomènes phonétiques qui concernent plus particulièrement le latin. L'article se termine par des généralités sur la méthode applicable aux analyses linguistiques au point de vue de la dérivation.

TABLEAU COMPARATIF POUR SERVIR A L'ÉTUDE DES MOUVEMENTS DU CONSONANTISME DANS LES LANGUES GERMANIQUES, par **M. J. Grandjean**, professeur libre d'allemand et d'anglais, 69 p.

L'auteur a poursuivi un double but : 1° Prouver que dans les langues germaniques les idées *d'aller, s'agiter, agir, courir, couler, sauter, jaillir, circuler, se courber, heurter, etc.* sont en général représentées par des parties radicales qui sont à l'état de variantes phonétiques les unes à l'égard des autres; 2° Faire voir parallèlement que ces mêmes parties radicales, quand elles ont pour initiale une consonne gutturale forte ou douce, commençaient antérieurement par un groupe composé de $s + k$. Très souvent le s est tombé en laissant à l'initiale le k qui s'est fréquemment adouci ensuite en g ou h, sons qui, à leur tour, sont tombés devant w.

Ces faits, à la démonstration desquels est consacré un nombre considérable d'exemples empruntés à tous les dialectes, semblent de nature à fournir une explication toute différente de celle qui a cours, en ce qui concerne l'ensemble des phénomènes phonétiques, dont la loi dite de Grenim a prétendu résumer les rapports.

ETUDES VÉDIQUES, par M. le professeur **Regnaud**. (article de 35 p. dans la *Revue de l'histoire des Religions*, n° de janvier-février, 1890).

Examen de la méthode et des principes adoptés par Bergagne dans ses travaux sur le *Rig-Véda*. Ce qui mérite d'en rester. Points contestables de ses théories. Il a regardé « la religion védique » comme faite ; il est plus vrai, d'après l'auteur, de la considérer comme en voie de se faire, et c'est ce qui constitue l'extrême intérêt du *Rig-Véda*. — Traduction raisonnée et comparée à celle de M. Bergagne de l'*hymne à l'Aurore*, I, 123 du *Rig-Véda*.

LES TRAVAUX DES ÉTUDIANTS DE LA FACULTÉ, par M. le professeur **Regnaud** (insérés dans le tome IV de la *Bibliothèque de la Faculté des Lettres de Lyon*.

CONTRIBUTION A L'ÉTUDE DE LA MUSIQUE HINDOUE, par **J. Grosset**, ancien boursier d'études près la Faculté des Lettres de Lyon, membre de la *Société asiatique* de Paris et de l'*Asiatic Society* de Londres, 91 p.

Edition critique suivie d'une traduction française du vingt-huitième chapitre (inédit) du grand traité de Bharata sur la technique du théâtre de l'Inde. Ce chapitre traite particulièrement de la musique. L'auteur a fait précéder ce travail d'un *avant-propos* consacré à des considérations sur l'universalité du goût musical chez tous les peuples et sur le rôle que cet art a joué dans la littérature indienne. Viennent ensuite des *Remarques préliminaires* sur l'établissement du texte d'après les deux manuscrits, l'un appartenant à M. Hall, l'autre à l'*Asiatic Society* de Londres que l'auteur avait à sa disposition. D'abondantes notes philologiques, critiques et bibliographiques, terminent l'ouvrage.

(Compte-rendu, dans le *Journal des Savants*, n° de septembre, 1888.)

Le Temps, J. Weber, 10 septembre 1888, la *Revue de l'enseignement secondaire et supérieur*. G. Stréhly, n° du 1er décembre 1888. Le *Literarisches centralblatt*, n° du 23 novembre 1889. La *Revue critique*, A. Barth, n° du 13 mai 1889).

REVUE DE PHILOLOGIE FRANÇAISE ET PROVENÇALE (ancienne *Revue des Patois*), tome III, 1889, par **L. Clédat,** professeur à la Faculté des Lettres.

La *Revue des Patois*, en changeant de titre, a élargi son cadre. Sans abandonner l'étude des patois, elle s'est proposé de faire une place aux questions de grammaire historique, et de poursuivre jusqu'à nos jours l'étude du français proprement dit. On trouvera notamment dans le tome III (p. 241-281), un article sur « l'accord du participe passé », concluant à la simplification des trop fameuses règles du participe. A cet article ont collaboré MM. Michel Bréal, Gaston Paris, Louis Havet, Chabaneau, Marty-Laveaux, Crouslé, Delboulle, Brunot, Félix Hément, Antoine Thomas, Bastin, Jean Fleury.

EPIGRAPHIE

BULLETIN DE CORRESPONDANCE HELLÉNIQUE (t. XIII, 1889, p. 523-529).

Récension nouvelle de l'important *Edit du roi Antiochos II*, que j'ai découvert, avec mon collègue M. Paris, à *Durdurkar*, en Phrygie, pendant l'hiver de 1884. Le marbre, transporté à l'Ecole d'Athènes, a été étudié de près lors de mon dernier voyage en Grèce (1888). L'inscription aujourd'hui est complètement déchiffrée, à part quelques mots insignifiants. Le roi institue un culte solennel en l'honneur de sa femme, la reine Laodicé; des grandes prétresses célébreront ce culte dans toutes les satrapies du royaume, de même que les grand prêtres célèbrent le culte du roi. C'est un document d'un très grand intérêt pour l'histoire des Séleucides.

HISTOIRE

BIBLIOGRAPHIE DE L'HISTOIRE DE FRANCE, de 1515 à 1789, par **M. Albert Waddington**, Maître de Conférences à la Faculté des Lettres, (*Jahresberichte der Geschichtswissenschaft*, année 1887, parue à Berlin en 1889).

J'ai eu, pour cette première collaboration aux « *Jahresberichte* », à rattraper un retard assez considérable et à donner un aperçu des ouvrages historiques parus de 1884 à 1887, c'est-à-dire dans une période de quatre années. J'ai donc dû renoncer à faire de véritables comptes-rendus critiques et mon travail est plutôt une liste, une sorte de table des principaux livres français concernant les temps modernes.

DROIT ROMAIN

LES ORIGINES ROMAINES DE LA SUBROGATION LÉGALE ACCORDÉE A L'ACQUÉREUR. — DE L'HYPOTHÈQUE AU PROFIT DU PROPRIÉTAIRE SUR SA PROPRE CHOSE, par **M. Edouard Chachuat** (*Thèse de doctorat* (partie romaine), gr. in-8°, Paris, Rousseau, 1889.

Comment expliquer qu'un acquéreur qui, en définitive, acquitte sa propre dette, soit subrogé aux droits des créanciers hypothécaires désintéressés au moyen du prix versé par cet acheteur ? Comment comprendre surtout qu'il puisse avoir une hypothèque sur sa propre chose ? On peut généraliser cette dernière question : l'hypothèque ne s'éteindrait-elle point par confusion soit de la qualité de propriétaire avec celle de créancier, soit des titres de créancier et de débiteur ? M. Chachuat, que ses succès dans nos concours autorisaient à se mesurer sans présomption avec les tâches les plus difficiles, critique vivement cette doctrine que quelques jurisconsultes allemands ont exprimée par la formule de l'*indépendance absolue de l'hypothèque*; il la trouve par trop *indépendante* du droit romain. Il faut savoir gré à l'auteur de ce travail consciencieux de n'avoir pas reculé devant l'aridité de certaines lectures qu'il épargnera ainsi à d'autres ; son étude judicieuse sera consultée avec fruit par ceux qui s'occuperont après lui de cette question épineuse et qu'on ne saurait encore considérer comme entièrement résolue.

Pr C. APPLETON

ORIGINE DE L'HYPOTHÈQUE ET APERÇU SUR LES GARANTIES HYPOTHÉCAIRES DU BAILLEUR EN DROIT ROMAIN, par **M. J. R. Couturier** (*Thèse de doctorat* (partie romaine), gr. in-8°, 62 p. Vienne, Savigné, 1889.

L'auteur soutient d'abord que l'origine de l'hypothèque romaine doit être cherchée dans une institution du droit administratif, le *cautio prædibus prædiisque*. Puis, étudiant spécialement les garanties hypothécaires du bailleur, il cherche à déterminer l'ordre dans lequel elles se sont introduites : d'après M. Couturier, on aurait créé en premier lieu l'action servienne, puis la procédure de la *perclusio* et de l'interdit de *migrando*, pour le cas où il s'agissait d'un bail de maison, et enfin l'interdit salvien, qui aurait, pour le bail d'un fonds rural, tenu lieu de la *perclusio*. Les conclusions de ce travail s'écartent tout à fait des opinions généralement reçues. Elles ont été en partie, empruntées à un romaniste italien, M. Ascoli (*Le origini dell' ipoteca e l'interdetto salviano*) (1).

DE LA SATISDATIO JUDICATUM SOLVI par **M. Pierre Fourcade**, avocat. (*Thèse de doctorat* partie romaine, 1889).

Dans cette remarquable étude de près de 150 pages, M. Fourcade étudie la caution que doit, en certains cas, fournir le défendeur et qui garantit qu'il exécutera fidèlement la sentence. Cette caution joue à coup sûr un rôle très important dans la procédure civile romaine, mais il serait difficile d'imaginer un sujet plus aride. M. Fourcade n'a eu que plus de mérite à le traiter avec une méthode, une exactitude et une clarté irréprochables. Les solutions sont si bien pesées, et, si l'on peut s'exprimer ainsi, il se couvre d'une garde si serrée que la critique ne trouve pas à se faire jour. Si son travail avait paru quelques mois plus tard, il aurait pu profiter des progrès considérables accomplis en ces derniers temps par la critique historique en ce qui touche la recherche des *interpolations*, c'est-à-dire des altérations que les œuvres des jurisconsultes classiques ont subies en passant par les mains souvent maladroites des compilateurs byzantins. On le voit, ce regret qui, d'ailleurs, ne s'applique qu'à quelques passages isolés, n'est pas un reproche, et ne diminue en rien le mérite de l'auteur. L'ensemble de ce travail, dont la partie française a été consacrée aux faillites non déclarées (il en sera rendu compte séparément), a été jugé digne d'une mention spéciale d'éloge, et d'une médaille de vermeil.

Pr C. APPLETON

---

(1) v. *Archivio giuridico*, t. 34, p. 68 et s.

DROIT ROMAIN ET DROIT FRANÇAIS

DE LA TRANSACTION EN DROIT ROMAIN, DANS L'ANCIEN DROIT FRAN-
ÇAIS ET EN DROIT FRANÇAIS ACTUEL COMPARÉ AVEC LE CODE CIVIL
ITALIEN ET LE PROJET DE CODE CIVIL JAPONAIS. (Thèse de doctorat.
Introduction XIII p. ; Droit romain et ancien Droit, 293 p. ; Droit
français actuel etc., 357 p.) par **M. Oumé,** (Kendjirò) Horitsou —
Gakoushi du Japon. Paris, Larose et Forcel, 1889.

C'est ici qu'il faut surtout regretter qu'en raison des crédits
affectés cette année à la fondation d'annales de notre
Université, les communications du Bulletin soient réduites
à quinze lignes. Quinze pages suffiraient à peine pour rendre
un compte sommaire de ce livre qui en renferme près de 700.
œuvre monumentale d'une intelligence visiblement exceptionnelle, servie par un prodigieux labeur. Il est à peine croyable,
par exemple, que l'exégèse des textes du droit romain n'ait
plus de secrets pour M. Oumé, alors qu'il y a trois ans à peine
il nous arrivait de l'Extrême Orient, ignorant le premier mot
de la langue latine, et pourtant c'est vrai, son livre le démontre
au lecteur et pour nous, témoins journaliers de ses travaux, nous
n'avions pas besoin de cette preuve. Nous n'ajouterons plus
qu'un mot, puisque l'espace nous manque : cette monographie
excellente constitue certainement tant en droit français qu'en
droit romain, ce qui a été écrit de mieux sur le sujet ; sur plus
d'un point elle nous paraît donner la solution définitive. En
lui décernant l'éloge spécial et une médaille de vermeil, la
Faculté n'a eu qu'un regret, celui de ne pouvoir faire plus.

Pr C. APPLETON.

DROIT CIVIL

DE L'ORGANISATION DU CRÉDIT AGRICOLE ET DES SYNDICATS D'AGRI-
CULTURE, par **M. E. Thaller**, professeur à la Faculté de Droit
(*Bulletin du comité des travaux historiques*, Sciences économiques
et sociales, 1888, p. 175 à 190 et *Annales de Droit commercial*
1889, 2, 172)

Ce travail communiqué au *Congrès des Sociétés Savantes*
dans sa session de 1888, présente le tableau des diverses propositions faites dans ces dernières années en vue de faciliter à
l'agriculture l'emploi du crédit. L'auteur critique le système
du gage sans déplacement portant sur les récoltes ou les instrument d'exploitation et celui de la commercialisation des effets
agricoles, qui n'ont d'ailleurs ni l'un ni l'autre passé dans la
loi. Il croit en revanche que le mouvement de concentration
des forces rurales sur la base des syndicats est de nature à
donner de très bons résultats. Mais en même temps il montre
que ce que l'on appelle communément *syndicat agricole* n'est
presque toujours qu'une société coopérative d'achat en gros
qui n'a pas à se placer sous le couvert de la loi de 1884.

DROIT COMMERCIAL ET INDUSTRIEL

DE LA RESPONSABILITÉ DES PATRONS ET DE L'ASSURANCE CONTRE
LES ACCIDENTS DEVANT LES CHAMBRES, par **M. Thaller** (*Annales
de Droit commercial*, 1889, 2, 1).

Cet article, publié au moment où le Sénat entamait la discussion d'un important projet de loi sur le risque professionnel
et la responsabilité du patron, n'a pas la prétention de parcou-

rir la question des accidents d'ateliers dans toute son étendue.
Il montre le péril qu'il y a à légiférer, comme le fait le projet
sur ces rapports délicats et complexes, laissés jusqu'à présent
sous le régime du droit commun et de la liberté. La parenté du
projet français et de la loi allemande ne parait pas contestable,
quoique les auteurs de la proposition discutée n'aient nullement
songé à organiser chez nous le régime des grandes corporations
régionales dans lesquelles l'industrie allemande est dorénavant
encadrée. Cette parenté, à elle seule, donne beaucoup à réfléchir ;
les deux peuples, pourvus d'un tempérament très différent, ne
s'accommodent peut-être pas du même *modus vivendi*.

La conclusion du travail est bien un peu pénétrée de socia-
lisme d'Etat. L'auteur estime qu'on pourrait faire de l'assurance
contre les accidents une obligation positive du patron, sanc-
tionnée par une amende, à condition de la part de l'ouvrier de
désigner la caisse où le patron verserait les primes retenues
sur le salaire et par conséquent de choisir lui-même sa compagnie d'assurance.

DE L'AVENIR DES TRIBUNAUX DE COMMERCE, par **M. E. Thaller**,
(*Annales de Droit commercial*, 1889, 2, 100).

C'est la matière d'un rapport communiqué aux *Sociétés
savantes*, à Paris en 1889. La dissertation présente dans son
ensemble un caractère plus théorique que pratique, et il ne
faudrait pas se méprendre sur ses visées. L'abolition des tribunaux consulaires à bref délai n'est ni à craindre ni désirable.
Plusieurs générations se succèderont encore avant que la justice civile, par la simplification de la procédure, le travail des
hommes et la modicité des frais, se soit mise en état de recueillir
avantageusement, et pour le grand bien du public, l'héritage
des tribunaux spéciaux de commerce. C'est pourtant vers ce
but, l'unité de la juridiction, que la société doit tendre. A
mesure que nous avançons, la connaissance du droit devient

de plus en plus nécessaire de la part des magistrats. Les procès de compétence que le dualisme rend si fréquent énervent l'action de la justice. Les juges consulaires n'ont pas sur les agents d'affaires qui concourent à l'administration de leurs tribunaux un contrôle suffisamment éclairé et énergique.

———

CHRONIQUE FRANÇAISE DE LÉGISLATION, DE DOCTRINE ET DE JURIS-PRUDENCE EN MATIÈRE DE DROIT COMMERCIAL ET INDUSTRIEL, par **M. E. Thaller**, (*Annales de Droit commercial*, 1889, 2, 210).

———

DE L'ATTRIBUTION DES INTÉRÊTS DES DIVIDENDES MIS EN RÉSERVE DANS UNE FAILLITE, par **M. E. Thaller**, (Note dans la *Jurisprudence générale de Dalloz*, 1889, 2, 217).

———

A PROPOS DE PANAMA, par **M. E. Thaller**, '*Annales de Droit commercial*, 1889, 2,15).

La liquidation si malencontreuse de la compagnie de Panama a suscité un certain nombre de questions de droit qui ont paru épineuses. Une entreprise qui perce un isthme et se propose d'exploiter ensuite le canal par la perception d'un péage est-elle commerciale ou civile? La faillite peut-elle la menacer? Où est exactement son siège? Si les dernières émissions d'obligations qu'elle a faites dans le public n'ont pas encore été entièrement libérées, les porteurs sont-ils fondés à refuser de payer le solde en présence de la liquidation?

Ces problèmes ont été depuis lors résolus par les tribunaux ou les cours. Au moment où paraissait l'article ci-dessus, ils avaient encore un certain attrait de nouveauté.

———

QUELQUES MOTS SUR LA REPRÉSENTATION DU COMMERCE, par **M. E. Thaller**, (*Annales de Droit commercial*, 1889, 2,193).

Article de dissertation juridique, où l'on a cherché à démarquer, quoique cela ne soit pas toujours en fait, la position de représentant de commerce de celle de courtier de marchandises ou de commissionnaire. Il est incontestable que, sur certaines places, notamment à Lyon, le courtier tend de plus en plus à disparaître pour céder la place au représentant. Il y a cependant entre ces deux hommes une différence de traitement considérable dans la loi.

DROIT · INTERNATIONAL

Les marques de fabrique françaises sont-elles protégées en Allemagne alors même qu'elles ne seraient pas conformes aux prescriptions de la loi allemande ? Le timbre de garantie de l'Union des fabricants français pour la protection internationale de la propriété industrielle est-il protégé à l'étranger contre la contrefaçon ? — Dissertation par **M. Em. Cohendy**, professeur à la Faculté de Droit. (*Dalloz périodique*, 1888, 2° partie, p. 201 à 205).

Les deux questions ci-dessus ont été résolues affirmativement par le tribunal de Hambourg dans son jugement du 11 décembre 1886 : l'importance que ces solutions présentent pour les commerçants et les industriels français nous a conduit à examiner attentivement et à compléter à plusieurs points de vue l'argumentation du tribunal allemand. Sans entrer dans les détails de notre dissertation, contentons-nous de signaler la théorie nouvelle que nous avons émise et que nous maintenons malgré les critiques dont elle a été l'objet, sur la loi qui doit régler les rapports internationaux ; à notre avis, c'est la loi du pays où la marque a été créée, sans qu'il y ait à distinguer d'ailleurs, suivant qu'il existe ou non des traités diplomatiques; les principes du droit international suffisent à eux seuls pour le démontrer.

Sur la question de savoir si un mari français peut, après s'être fait naturaliser étranger, obtenir dans sa nouvelle patrie le divorce pour des causes qui ne sont pas admises par la loi française, et y contracter un nouveau mariage, par **M. Em. Cohendy**, professeur à la Faculté de Droit (*Dalloz périodique*, 1889, 2ᵉ partie, p. 17 à 19).

Pour examiner cette question, nous nous sommes placé dans l'hypothèse où la naturalisation obtenue à l'étranger était frauduleuse et dans celle où elle était exempte de fraude; et nous avons également conclu à la nullité du divorce et du second mariage dans l'un et l'autre cas. Au premier cas en effet, la fraude dont la naturalisation est entachée empêche cette naturalisation d'être valable en France. Au second cas, la naturalisation est valable, mais elle ne produit qu'un effet individuel. La femme du mari naturalisé à l'étranger reste française, alors même que la législation étrangère en déciderait autrement; et, dès lors, son mariage ne peut être dissous que pour des causes qui sont admises par la loi française.

Sur la loi qui doit être appliquée pour déterminer la responsabilité de l'armateur d'un navire étranger lorsqu'un abordage est survenu en pleine mer entre ce navire et un navire français, par **M. Em. Cohendy**, professeur à la Faculté de Droit, (*Dalloz périodique*, année 1889, 2ᵉ partie, p. 145 à 147).

La question présente une importance pratique considérable à raison des différences qui séparent la législation française et certaines législations étrangères en ce qui concerne la responsabilité des armateurs. Après avoir exposé ces différences, nous nous sommes prononcé pour la loi du pavillon du navire abordé, en nous appuyant tant sur les principes du droit international que sur les nécessités du commerce maritime.

———

Sur la question de savoir quel est l'effet, sur la compétence d'un tribunal français, du changement de nationalité survenu chez l'un des plaideurs dans le cours de l'instance, par **M. Em. Cohendy**, professeur à la Faculté de Droit, (*Dalloz périodique*, 1889, 2ᵉ partie, p. 273 à. 274).

Cette question peut se présenter dans deux hypothèses distinctes : — Il peut arriver d'abord que le changement de nationalité soit le fait d'un étranger qui, après avoir opposé l'exception d'incompétence tiré de son extranéité, devient Français dans le cours de l'instance ; dans ce cas le tribunal français devant lequel l'étranger était assigné devient incontestablement compétent. — Il peut arriver ensuite que le changement de nationalité soit le fait d'un Français qui, après avoir été assigné devant un tribunal de France, acquiert dans le cours du procès la nationalité étrangère, soit en se faisant naturaliser à l'étranger, soit, s'il s'agit d'une femme, en se mariant avec un étranger. Nous avons soutenu dans ce cas que le tribunal français devait se déclarer incompétent, sauf cependant si la naturalisation obtenue à l'étranger était frauduleuse.

———◦—◦———

DROIT ADMINISTRATIF

VERWALTUNGS ORGANISATION DES FRANZŒSISCHEN COLONIALGEBIETES (Organisation administrative de l'empire colonial français.) *Archiv. für offentliches Recht*, t. IV, (1889) p. 554, par **M. G. Blondel**, chargé de cours à la Faculté de Droit, (en collaboration avec **M. P. Louis Lucas**, agrégé à la Faculté de Droit de Dijon).

Aperçu de l'organisation administrative de nos colonies et des pays soumis à notre protectorat, de l'Algérie particulièrement. Décret dit de Rattachement du 26 août 1881, avec le rôle assigné au Conseil supérieur de gouvernement, et les différences qui séparent les trois sortes de communes. (C. de plein exercice, C. mixtes, et C. indigènes). Pour la Tunisie, on a étudié les fonctions du Résident général, montré comment ses pouvoirs se combinent avec ceux du Bey, et comment l'établissement du protectorat a amené le remplacement des tribunaux consulaires par des tribunaux français. Pour l'Indo-Chine on a analysé le décret du 17 octobre 1887, réunissant sous l'autorité d'un gouverneur général civil de l'Indo-Chine l'administration supérieure de la Cochinchine et du protectorat du Cambodge, de l'Annam et du Tonkin.

NOTICES SUR LES TRAVAUX DES DIÈTES PROVINCIALES DE BOHÊME, MORAVIE ET SILÉSIE EN 1887, par **M. G. Blondel**. (*Annuaire de législation étrangère*) t. XVII (1888).

Résumé établi d'après un travail allemand de M. Ernest Weisel, avocat à Vienne. Œuvre législative peu considérable à raison de la longueur de la session du Reichrath autrichien et des discussions ardentes échangées entre Tchèques et Allemands. La diète de Bohème a élaboré une loi intéressante sur les théâtres, et les mesures de sécurité à prendre pour prévenir les incendies.

En Moravie, lois du 4 mai 1887 sur l'établissement des chemins d'intérêt local, et du 7 mai réglant la mesure dans laquelle les compagnies de chemin de fer doivent contribuer à la construction de routes conduisant aux gares.

DROIT ÉLECTORAL

NOTES DE JURISPRUDENCE sur divers arrêts de Cours d'appel, concernant l'application de la loi du 8 décembre 1883 relative à l'élection des juges consulaires, par **M. A. Audibert**, (*Annales de Droit commercial*, 1889, p. 75 à 83, 107 à 111).

Principales questions traitées : — Après un premier tour de scrutin qui n'a donné aucun résultat, la cour d'appel peut-elle statuer sur une réclamation tendant à obtenir que les opérations éléctorales soient annulées ? — Le délai de cinq jours dans lequel on peut réclamer contre la validité des élections court-il du jour du scrutin ou du jour où la commission de recensement a constaté les résultats ? — Si les listes électorales dressées dans chaque commune n'ont pas toutes été déposées au greffe du tribunal de commerce, cette irrégularité permet-elle d'annuler les opérations ,électorales ?

PHILOSOPHIE

LA PSYCHOLOGIE DE L'EFFORT ET LES DOCTRINES CONTEMPORAINES, par **M. Alexis Bertrand** (Félix Alcan 1889.)

Cet ouvrage comprend des études sur le *Sens psychologique*, sur la *Première théorie française de l'inconscient*, sur l'*Effort musculaire*, sur le *Biranisme appliqué à l'éducation*, sur les *Relations, Théorie métaphysique du trapèze*.

MÉDECINE LÉGALE

BLESSURES PAR LA BAIONNETTE DU FUSIL LEBEL. (*Archives de l'Anthropologie criminelle*, 1889, p. 4-2).

L'autopsie d'un individu qui avait reçu trois coups de

baïonnette, le 18 mars 1889, a donné à M. le professeur Lacassagne l'occasion d'étudier les blessures par la baïonnette du fusil Lebel. Cette arme, en vertu de sa forme et de son mode d'action, a une facilité de pénétration beaucoup plus grande que celle d'un sabre baïonnette dont on se servait auparavant dans l'armée française. Les blessures qu'elle produit donnent rarement lieu à des hémorragies externes, car l'orifice d'entrée est très petit. Mais les hémorragies internes sont fréquentes. L'orifice est de forme ovalaire ou elliptique. Il présente quelquefois des encoches plus ou moins marquées, en nombre variable, dues aux arêtes de l'arme qui marquent leur empreinte sur les tissus par suite des mouvements de latéralité ou de haut en bas qu'on lui imprime. Ces caractères sont le plus souvent assez nets pour permettre le diagnostic médico-légal de ce genre de blessures.

DES RUPTURES DE LA MATRICE CONSÉCUTIVES A DES MANŒUVRES ABORTIVES. (*Archives de l'Anthropologie criminelle*, 1889, p. 754.)

M. le professeur Lacassagne traite spécialement, dans son mémoire des ruptures spontanées. Il montre que les déchirures traumatiques peuvent se distinguer des ruptures spontanées, très rares d'ailleurs, dans les premiers mois de la grossesse. La forme de l'ouverture, sa situation le plus souvent au fond et en haut de l'utérus, l'absence de tout produit de conception dans l'abdomen et les organes génitaux de la femme, plaident en faveur de manœuvres abortives. Dans le cas intéressant relaté par M. Lacassagne les deux inculpées furent acquittées quoique l'expert eût conclu que la femme C. avait succombé aux suites d'une métro-péritonite provoquée par des manœuvres abortives.

HYGIÈNE

L'INDUSTRIE DU PHOSPHORE ET DES ALLUMETTES ET LA NÉCROSE PHOSPHORÉE, par **M. P. Cazeneuve**, professeur à la Faculté de Médecine (*Annales d'hygiène et de médecine légale* et *Province médicale*, janvier 1889).

Dans cette note, l'auteur montre que, grâce à des mesures d'hygiène bien entendues, la nécrose phosphorée a disparu des fabriques de phosphore françaises (Usines Coignet) depuis vingt ans. La nécrose phosphorée qui fait des ravages actuellement dans les fabriques de la Compagnie générale des allumettes, pourra être conjurée par des mesures sanitaires appropriées et réglées comme dans les fabriques de phosphore, sans qu'il soit nécessaire, comme le demande l'Académie de médecine, de proscrire l'usage du phosphore blanc pour la fabrication des allumettes. Cette dernière mesure trop radicale aurait plusieurs inconvénients signalés par l'auteur.

SUR LA VALEUR ANTISEPTIQUE DU CAMPHONITRO-PHÉNOL, par **M. Paul Cazeneuve**, professeur à la Faculté de Médecine (*Bulletin de la Société chimique*, 5 avril 1889, p. 422).

Dans le laboratoire de notre collègue, le professeur Arloing, nous avons institué, avec M. Courmont, chef des travaux, des expériences pour apprécier la valeur antiseptique du corps que nous avons découvert. Nous avons reconnu en opérant avec le *bacillus anthracis*, et le *staphylococcus pyogenes aureus*, que ce corps avait un pouvoir antiseptique faible.

LES COULEURS DE LA HOUILLE AU POINT DE VUE DE L'HYGIÈNE, par **M. Georges Linossier**, agrégé à la Faculté de Médecine (*Lyon-Médical*, t. 62, p, 31 et 67).

Etude critique des travaux récents publiés en France et à l'étranger sur cette importante question.

INFECTION D'ORIGINE ALIMENTAIRE ; PRÉSENCE EXCLUSIVE DU BACILLUS COLI COMMUNIS DANS L'INTESTIN, par **MM. Gabriel Roux** et **E. Weil** (*Soc. Sc. Médic.*, déc. 1889, *Province Médicale*, 21 déc. 1889).

Chez trois enfants ayant mangé des choux et du petit salé furent observés des symptômes qui en imposèrent au début pour la fièvre thyphoïde à tel point que les bains froids furent ordonnés.

L'analyse bactériologique des selles décela la présence à peu près exclusive du *B. coli communis* et la maladie fut considérée comme un cas de *botulisme* dans lequel un bacille ordinairement banal et purement *saprophyte* avait pu acquérir des propriétés *pathogènes* et jouer un rôle actif par ses *toxines*.

(*Laboratoire de clinique médicale de M. le professeur Bondet.*)

PATHOLOGIE INTERNE

SUR LA THÉORIE DU BRUIT DE GALOP DANS L'HYPERTROPHIE CARDIAQUE D'ORIGINE RÉNALE, par **MM. Bouveret** et **Chabalier**, (*Lyon Médical*, 17 février 1889).

Une série de tracés du choc de la pointe du cœur démontre que le bruit surajouté est systolique et non diastolique ou présystolique. Un de ces cardiogrammes est particulièrement démonstratif. On y voit, superposés, le tracé de la pulsation positive et celui de la pulsation négative.

DE LA TACHYCARDIE ESSENTIELLE PAROXYSTIQUE, par **M. L. Bouveret** (*Revue de Médecine*, septembre et octobre 1889).

Cette névrose du cœur, encore peu connue, intéresse exclusivement les nerfs moteurs du cœur. Il s'agit probablement d'un état paralytique des centres et de rameaux des pneumogastriques qui président aux influences modératrices. La névrose procède par accès dans l'intervalle desquels la fonction du cœur revient tout à fait à l'état normal. Le symptôme caractéristique est une accélération extraordinaire du cœur, dont les battements s'élèvent jusqu'à 200 et 300 à la minute. Il y a des accès courts et des accès de longue durée. Ceux-ci sont plus graves, ils peuvent s'accompagner de stases veineuses dans les poumons et d'œdèmes, phénomènes asystoliques dus à l'encombrement et à la dilatation des cavités du cœur. Le grand accès se termine souvent par une syncope ou un collapsus mortel.

ABCÈS DU POUMON D'ORIGINE BRONCHOPNEUMONIQUE CHEZ L'ADULTE, par **M. L. Bouveret,** (*Lyon Médical,* juillet 1889).

La bronchopneumonie grippale peut se terminer par la formation d'un ou de plusieurs abcès du poumon. Ce mémoire contient quatre observations de cette terminaison. Dans un cas l'abcès était unique et volumineux. Le plus souvent il y a plusieurs abcès. Ces suppurations bronchopneumoniques s'accompagnent de pleurésie, laquelle est généralement purulente.

DEUX CAS D'URÉMIE AVEC HYPERTHERMIE, par **M. L. Bouveret,** (*Lyon Médical,* 19 mai 1889).

On admet que l'urémie s'accompagne d'un abaissement plus

ou moins prononcé de la température centrale. Cette règle comporte probablement quelques exceptions. Ces deux malades ont succombé à des symptômes urémiques très caractéristiques les deux reins étaient atrophiés et scléreux, tous les autres organes ne présentaient aucune lésion inflammatoire, et cependant l'une et l'autre sont mortes avec une température très élevée, atteignant et même dépassant 41°.

LES PREMIERS SIGNES DE LA NÉPHRITE INTERSTITIELLE par **M. L. Bouveret**, (*Province Médicale,* 19 et 26 mai, 1889).

La néphrite uricémique peut être reconnue à une époque très voisine du début alors que les malades ont encore l'apparence de gens bien portants. Ce diagnostic précoce est fondé sur un certain nombre de signes, souvent réunis chez le même malade, et dont l'ensemble constitue une sorte de syndrôme assez caractéristique. Ces signes sont : l'accélération habituelle du pouls, le premier degré de l'hypertension artérielle, une oppression modérée, des palpitations modérées, certains caractères de l'urine, quelques foyers fixes de râles sous crépitants très fins aux bases des poumons, une sensation habituelle de lassitude. Les deux premiers signes sont les plus importants ; ils donnent aux autres leur véritable signification.

LA NEURASTHÉNIE, par **M. L. Bouveret**, (*Province Médicale* d'octobre 1889).

Monographie basée sur les publications récentes et sur des observations personnelles.

SUR LE DIAGNOSTIC DE L'OCCLUSION INTESTINALE, par **M. L. Bouveret** *Bulletin Médical,* 12 mars 1890).

Si l'obstacle siège sur le gros intestin, le cœcum est dilaté.

Cette dilatation fait défaut si l'occlusion porte sur l'intestin grêle. Or, on peut le plus souvent reconnaître la dilatation du cœcum. Deux signes permettent d'établir ce diagnostic : le clapotement cœcal, et une certaine déformation de la fosse iliaque droite due aux contractions du cœcum et du colon ascendants dilatés. En sorte que l'examen de la région cœcale peut permettre de reconnaître que l'obstacle siège sur le gros intestin ou sur l'intestin grêle.

DE LA PLURALITÉ DES ESPÈCES DE TUBERCULOSE PULMONAIRE, par **M. L. Bard,** agrégé, médecin des hôpitaux (*Province médicale,* 1889, p. 445).

L'auteur en se basant sur des constatations anatomo-pathologiques et des considérations cliniques admet la multiplicité des formes de la tuberculose ; toutes sont au même titre les unes que les autres des processus microbiens, mais il n'en résulte pas pour cela qu'elles soient fonction d'un même organisme pathogène. A l'encontre de l'opinion générale, M. Bard soutient que la tuberculose pneumonique est une affection distincte et indépendante de la tuberculose granuleuse.

Mais le véritable caractère différentiel ne doit être cherché ni dans la nature de l'affection, ni dans la forme de la lésion, ni dans son siège. Par contre, la *localisation cellulaire* donne à chaque variété de tuberculose sa caractéristique vraie, et établit son individualité pathogénique ; dans les hépatisations tuberculeuses, la lésion frappe les cellules endothéliales des alvéoles, tandis que dans la tuberculose granuleuse ce sont les cellules conjonctives qui seules prolifèrent et fermentent ; les caséums nés de chacune de ces fermentations présentent d'ailleurs quelques caractères qui leur sont propres.

POLYMORPHIE CLINIQUE DES AFFECTIONS CHARBONNEUSES, par **M. Sabatier,** agrégé de chirurgie (*Lyon Médic.,* 1889).

Le but de ce travail est de montrer qu'il existe des formes

encore peu connues d'infections charbonneuses chez l'homme. On décrit classiquement la triade suivante : charbon malin, œdème malin charbonneux, pustule maligne; mais en réalité, il y a des formes intermédiaires et des types assez nombreux s'éloignant des faits connus.

Cette conclusion découle du groupement d'observations éparses dans la littérature médicale et d'une observation personnelle où une pustule maligne s'accompagnait d'un œdème séparé, à distance. Elle est en rapport avec les données expérimentales fournies par Colin.

DE L'ÉLIMINATION DES SUBSTANCES TOXIQUES PAR L'URINE DANS LA FIÈVRE TYPHOIDE **M. G. Roque** et **E. Weill** (*Soc. des Sciences méd.*, janvier, 1889).

Les conclusions de ce travail expérimental sont les suivantes :

1° Dans la fièvre typhoïde traitée par la méthode de Brand l'élimination des substances toxiques par l'urine mesurée au moyen de l'injection intra veineuse de l'urine chez le lapin, subit un accroissement notable.

2° Les coefficients urotoxiques sont de plus en plus élevés à partir de l'administration des bains jusqu'au huitième, dixième jour. A ce moment, ils conservent quelques jours un niveau à peu près constant, pour redescendre progressivement jusqu'à la normale. — A cette période, il y a souvent des coefficients subnormaux coïncidant avec l'établissement de la convalescence.

3° Les courbes qui représentent l'ensemble de coefficients urotoxiques présentent des abaissements temporaires de la ligne ascendante qui correspondent à des aggravations passagères des symptômes, ou des élévations brusques de la ligne descendante qui précèdent la convalescence.

4° Le bain exerce une action immédiate mais aussi une action lointaine qui se manifeste encore après sa suppression.

5° L'élimination des substances toxiques n'est pas parallèle à la polyurie — à une urine abondante peut correspondre un coefficient urotoxique faible.

Dans la fièvre typhoïde traitée par l'antipyrine, la courbe d'élimination des substances toxiques se tient constamment à un niveau inférieur à la normale et cela pendant toute la durée du traitement.

A partir de la convalescence, contrairement à ce qui se passe pour les bains froids, la courbe urotoxique s'élève rapidement et garde pendant plusieurs jours un niveau très élevé.

DES RAPPORTS QUI PEUVENT EXISTER ENTRE LE BACILLUS COLI COMMUNIS ET LA FIEVRE TYPHOÏDE par **MM. A. Rodet** et **Gabriel Roux.** (*Soc. Sc. méd.* 19 nov. 1889).

De plusieurs analyses d'eaux potables suspectes d'avoir provoqué la fièvre typhoïde et des matières fécales de typhoïdisants, les auteurs concluent que le *B. coli communis* n'est pas aussi innocent qu'on le croit d'ordinaire, que son rôle ne se borne pas toujours à celui d'un banal *saprophyte* et qu'il paraît exister des rapports assez étroits entre sa présence dans certaines eaux, son abondance dans certaines selles et la dothiénenterie.

Est-il différent du B. d'Eberth et susceptible lui aussi de provoquer la fièvre typhoïde? Ne constitue-t-il au contraire qu'une simple variété du B. d'Eberth? Ce sont là autant de questions que les auteurs se proposent d'étudier mais qu'ils ne peuvent encore résoudre.

(Laboratoire de médecine expérimentale et de clinique médicale)

FIÈVRE TYPHOÏDE, BACILLE D'EBERTH ET BACILLUS COLI COMMUNIS par **MM. A. Rodet** et **Gabriel Roux.** *(Soc. Sc. méd.* 5 et 12 février 1890. — *Soc. Biol.* 15 fevrier 1890.)

Ayant continué la série de leurs recherches sur ce sujet MM. Rodet et G. Roux sont amenés à énoncer la conclusion suivante : *le B. coli communis et le B. d'Eberth ne sont pas deux espèces distinctes ; le B. d'Eberth est un état modifié malade du B. coli communis.*

Cette conclusion basée sur un grand nombre d'analyses comparatives des selles et du sang de la rate de typhoïdiques d'une part, et sur l'étude attentive, d'autre part, des caractères morphologiques et de culture de ces microbes, a une extrême importance au point de vue épidémiologique et de l'hygiène privée et publique. Elle tendrait, avec quelques réserves toutefois, à remettre en honneur la théorie fécale de la fièvre typhoïde.

(Laboratoire de médecine expérimentale et de clinique médicale).

LE TÉLÉPHONE ET LES AFFECTIONS DE L'OREILLE par le Dr **M. Lannois**, agrégé (*Cong. intern. de laryng. et d'otologie*, septembre 1889 et *Annales des mal. de l'oreille et du larynx*, nov. 1889).

J'ai fait quelques recherches sur les oreilles des personnes se servant souvent du téléphone, notamment des femmes employées au poste central des téléphones de Lyon. Sans inconvénient sérieux pour les oreilles saines, l'emploi répété du téléphone agit défavorablement sur les oreilles déjà malades. Il détermine de la fatigue et de la diminution de l'ouïe, des bourdonnements, de la céphalalgie, des vertiges, de l'hyperexcitabilité nerveuse. Ces accidents sont transitoires et disparaissent avec la cessation de l'emploi.

SUR UN CAS DE TÉTANOS CÉPHALIQUE AVEC PARALYSIE FACIALE par le Dr **M. Lannois**, agrégé. (*Revue de méd.* février 1890.)

Observation de cette variété rare du tétanos dans laquelle il existait : 1° une plaie dans la sphère de distribution du trijumeau au siège d'élection, c'est-à-dire dans la région circumorbitaire ; 2° une paralysie faciale complète du type périphérique siégeant du même côté que la lésion ; 3° des spasmes tétaniques d'abord localisés aux muscles de la mâchoire et s'étendant plus tard aux muscles de la nuque.

Pour expliquer ce phénomène de la paralysie faciale, l'hypothèse la plus vraisemblable est celle d'un poison paralysant produit à côté des agents convulsivants par le microbe du tétanos.

La question est plus longuement traitée dans la thèse du Dr Albert. (*Etude sur le tétanos céphalique ou tétanos de Rose*, janvier 1890.)

DE LA CACHEXIE PACHYDERMIQUE (MYXŒDÈME) ET DE SES RAPPORTS AVEC LES AFFECTIONS DE LA GLANDE THYROÏDE, par le Dr **M. Lannois** agrégé, (*Arch. de médec. expérimentale* numéros 3 et 4 1889.)

Revue générale sur cette question d'après les travaux les plus récents.

OBSTÉTRIQUE

SUR UN CAS DE DYSTOCIE PAR ANTÉVERSION, par **M. Gabriel Roux.** (*Soc. des Sc. médic.* 11 décembre 1889.)

M. G. Roux rapporte l'observation détaillée d'une femme très bien constituée, secundipare, dont l'accouchement fut rendu très pénible et laborieux par une antéversion excessive de l'utérus dont le segment antérieur refoulé par la tête qui opérait sa descente était arrivé à un état de minceur extrême. Le diagnostic une fois établi, il fut possible en combinant les manœuvres externes avec une action directe sur le col utérin, de redresser la matrice, de refouler la tête et de terminer le travail sans forceps et sans accident.

PATHOLOGIE EXTERNE. — CHIRURGIE

NÉPHRALGIE HÉMATURIQUE ; NÉPHRECTOMIE ; GUÉRISON, par le docteur **Antoine Sabatier,** prof. agrégé de chirurgie (*Rev. de
Chir.*, 1889).

M. le Dr Sabatier publie l'observation d'une femme souffrant
depuis plus de dix ans de coliques douloureuses du flanc droit,
accompagnées d'hématurie avec caillots. L'ablation du rein,
siège de ces douleurs, fut suivie d'une guérison radicale, qui
persistait encore vingt-sept mois après.

RAPPORTS DE L'ÉLÉPHANTIASIS INDIGÈNE AVEC L'ADÉNO-LYMPHOCÈLE
(Leçon clinique in *Province Médic.*, 1889).

L'auteur publie l'observation d'une femme porteur d'un
éléphantiasis du membre inférieur gauche. Pendant plusieurs
années cette malade ne s'était plaint uniquement que d'une
tumeur localisée à la racine du membre et d'apparence gan-
glionnaire. Cette première étape fut suivie d'un éléphantiasis
généralisé à tout le membre. L'adéno-lymphocèle primitive à
un moment donné avait réagi sur le système lymphatique dont
les ganglions inguinaux sont l'aboutissant : de là l'éléphantiasis par obstruction du cours de la lymphe.

DES ABCÈS FROIDS TUBERCULEUX THORACIQUES, A PROPOS DE LA
VARIÉTÉ SOUS-PLEURALE (ABCÈS DE LEPLAT) (Leçon clinique in
Prov. méd., 1889).

Il s'agit de l'étude d'un malade présentant un abcès sous-
mammaire gauche, simulant tout à fait un sein de jeune fille.
Après avoir passé en revue les diverses collections purulentes

de cette région, l'auteur se fondant sur l'existence d'une pleurésie antérieure diagnostiqua un abcès de Leplat. Ce dernier a décrit sous ce nom des abcès consécutifs aux pleurésies et se formant dans le tissu sous-pleural. A leur ouverture, on ne trouve ni lésions osseuses, ni fistules intra-thoraciques. L'opération exécutée montra le bien fondé du diagnostic. Guérison.

ENCLAVEMENT DES SÉQUESTRES ET OSTÉITE CLAVICULAIRE (*Congrès franç. de chirurg.*, 1889).

Parmi les diverses formes d'ostéites de la clavicule, l'auteur a observé trois cas d'ostéites à évolution torpide, d'origine tuberculeuse probable et siégeant au tiers moyen de l'os, dans la diaphyse. Cette forme particulière, dont le diagnostic peut être établi d'avance en certains cas, a ceci de particulier qu'elle a pour résultat la production d'un petit séquestre de tissu spongieux s'éliminant sous la clavicule. Entre cet os et la première côte existe un espace non décrit spécialement en anatomie classique et que l'auteur nomme *loge sous-claviculaire*. C'est dans cet espace que le séquestre s'élimine et séjourne, retenu par l'aponévrose clavi-pectorale.

On doit réserver les expressions, invagination et incarcération pour désigner la situation d'un séquestre quelconque dans une coque osseuse, donner au contraire le nom d'enclavement à son séjour indéfini dans les parties molles.

BASSIN A DOUBLE SYNOSTOSE SACRO-ILIAQUE, SANS RÉTRÉCISSEMENT TRANSVERSAL, (*Lyon médical*, 1889).

Tous les bassins à double ankylose sacro-iliaque jusqu'ici décrits, montrent un rétrécissement très accusé des diamètres transverses. M. Sabatier a eu l'heureuse fortune d'en rencontrer un exemplaire ayant conservé normale sa forme générale. C'est un cas très intéressant, parce qu'il est unique, le seul connu.

Le développement suffisant des ailes du sacrum, a maintenu le rapport entre les dimensions transversales et celles antéro-postérieures. Toutefois, comme ces ailes sacrées sont un peu plus courtes que celles d'un bassin normal, le bassin vicié est dans sa totalité un *æqualiter justo minor*.

L'auteur rejette l'opinion d'après laquelle l'ankylose serait survenue tardivement, et aurait frappé un bassin régulièrement développé. Se basant sur ce que le sacrum n'a pas la courbure des sacrums adultes, mais a gardé une rectitude parfaite, un *type infantile*, il pense que l'ankylose s'est produite de bonne heure, dès l'enfance, et a ainsi empêché le poids du tronc d'agir sur le sacrum pour en produire la courbure.

DE LA TRÉPANATION DU BASSIN DANS LE TRAITEMENT DE LA PSOÏTE SUPPURÉE, par le Dr **M. Gangolphe**, chirurgien-major désigné de l'Hôtel-Dieu, agrégé à la Faculté. (*Revue de chirurgie*, p. 240-250, 1889).

DE LA TRÉPANATION DU BASSIN COMME TRAITEMENT DE LA PSOÏTE, par le Dr **Condamin**. (Thèse de Lyon, 1888).

Dans la psoïte, les malades prennent une position telle, que le point le plus déclive du canal iliaque correspond à un point de la fosse iliaque interne situé sur le milieu d'une ligne réunissant les deux épines antéro-supérieure et postéro-supérieure.

C'est ce qui a été démontré par les expériences consignées dans la thèse inspirée par moi à M. le Dr Condamin.

Ce point peut être facilement abordé par une incision et la trépanation de l'os iliaque.

Cette opération est fort simple, facile à pratiquer et d'une innocuité complète.

On peut combiner la trépanation avec les incisions lombaire, inguino-crurale, ou même crurale postérieure.

Il serait également possible dans les larges foyers de suppuration de la fosse iliaque qui ne se comblent pas, de faire la résection d'une bonne partie de la fosse iliaque ce qui permettrait aux tissus mous de se rejoindre. En un mot il s'agirait de faire pour le bassin ce que MM. Letiévant et Gayet ont fait pour la cage thoracique dans les cas d'empyème.

NOUVEAU PROCÉDÉ POUR PRATIQUER L'AMPUTATION OSTÉOPLASTIQUE DE L'ARRIÈRE-PIED, par **Jaboulay** et **Laguaite**. (*Lyon méd.*, 1888).

Ce procédé ménage sûrement le paquet vasculo-nerveux plantaire, en permettant l'ablation de l'astragale et du calcanéum, au moyen d'un rectangle d'incision qui est postéro-externe.

EXPÉRIENCE AVEC LE PUS D'UNE OSTÉOMYÉLITE PROLONGÉE, par **M. Jaboulay**, (*Province médicale*, 1887).

Sur un malade qui, 14 ans avant, avait été atteint d'ostéomyélite aigüe, et qui portait comme reliquat de cette affection, une ostéite névralgique fermée, l'auteur a retrouvé dans le pus découvert par trépanation, le *staphylococcus albus*. Ce microbe avait sommeillé pendant 14 ans. Ce fait est analogue à d'autres que l'auteur a consignés dans sa thèse inaugurale.

CHRONIQUE

NOUVELLES UNIVERSITAIRES ET DOCUMENTS OFFICIELS

Annales de l'Université de Lyon

Une somme de 6000 francs vient d'être accordée pour la fondation des *Annales de l'Université de Lyon*, par le Ministère de l'Instruction publique pour compléter la subvention de 2000 fr. récemment votée par l'Association des Amis de l'Université.

Faculté de Droit.

Par arrêté ministériel du **27 décembre 1889**, M. Cohendy, professeur de procédure civile à la Faculté de Droit de Lyon, a été promu, au choix, de la quatrième à la troisième classe, pour prendre rang à partir du 1er janvier 1890.

Par un second arrêté du **28 décembre 1889**, M. COHENDY, professeur à la Faculté de Droit, a été nommé officier de l'Instruction publique.

Par arrêté ministériel du **12 février 1890**, M. THALLER, professeur de droit commercial à la Faculté de Droit de Lyon, a été nommé membre du jury du Concours pour l'agrégation des Facultés de Droit, Concours qui s'est ouvert à Paris le 17 mars 1890.

***

A la suite du concours annuel, ouvert à Paris le 9 décembre 1889, pour l'auditorat du Conseil d'État, M. Arnaud (Léopold-Eugène-Théodore), né à La Palisse (Allier), le 24 octobre 1861, a été nommé auditeur de deuxième classe avec le numéro *un*.

M. Arnaud a suivi les cours de la Faculté de Droit de Lyon de 1883 à 1886, et c'est cette Faculté qui lui a délivré le diplôme de licencié en Droit le 30 juillet 1886.

**

A la suite d'un autre concours, ouvert à Paris en janvier 1890 pour cinq places d'attaché au Ministère des Affaires étrangères, M. Aynard (Joseph-Raymond), né à Lyon le 13 juin 1866, a obtenu le titre d'attaché, avec le numéro *deux*.

M. Aynard a été, comme M. Arnaud, élève de la Faculté de Droit de Lyon, de 1883 à 1886, et c'est à Lyon qu'il a été reçu licencié le 17 juillet 1886. En même temps qu'il suivait les cours de la Faculté de Droit, il se préparait à la licence en philosophie et la Faculté des Lettres de Lyon lui a conféré le titre de licencié en novembre 1884.

**

Le concours pour l'agrégation des Facultés de Droit, ouvert à Paris, le 17 mars 1890, a pris fin le dimanche 11 mai.

Sept places d'agrégés étaient offertes aux concurrents.

57 docteurs s'étaient fait inscrire, presque tous ont subi les épreuves préparatoires ; mais, par l'effet d'éliminations prescrites par les règlements, 14 seulement ont pris part aux épreuves définitives.

La Faculté de Droit de Lyon n'était représentée que par un seul de ses docteurs, M. Paul Pic, lauréat de tous les concours de la Faculté et du concours général, où il obtint le premier prix en 1882. Fidèle à ses bonnes habitudes, il sort encore une fois victorieux de l'épreuve redoutable, à laquelle, séduit par d'autres perspectives d'avenir, il hésitait à prendre part. Son succès réjouira ses maîtres et ses condisciples.

Faculté de Médecine.

NOMINATIONS. — M. le Dr Perret, dont le temps d'exercice comme agrégé était expiré, est rappelé à l'activité pour une période de trois ans et chargé du cours de clinique des maladies des enfants, en remplacement du professeur Perroud, décédé.

Nous enregistrons avec une vive satisfaction la nomination de M. Imbert, ancien agrégé de la Faculté de Médecine de Lyon, comme professeur de physique à la Faculté de Médecine de Montpellier.

***

M. le Dr Mouisset, chef de clinique médicale, vient d'être nommé médecin des hôpitaux de Lyon après un brillant concours qui s'est terminé le 21 mars.

***

DISTINCTIONS HONORIFIQUES. — A l'occasion du 1er janvier, ont été nommés officiers de l'instruction publique : MM. Testut, professeur à la Faculté et Rebatel, ancien chef de clinique.

Ont été nommés officiers d'Académie, MM. Mayet, professeur ; Levrat et Vinay, agrégés libres à la Faculté.

***

M. le professeur Lacassagne vient de recevoir pour ses beaux travaux d'hygiène une haute récompense à laquelle nous applaudissons cordialement. Sur la proposition du Comité consultatif d'hygiène de France, le Ministre de l'Intérieur vient de lui accorder une *médaille d'or*.

***

Le nombre des thèses soutenues à la Faculté de médecine et de pharmacie pour obtenir le grade de docteur s'élève au chiffre de 38 pour les mois de novembre et décembre 1889, janvier et février. En outre, deux thèses ont été soutenues pour l'obtention du grade de pharmacien de 1re classe.

***

Le nombre des étudiants en médecine, inscrits au 1er janvier, est de 572, y compris 154 élèves de l'École de Santé militaire. Le nombre des pharmaciens est de 153, ce qui porte le chiffre total à 725 élèves.

Faculté des Sciences

M. le professeur Renaut a inauguré, le 1ᵉʳ mai dernier, dans le grand amphithéâtre de la Faculté des Sciences, un cours libre et public d'Anatomie générale en présence d'un auditoire nombreux et sympathique. M. Sicard, doyen de la Faculté des Sciences, MM. Dubois, Koehler, Vialleton, etc., assistaient à la leçon d'ouverture.

Par son caractère élevé et général, par les vues originales qui seront développées en dehors des limites nécessairement restreintes d'un programme qui s'impose dans les études professionnelles, le cours libre de notre collègue de la Faculté de Médecine rentre complètement dans le cadre du haut enseignement des Facultés des Sciences.

Dans nos grands centres universitaires de province, en effet, les Facultés des Sciences n'ont pas seulement pour objet la préparation aux difficiles examens des licences, des doctorats ès-sciences et de l'agrégation, mais encore et surtout de répondre au but élevé que l'on a atteint à Paris en créant le Collège de France et le Muséum.

Aussi, la Faculté des Sciences a-t-elle accepté avec empressement l'offre généreuse qui lui était faite par M. Renaut de concourir avec elle au développement de l'enseignement des sciences biologiques générales et de resserrer par cette action commune les liens qui unissent déjà les diverses *sections* de notre *Université lyonnaise*, et de son côté, notre savant collègue de la Faculté de Médecine a su bien exprimer en quelques mots les sentiments d'étroite solidarité dont sont animés à Lyon tous les membres du haut enseignement.

« Messieurs, a-t-il dit, ce n'est ni comme professeur à la Faculté de Médecine, ni comme chargé d'un cours à la Faculté des Sciences que je prends ici la parole pour la première fois.

« Je vais parler dans cet amphithéâtre comme, et à titre de PROFESSEUR A L'UNIVERSITÉ DE LYON. Je ne vous cacherai même pas que c'est pour moi une grande joie que de pouvoir concourir, dans la mesure de mes forces, à l'exécution de la généreuse pensée qui s'applique à réunir, dans un seul et même corps, *enseignant* et *étudiant*, toutes les forces vives de l'intelligence lyonnaise.

« Cette pensée est au plus haut degré celle de notre doyen, que j'ai en ce moment le grand honneur de voir à côté de moi; c'est celle de vos maitres, de mes collègues de la Faculté de Médecine, et c'est la vôtre ; au nom de la science biologique, je remercie hautement ici tous ceux sans exception qui ont concouru à la faire prévaloir! J'en ai maintenant assez dit. Comme ce philosophe, qui démontrait en marchant l'existence du mouvement même, l'Université Lyonnaise doit, en effet, s'affirmer par des actes scientifiques plus que par des aspirations et des paroles. Et j'aborde immédiatement l'objet de ce cours, c'est-à-dire l'étude de l'élément cellulaire: objet irréductible de toute étude biologique moderne prise au point de vue particulier de l'analyse : puisque désormais, comme l'affirmait il y a vingt ans déjà mon illustre maitre Claude Bernard, c'est en réalité dans la cellule que doit être reporté et posé le problème de la vie... »

Pendant le semestre d'hiver, M. Lumière (Auguste) a fait à l'amphithéâtre de chimie appliquée de la Faculté des Sciences une série de très intéressantes et savantes conférences (enseignement libre) sur *la photographie et ses applications aux sciences*. Ces conférences ont obtenu un très légitime succès et nous croyons être l'interprète des nombreux auditeurs, qui ont pu apprécier le talent d'exposition et la connaissance approfondie du sujet dont le jeune Maitre lyonnais a fait preuve, en lui adressant nos plus vives félicitations.

Faculté des Lettres

M. Legouis, maitre de conférences à la Faculté des Lettres, a été nommé pour l'année 1890, membre du jury d'agrégation d'anglais.

ASSOCIATION DES AMIS DE L'UNIVERSITÉ LYONNAISE

RÉUNION DE L'ASSEMBLÉE GÉNÉRALE

19 mars 1890 — 8 h. 1/2, Faculté des Lettres.

Les membres de la *Société des Amis de l'Université Lyonnaise* se sont réunis en Assemblée générale, sous la présidence de M. Félix

Mangini, le 19 mars 1890 à 8 h. 1/2, dans le grand amphithéâtre de la Faculté des Lettres.

Etaient présents : MM. Mangini, *président de la Société* ;
Oberkampff, Caillemer, *vice-présidents* ;
Cambefort, *trésorier*, Bourgeois, *secrétaire général* ;
Berthélemy et Dubois, *secrétaires-adjoints* ;
Gille, Hoffherr, Barbier, Brissac, Kahn, Brouilhet, Pila, Beauvisage, Gallois, Riche, Desormaux Berne, Appleton, Letort, Vernet, Perrin, Lunant, Fontaine. Julien, Gayet, André, Clédat, Coste-Labaume, Durand, Holleaux, Legouis, Offret, Roux, Vaddington, Lortet, Dor, Audibert, Thamin, Loret, Hannequin, Raulin, Bayet, etc.

M. le président expose brièvement à l'Assemblée les efforts qui ont été faits dans le cours de l'année expirée pour la réalisation du but que la Société se propose d'atteindre. De réels succès ont répondu à ces efforts. Les adhésions obtenues ont été nombreuses et le chiffre des souscriptions important — M. le président communique une adhésion nouvelle qui est accueillie par d'unanimes applaudissements ; c'est celle de la Chambre de Commerce de Lyon.

La parole est donnée à M. Cambefort, trésorier, pour la lecture de son rapport sur l'état financier de la Société, et ensuite à M. le secrétaire général Bourgeois, pour la lecture de son rapport sur les actes du Comité pendant le cours de l'année expirée. Les termes de ces deux rapports sont approuvés et l'Assemblée témoigne sa reconnaissance pour le dévouement de M. le trésorier et de M. le secrétaire général par d'unanimes applaudissements.

M. le président fait remarquer qu'aux termes du rapport de M. Bourgeois, une subvention de deux mille francs a été attribuée par le comité à la publication des Annales de l'Université Lyonnaise et qu'en outre le comité a pris l'engagement de fournir chaque année une pareille somme. M. le président demande à l'Assemblée de vouloir bien, par un vote spécial, ratifier cet engagement. « Ce sera, dit-il, le véritable moyen de décider l'administration supérieure à doter largement cette publication. » L'approbation est donnée à l'unanimité.

M. le président propose à l'Assemblée les modifications aux statuts qui ont été discutées dans le comité.

L'art. VI sera désormais ainsi conçu :

« La Société sera administrée par un comité de 42 membres élus etc... (Le reste comme dans l'ancien texte). »

L'art. X sera ainsi conçu :

« L'Assemblée générale se compose de tous les membres de la Société. Elle se réunit tous les ans, dans le cours des trois premiers mois etc. »

Deux articles sont ajoutés, à la demande de l'administration préfectorale :

Art. XIII. « Les discussions politiques et religieuses sont interdites dans les réunions de la Société. »

Art. XIV. « Aucune modification ne pourra être apportée aux présents statuts avant d'avoir été discutée et adoptée en Assemblée générale des Sociétaires, ni être mise en vigueur avant d'avoir été approuvée par M. le Préfet du Rhône. »

Les modifications proposées sont adoptées à l'unanimité.

Conformément à l'art. VI des statuts, l'ordre du jour comporte l'élection de 14 membres du comité en remplacement des membres sortants par voie de tirage au sort.

Sont élus :

MM. Berthélemy, Lacassagne, Morat, Cambefort, Dubois, Coste-Labaume, Oberkampff, Audibert. Lannois, Caillemer.

Par 42 voix sur 43 suffrages exprimés.

M. Barbier, par 39 voix ;

MM. Gillet et de Leyris par 38 voix ;

M. Chabrières, par 25 voix ;

Obtiennent ensuite :

MM. Vernet et Offret.	8 voix
Gille	5 voix
Ulysse Pila . . .	3 voix
Enox.	2 voix

Hotteaux, Letord, Loret, Hannequin, Vaddington, chacun une voix.

Après la proclamation de ce résultat, M. Hannequin, professeur à la Faculté des Lettres demande la parole.

Je crois être l'interprète des sentiments de mes collègues de l'Université en remerciant M. le président Mangini « du zèle dont « il a fait preuve pour la prospérité de l'Association, et des « bienfaits qu'il lui a apportés. Les résultats constatés au cours « de la séance sont le meilleur témoignage des services qu'il a « rendus à la cause de l'Université lyonnaise par l'autorité de son « nom et l'étendue de son dévouement. »

Ces paroles sont couvertes d'applaudissements unanimes.

La séance est levée à dix heures et demie.

Le Président,
MANGINI

P. le secrétaire général,
BERTHELEMY

COMPTES DU TRÉSORIER

Extrait du rapport de M. Cambefort (exercice 1889).

Recettes............	25.718 85	25.854 35
Intérêts............	135 50	
Dépense............	2.275 20	22.275 20
Placement............	20.000 (1)	
Solde en caisse au 31 décembre...		3.579 15
34 fondateurs..................		22.500 »
424 souscripteurs..............		3.218 85
Total.....		25.718 85

Nous regrettons de ne pouvoir, par suite de l'abondance des matières, donner le texte du remarquable rapport de M. le secrétaire général, qui sera publié *in extenso* dans le prochain fascicule.

___

(1) Il a été décidé que cette somme de vingt mille francs serait versée avec intérêts de 4 0/0 dans la caisse de M. le président Mangini, qui a bien voulu en accepter le dépôt.

L'UNIVERSITÉ LYONNAISE

Première conférence

On sait avec quelle ardeur nos Facultés luttent, depuis plusieurs années, pour obtenir enfin le titre d'Université lyonnaise.

C'est une juste protestation contre la centralisation absorbante de Paris, et l'importance de Lyon, l'autorité de ses savants, les travaux de ses professeurs, rendent notre ville bien digne d'être reconnue comme un centre scientifique, indépendant de la prétendue suprématie parisienne.

C'est dans ce but que s'est créée la Société des Amis de l'Université lyonnaise, et pour donner une plus puissante impulsion au mouvement décentralisateur, elle a décidé d'organiser une série de conférences qui se recommanderaient à l'attention par le choix des orateurs.

La première conférence avait lieu le 2 mars dans le grand amphithéâtre des Facultés.

En l'absence du président de la Société, M. Mangini, c'est le vice-président, M. Oberkampf, qui occupait le fauteuil, ayant à ses côtés MM. Charles, recteur de l'Académie ; Cambon, préfet du Rhône ; Bouflier, adjoint au Maire ; Fochier, procureur général ; Vallin, directeur de l'École de Santé militaire ; Sévène, président de la Chambre de Commerce.

Derrière eux et dans la salle, tous les professeurs de nos Facultés et une foule de notabilités lyonnaises.

M. le président fait d'abord l'éloge de M. Liard, il rappelle l'importance de ses écrits et les services qu'il a rendus à l'instruction publique.

« Notre titre d'Amis de l'Université lyonnaise, dit-il, indique assez les espérances de notre association : la présence parmi nous de M. Liard, directeur de l'enseignement supérieur, ne peut que hâter le moment où elle en verra la pleine réalisation. »

Conférence de **M. Liard**

M. Liard, après avoir remercié le président de ses paroles de bienvenue, fait l'éloge de l'Université lyonnaise, de ses professeurs et de ses étudiants, de toute cette phalange grossie encore par l'adjonction de l'Ecole de Santé militaire qui rappellera sans cesse à la jeunesse lyonnaise cette ville de Strasbourg que nous ne devons pas oublier.

Il adresse ses félicitations à la Société des Amis de l'Université, nouvelle association qui tend la main à celle de l'Enseignement professionnel, une des puissances bienfaisantes du Lyon contemporain. Il entre ensuite dans son sujet : Facultés et Universités.

Facultés et Universités

La Faculté est une école spéciale ; l'Université est une école où l'on n'enseigne plus un fragment de science, mais la science totale, une école faite de Facultés qui deviennent comme les organes d'un même corps, comme des ateliers mûs par le même arbre de couche et recevant la même impulsion.

Depuis 1808 nous vivons sous le régime des Facultés, mais nous tendons de plus en plus vers celui de l'Université. Pour obtenir ce dernier, il ne suffit pas d'un acte législatif, il faut un lent développement, il faut, comme nous le voyons à Lyon, que les énergies internes et externes s'unissent pour atteindre le but.

M. Liard fait l'historique des diverses facultés de Lyon ; il admire leurs constructions, ce groupe universitaire, le plus beau et le plus complet qui existe en France, et il en félicite la municipalité.

Il examine les causes du rapprochement qui s'est fait entre les diverses Facultés, de cette sorte de coagulation devenue instantanée après les décrets de 1889, de cette union entre les étudiants et leurs professeurs ; il en rend hommage au Conseil des Facultés et à M. le recteur qui en a dirigé les délibérations avec un libéralisme et une rare élévation d'esprit.

L'Association des Amis de l'Université a créé le lien entre les Facultés et la Cité. Pour la constitution de l'Université de Lyon, il faut un acte du pouvoir législatif donnant un nom, une personnalité civile, mais il faut avoir 3 ou 100.000 livres de rente ; est-ce trop demander à cette ville qui est fière d'avoir, en moins d'un siècle, constitué à ses hospices, un revenu de plus de trois millions et demi ?

L'Université et les traditions

L'œuvre entreprise est-elle bonne ? Elle est, il faut l'avouer, en contradiction avec tout ce qui s'est fait dans ce siècle et avec toutes les institutions des gouvernements qui se sont succédé ; mais elle a pour elle les doctrines des philosophes de la Révolution, qui ont, les premiers, donné l'idée fondamentale de l'Université.

Et cependant, la Révolution elle-même créa, au contraire, des écoles spéciales. Les esprits les plus illustres, Talleyrand, Condorcet, tout en définissant le caractère de l'Université, en lui trouvant un rôle magnifique — M. Liard lit des citations admirables, — n'ont rien fait pour elle.

Poursuivre la réalisation d'une Université, c'est donc remonter à nos origines, renoncer à nos anciennes traditions.

Mais l'idée de l'Université n'avait jamais été abandonnée ; on la suit plus ou moins à travers les années. Guizot réclamait cet enseignement et projetait de constituer quatre grandes Universités provinciales. Cousin, pendant son court passage à la tête de l'instruction publique, fondait l'Université de Rennes.

Donc, si nous sommes des novateurs, nous avons derrière nous des ancêtres ; si nous avons contre nous les faits, c'est que les faits ont eu trop souvent raison contre la raison elle-même.

D'ailleurs, tous les pays civilisés de l'ancien et du nouveau monde ont adopté l'Université, jusqu'au Japon lui-même ; la France reste seule en dehors de ce mouvement.

Utilité de l'Université.

A-t-elle tort? C'est une présomption, mais il semble bien hors de doute qu'on ne peut trouver d'organisation plus féconde, plus utile que l'Université, plus économique pour l'enseignement supérieur.

Le milieu universitaire qui résulte du groupement crée dans les Facultés une atmosphère scientifique beaucoup plus excitante qu'une Faculté isolée, vivant seule ; manquant d'ouvertures sur tous les côtés de la science, elle cheminera, ayant toujours devant elle le même objectif. Les Facultés rapprochées ne sont pas comme des compartiments étanches, il s'établit de l'une à l'autre des courants d'esprit qui les fécondent.

M. Liard continue à prouver l'utilité, scientifiquement indiscutable, de l'organisation universitaire, la nécessité de renforcer la source même de l'enseignement supérieur, pour alimenter davantage les canaux de l'enseignement primaire qui portent la science jusque dans les couches les plus profondes de la démocratie.

Il montre l'exemple de l'Allemagne qui, en occupant Strasbourg, a fait aussitôt trois choses : remplacer la gare ancienne par une gare stratégique, pousser plus loin les fortifications, et enfin, sur l'emplacement des fortifications premières, élever contre nous une forteresse intellectuelle, l'Université de Strasbourg.

L'idéal national.

Dans un pays démocratique comme le nôtre, il est indispensable que du sein de la démocratie sorte une élite, une aristocratie véritable faite des meilleurs, faite des fils de la démocratie, qui lui reste fidèle, la serve et l'honore. Où se formera cette élite capable de comprendre l'idéal national ?

C'est surtout dans nos Universités, répond M. Liard, que la jeunesse française prendra les vertus intellectuelles et morales qui sont indispensables à son rôle dans la nation.

M. Liard développe éloquemment cette idée. Il dit que lorsque la loi aura donné la charte à nos Universités, il est une charte morale que celles-ci devront se donner à elles-mêmes ; elles y inscriront trois devoirs : devoir patriotique, devoir national et devoir moral. Sans parler du devoir local, de la reconnaissance que doit avoir par exemple la future Université lyonnaise pour Lyon, où la Chambre de Commerce a soutenu le cours de chimie industrielle au point d'en faire une école.

M. Liard termine par un appel à la générosité des Lyonnais pour qu'ils assurent à leur Université l'indépendance, en lui donnant des ressources suffisantes.

Entre l'État et la Ville, il ne saurait y avoir d'antagonisme ; il n'y en aura jamais, parce que tous deux poursuivent le même but, la décentralisation littéraire et scientifique qui fera la France grande et prospère.

« Ayons confiance, dit le conférencier, dans notre œuvre, dans ses résultats, et, si nous la voyons aboutir, nous pourrons nous dire les uns et les autres que nous avons bien mérité, vous de notre ville, et nous du pays tout entier ».

Des applaudissements répétés accueillent la péroraison de M. Liard. M. le directeur de l'enseignement supérieur s'est exprimé avec une facilité simple, allant parfois, cependant, jusqu'à l'éloquence.

Une tête de Gaulois, le port fier, le geste sobre : il a traité son sujet avec toute la compétence de sa haute situation.

Le président l'a remercié en quelques mots, puis il a levé la séance.

Le Banquet.

Un banquet réunissait le même soir, à sept heures, la Société des Amis de l'Université lyonnaise, dans la grande salle de la Bourse.

Deux cents convives s'y trouvaient réunis sous la présidence de M. Caillemer, ayant à ses côtés la plupart des notabilités qui assistaient à la conférence.

A la table d'honneur :

MM. Liard, Caillemer, Charles, Cambon, Bouffier, adjoint au maire ; Sevéne, président honoraire à la Chambre de Commerce ; Gravier, secrétaire général de la Préfecture ; Fochier, procureur général ; Viry, sous-directeur de l'École de Santé militaire. Les doyens : Bayet, doyen honoraire ; Bourgeois, secrétaire général ; Cambefort, trésorier ; Berthelemy, Dubois, sécrétaires ; Arloing, directeur de l'École vétérinaire, correspondant de l'Institut ; Ollier, correspondant de l'Institut ; Lépine, correspondant de l'Institut, président du *Bulletin* ; Thaller, secrétaire général : Crolas, Jacquand, représentant la Chambre de Commerce.

Les membres du comité. — MM. Perrin, ancien président de la Chambre des notaires ; Carrier, conseiller général de l'Ain ; André, directeur de l'Observatoire ; Coste-Labaume, publiciste ; Appleton, Hirsch, architecte de la ville ; Lacassagne ; De Leiris, président des Touristes Lyonnais ; Audibert, Morat, Roux, Thamin.

Membres donateurs : MM. Permezel, docteur Gayet, Laroyenne, Soulier, Albert Carrier, Letord, président de la Chambre des notaires ; Gille, Vautier, Soulier, André.

Des professeurs nombreux, et des étudiants des Facultés.

M. Faure, conseiller municipal.

M. Thevard, substitut du procureur général; M. Pila, membre de la Chambre de Commerce; Testenoire, de la Condition des soies; G. André, architecte; Chantre, sous-directeur du Muséum; Dumesnil, chef du cabinet du Préfet; Penot, directeur de l'école de Commerce; Pallud, Larochette, Coignet, ingénieurs; Garin, avocat; Gourju, etc.

Les docteurs Leirat, Chambard-Hénon, Dor, Cusset, Doyon, Eraud, Puppier, Gros, Martin, etc., etc.

Au dessert, M. Caillemer, prenant la parole, a fait éloge de M. Liard, dont il a porté la santé au nom des Amis de l'Université lyonnaise. Légalement, cette Université n'existe pas encore; ce qui existe, c'est l'Université de France, qui comprend depuis les grands dignitaires jusqu'aux maîtres d'école des plus humbles hameaux.

Mais, cependant, comment croire que c'est une simple abstraction, une simple espérance qui a pu susciter tant de dévouements? Ne faut-il pas penser, au contraire, que c'est l'Université lyonnaise, cette union des professeurs et des élèves, *universitas regentium et scolarium*, comme on disait au moyen âge? L'état civil, le nom propre nous manque : mais nous travaillons comme si nous l'avions.

Les Universités provinciales n'ont pas en ce moment l'existence légale, mais les Facultés l'ont, maintenant, et il suffirait de donner à la réunion de ces Facultés une prérogative spéciale.

C'est vous, Monsieur le directeur de l'enseignement supérieur, dit M. Caillemer, qui avez rendu à nos Facultés la personnalité civile. Je fais des vœux pour que vous puissiez accomplir cette grande tâche à laquelle vous avez consacré votre vie : la réorganisation de l'enseignement supérieur.

Je bois à M. Liard et au succès de sa grande entreprise.

M. le préfet du Rhône, dans un discours plein d'esprit, déclare que l'enseignement supérieur est ce qui lui tient le plus à cœur, parce qu'il fait la gloire du pays et le met à sa vraie place.

Il constate que chacun semble avoir les idées de sa génération, mais qu'à présent les générations ne se transmettent plus leurs traditions intellectuelles comme un flambeau qui passerait de l'une à l'autre. Il faut donc augmenter la solidarité entre tous ceux qui s'occupent des choses de l'esprit, et pour cela il faut relever ces couvents laïques qui sont des Universités et qui seront l'honneur de la démocratie.

M. Cambon boit à la ville de Lyon qui donne aux universitaires un asile si confortable.

M. Liard, reproduisant à grands traits les idées émises dans sa conférence, boit à l'Université future de Lyon, et dans ce toast il réunit, comme en un faisceau indissoluble, le corps des professeurs, les étudiants, la municipalité de Lyon, les amis de l'Université Lyonnaise et la démocratie lyonnaise toute entière.

D'autres toasts sont encore portés par MM. Jacquand, Cambefort et Bourgeois, et les convives quittent la table.

C'est le repas de baptême de l'Université Lyonnaise; elle a reçu aujourd'hui la consécration définitive de l'Etat.

GIL BERT

(*Espress de Lyon*, 3 mars).

Deuxième conférence

L'Ecole de Claude Bernard, par M. Raphaël Dubois, professeur à la Faculté des Sciences.

Troisième conférence

La justice à Lyon au VIXe siècle, par M. le professeur Caillemer, doyen de la Faculté de Droit, correspondant de l'Institut.

Quatrième conférence

Les Universités au Moyen-Age, par M. le professeur Bayet, doyen honoraire de la Faculté des Lettres.

La brillante série de ces conférences, qui toutes ont obtenu un légitime succès et conquis de nombreuses sympathies à l'Association des Amis de l'Université, a été close par une charmante *Causerie de M. Jules Simon* : l'illustre académicien a voulu apporter l'appui de sa chaude et vibrante éloquence à l'œuvre de l'Université lyonnaise « parce qu'elle est une œuvre philosophique par excellence ».

Les comptes-rendus des conférences de l'Association des Amis de l'Université seront publiés dans les fascicules qui paraitront ultérieurement.

INTÉRÊTS UNIVERSITAIRES

Faculté de Droit.

Le Conseil supérieur de l'Instruction publique, dans une de ses dernières sessions, a été saisi par les délégués des Facultés de Droit, MM. Accarias et Drumel, du vœu suivant :

« Les soussignés,

« Considérant que, en fait, les chaires déclarées vacantes, à la Faculté de Droit de Paris ont toujours été données, sauf une seule exception à des agrégés attachés à cette Faculté ;

« Considérant que les professeurs des Facultés de Droit des départements se plaignent, avec quelque raison, d'un tel résultat ; mais qu'il est une conséquence presque forcée du grand nombre des agrégés de la Faculté de Paris et du long stage qu'ils y font en cette qualité.

« Emettent le vœu que l'organisation actuelle de la Faculté de Droit de Paris soit modifiée en ce qui concerne les services confiés à des agrégés, cela, toutefois, sans toucher aux situations acquises ».

M. le Ministre de l'Instruction publique, le 26 novembre 1889, a consulté la Faculté de Droit de Lyon sur la suite que, à son avis, ce vœu pouvait recevoir. Dans le cas, disait M. le Ministre, où la Faculté estimerait qu'il y a lieu de modifier l'organisation actuelle de la Faculté de Droit de Paris, elle devrait indiquer quelles sont, suivant elle, les modifications possibles.

Voici quelle a été la réponse de la Faculté de Droit de Lyon. (Rapporteur : M. le professeur Garraud).

« La Faculté de Droit de Lyon est à peu près unanime à reconnaitre que la question des modifications dont serait susceptible l'organisation et le recrutement des *agrégés* près la Faculté de Droit de Paris, ne peut être utilement examinée qu'après avoir pris parti sur une question préliminaire, celle du recrutement des *professeurs* même de cette Faculté.

« Avec le système actuellement en vigueur, on sait qu'il est presque interdit à un professeur des Facultés de province d'aspirer à occuper une chaire vacante dans la Faculté de Droit de Paris.

Le recrutement se fait sur place, dans le milieu même de l'École, et il est de jurisprudence constante que ce sont les agrégés parisiens qui ont le droit exclusif, à tour de rôle, et en quelque sorte par le jeu d'un avancement régulier, d'être nommés titulaires, quels que soient les titres des candidats étrangers à la Faculté de Paris qui aspirent à la chaire vacante.

« Les inconvénients de ce mode de recrutement ont été souvent signalés.

« Le procédé fécond de sélection, qui permet aux Facultés des Sciences et des Lettres de rechercher et de choisir, dans la France entière, les professeurs destinés par leurs succès et leurs travaux à honorer le haut enseignement d'une capitale, paraît étranger aux Facultés de Droit. Pour être professeur de droit à Paris, il faut avoir enseigné à Paris même.

« Invoquera-t-on, pour justifier l'exclusion dont on frappe ainsi les professeurs de province, la nécessité d'assurer et de maintenir l'unité scientifique de la Faculté de Droit de Paris ? On étonnerait certainement les professeurs des grandes Universités étrangères, si on leur imposait, sous ce vain prétexte, l'obligation d'exiger des concurrents aux chaires vacantes un stage préalable d'enseignement dans l'Université même dont ils aspirent à devenir membres.

« D'un autre côté, avec le mode de recrutement de la Faculté de Droit de Paris, la perspective de conquérir, par des travaux remarqués, par l'éclat de l'enseignement une chaire dans la première Faculté de France, fait absolument défaut à l'organisation des Facultés de Droit. Qui pourrait soutenir que c'est dans l'intérêt exclusif des progrès de l'enseignement du droit en France, que l'on a consenti à se priver de ce stimulant, si propre à exciter le zèle scientifique des professeurs des Facultés de droit de province ?

« Aussi, pour rompre avec des traditions que l'on est facilement tenté de transformer en droits acquis, la Faculté de Droit de Lyon émet le double vœu :

« 1° Que lorsqu'une chaire de la Faculté de Droit de Paris sera déclarée vacante, et que le Conseil de cette Faculté sera appelé à présenter deux candidats à M. le Ministre de l'Instruction publique, l'un des deux candidats soit nécessairement choisi parmi les professeurs titulaires des Facultés de province, sans distinction de classes ;

« 2° Que le Conseil de la Faculté ne puisse établir entre les deux candidats aucun ordre de présentation, les deux noms devant être inscrits sur la liste par ordre alphabétique.

« Si ce double vœu était adopté, la Faculté de Droit de Lyon ne verrait aucun inconvénient à conserver dans les conditions actuelles, l'organisation du corps des agrégés près la Faculté de Droit de Paris. »

VARIÉTÉS. — BIBLIOGRAPHIE

LES TORTUES GÉANTES VIVANTES ET FOSSILES

Il existe, je devrais peut-être aujourd'hui dire il existait, dans quelques petites îles de l'Archipel Indien et de la côte Pacifique de l'Amérique du sud, des tortues de terre que leur grande taille, comparée aux dimensions ordinairement modestes de ces animaux, a fait appeler les *tortues géantes*. Ces tortues géantes, qui le cèdent pourtant et de beaucoup en dimensions aux tortues marines actuelles, ne constituent pas une espèce unique, mais bien un groupe d'espèces, qui sont au nombre de neuf pour les îles de l'Archipel Indien, et de cinq pour l'archipel des Gallapagos. La description détaillée de ces espèces a fait l'objet d'une monographie remarquable de M. Günther.

La plus connue parmi ces tortues géantes est la *tortue éléphantine* dont la ménagerie des reptiles du Muséum de Paris possède plusieurs exemplaires vivants, et dont il existe au Muséum de Lyon une fort belle dépouille. C'est la plus grande des tortues terrestres actuelles ; sa carapace, mesurée en ligne droite, arrive à dépasser un mètre de long. L'éléphantine qui est originaire de l'archipel d'Aldabra, non loin de Maurice, se voit encore souvent en captivité dans quelques jardins de cette dernière île, et s'y conserve, grâce à la longévité extraordinaire de ces tortues, qui peut atteindre jusqu'à quatre cents ans.

Autrefois, aux XVIe et XVIIe siècles, les grandes tortues étaient extrêmement abondantes, non seulement à Aldabra, mais aussi à Maurice et à Rodriguez. Un voyageur, François Leguat, qui visita l'île Rodriguez en 1691, raconte « que l'on en voit quelquefois des troupes de deux à trois mille, de sorte que l'on peut faire plus de cent pas sur leur dos, sans mettre le pied à terre. Elles se rassemblent le soir dans les lieux frais, et se mettent si près l'une de l'autre, qu'il semble que la place en soit pavée ». Les navigateurs qui allaient aux Indes avaient pris l'habitude de s'arrêter dans ces îles pour y embarquer, au nombre de plusieurs centaines, des tortues géantes, qu'ils utilisaient comme viande fraîche dans le cours de leur voyage. On comprend aisément dans de pareilles conditions la diminution progressive et rapide du nombre de ces animaux, malgré leur grande fécondité. Aujourd'hui, la plupart des espèces de l'archipel Indien, sont éteintes sans retour, et il n'en existe plus que quelques dépouilles dans les musées. Seules quelques tortues éléphantines soutiennent encore à Aldabra la lutte pour l'existence, grâce à la protection active du gouverneur de Maurice. Les tortues géantes américaines, qui habitent les îles Gallapagos, sont peut-être encore un peu plus nombreuses, mais elles sont menacées d'un sort semblable à celui de leurs proches parentes de la mer des Indes.

Il est curieux de savoir que des tortues de terre géantes ont vécu sur le sol de la France, et, en particulier, dans le sud-est, pendant les périodes géologiques les plus rapprochées de la nôtre, c'est-à-dire à la fin du miocène et pendant le pliocène. Deux points de notre pays ont fourni des documents relatifs à la connaissance de ces espèces éteintes : le Roussillon et les flancs du mont Leberon dans la vallée de la Durance.

Dans les limons pliocènes du bassin de Perpignan, un chercheur, M. Pépratx, découvrait, il y a quelques années, des os des membres et des fragments de carapace indiquant l'existence d'une énorme tortue de terre; l'épaisseur des parties osseuses du bord de la carapace était telle que des maçons avaient commencé à s'en servir comme grosses briques pour construire une mur. J'étudiai avec soin ces débris auxquels j'ai appliqué le nom de *Testudo perpiniana* ou tortue de Perpignan. Peu d'années après, M. le docteur Donnezan eut la chance de recueillir, pendant les travaux de construction d'un fort près de Perpignan, un individu de cette même espèce, entièrement conservé. L'animal avait dû mourir sur place en rétractant à l'intérieur de la carapace, sa tête, ses pattes et sa queue, suivant l'habitude des tortues. Après un travail de restauration fort pénible, (la carapace ayant été en partie écrasée et fracturée de mille manières sous le poids des terres), le fossile a pu être exhumé en entier. Les différentes pièces osseuses du cou et des membres ont été retrouvées dans l'intérieur de la carapace, de sorte que le squelette a pu être monté, à peu près aussi bien qu'on aurait pu le faire pour une tortue vivante. Ce magnifique sujet figure aujourd'hui, avec honneur, dans la nouvelle salle de paléontologie du Muséum de Paris, où M. le professeur Gandry a réuni les plus beaux vertébrés fossiles de cette riche collection.

La longueur du plastron de la tortue de Perpignan est de 1ᵐ20, c'est-à-dire qu'elle dépasse un peu la taille des forts sujets de l'éléphantine actuelle; nous allons voir par d'autres trouvailles que les tortues fossiles ont atteint des dimensions encore plus considérables.

En effet, dans les limons rouges qui bordent le flanc méridional du mont Leberon, et dont l'aspect rutilant frappe de loin le voyageur qui remonte la vallée de la Durance, M. Gandry avait découvert dans ses fouilles qui datent de vingt-cinq ans, le squelette d'une immense tortue de terre. Malheureusement, pendant les travaux d'extraction, la bête fut précipitée du haut en bas du ravin, et le savant professeur du Muséum ne put recueillir que quelques fragments indéterminables de la carapace et des membres.

Dans le cours des explorations que j'ai entreprises pendant l'automne dernier dans ces mêmes régions, j'ai eu la bonne fortune, grâce à l'obligeance d'un zélé naturaliste, M. Deydier, notaire à Cucuron, de mettre la main sur un nouveau sujet de la tortue du Leberon. L'extraction a été des plus délicates : l'animal effleurait sur le flanc d'un profond ravin, creusé de sept mètres en contre-bas d'une route mauvaise. Il a fallu entailler autour de la carapace une tranchée circulaire, dégager l'animal par dessus, puis faire construire sur place un cadre et une caisse suffisants pour emporter ce colis dont le poids total s'élevait à environ onze cents kilos. Des pluies torrentielles m'ayant forcé d'interrompre la direction du travail, M. Deydier a bien voulu se charger de le mener à bonne fin, et il y a parfaitement réussi. Le sujet, qui fait aujourd'hui partie des collections géologiques de la |Faculté des sciences de Lyon, n'est malheureusement pas complet; la voûte de la carapace, effondrée sous la pression des terres, n'a pu être rétablie, mais le plastron est intact, ce qui permet de se rendre compte des dimensions extraordinaires de l'animal : ce plastron mesure, en effet, 1^{m}55, ce qui porte la longueur de la carapace à 1^{m}70 au moins. C'est assurément la plus forte tortue de terre, qui ait encore été découverte, si l'on excepte pourtant la gigantesque *Colossochelys* de l'Himalaya.

Plusieurs os des membres ont été extraits de la cavité de la carapace, notamment les deux os des bras, ceux de l'épaule, quelques os de la jambe, enfin de curieuses plaques osseuses arrondies ou ovalaires, dont la signification est des plus curieuses.

Lorsque les tortues rétractent leurs membres dans la carapace, comme moyen de défense, certaines parties des avant-bras et des jambes restent encore visibles de l'extérieur et sont, par conséquent, vulnérables. Chez un petit nombre d'espèces actuelles, comme les *testudo sulcata* et *pardalis* de l'Afrique australe, ces parties vulnérables sont protégées par d'épaisses écailles épineuses dont la pointe est tournée vers l'extérieur. Ces écailles elles-mêmes ont pour support des pièces ossifiées placées côte à côte dans l'épaisseur du derme, ce qui contribue à augmenter la résistance des écailles. Or, ces pièces osseuses, rudimentaires chez les tortues actuelles, sont au contraire fort épaisses et nombreuses dans la tortue du Leberon. Elles existent aussi dans la tortue de Perpignan où par une circonstance heureuse, elles sont restées en place, appliquées contre les os de l'avant-bras et de la jambe.

Cette particularité curieuse ne se voit parmi les tortues actuelles que dans les deux espèces du Cap citées plus haut. Elle manque dans les tortues géantes actuelles, ce qui prouve que la taille ne nous donne pas de bonnes indications sur la parenté des animaux. Il y a eu des géants dans plusieurs groupes, et, tandis que les gigantesques tortues fossiles du tertiaire de France se sont rapetissées pour donner naissance aux espèces plus modestes de l'Afrique australe, d'autres tortues, peut être de dimensions médiocres dans les temps géologiques, ont évolué au début de la période actuelle pour produire les formes géantes actuelles de la mer des Indes et des Gallapagos.

Th. Depéret

LE LIVRE DE M. LÉO VIGNON « SUR LA SOIE »

C'est pour nous une bonne fortune, que d'entretenir nos lecteurs d'une œuvre également intéressante pour notre ville et notre Université. Lyon n'est-elle pas la reine de la soie, et ne domine-t-elle pas de haut cette admirable industrie des soiries la plus variée peut-être qui soit au monde? Un membre de notre Université lyonnaise, M. Léo Vignon, maître de conférences à la Faculté des Sciences, sous-directeur de l'Ecole de Chimie Industrielle de Lyon, s'est attaché à nous décrire la soie, dans ses côtés si divers et si intéressants. Nous sommes heureux de constater qu'il a pleinement réussi.

Mieux que tous les commentaires, la préface de l'auteur nous indiquera comment il a compris et divisé son sujet : « Il n'est « point exagéré de dire que presque toutes les branches des con-« naissances humaines sont mises à contribution par le travail « de la soie. Si l'étude de ce merveilleux textile doit commencer « par celle de son origine, c'est-à-dire par le ver à soie et le « mûrier, elle doit être logiquement poursuivie jusqu'à ses « dernières applications, les différentes étoffes de soie teintes et « apprêtées. Or dans une pareille revue, quels éléments doivent « se rencontrer? Quels efforts est on amené à décrire?

« Nous verrons d'abord la science agricole cultiver le mûrier, « puis élever le ver à soie pour produire le cocon et assurer en « même temps la reproduction du ver.

« L'industrie intervenant ensuite, transforme ce cocon en fil, « le revêt de brillantes nuances, puis le tisse en étoffes admirables « en s'aidant des ressources de l'art le plus raffiné pour la dis-« position des lignes et des couleurs : le commerce, enfin, utilisant « ses combinaisons techniques les plus ingénieuses, étend son « action sur l'ensemble des pays habités pour approvisionner des « matières premières, l'industrie des soieries et assurer l'écoule-« ment de ses produits.

« Mais à cette accumulation d'efforts, la science pure apporte « aussi son indispensable contingent. Tour à tour la zoologie, la « physiologie, la botanique, la mécanique, la physique et la « chimie viennent perfectionner et étendre sans cesse les procédés « et les méthodes de l'agriculture et de l'industrie. De cette union « est née une des plus brillantes manifestations, un des plus beaux « monuments de l'activité humaine. »

L'œuf, le ver à soie et le cocon forment la matière de l'introduction. Les maladies du ver à soie, l'étude du grainage ou production des œufs de ver à soie constituent des chapitres spéciaux. En traitant de l'élevage industriel du ver à soie, M. Vignon nous initie aux principaux détails de cette curieuse industrie agricole, appelée *sériculture*.

Sa première partie traite des fils de soie de toute nature. Nous apprenons ainsi à connaître la *soie grége* provenant du dévidage des cocons, la *soie moulinée* qui n'est autre chose que la soie grège ayant subi des torsions et des doublages; puis ce sont les fils, provenant des soies sauvages produites par des vers vivant en plein air dans plusieurs contrées de l'Asie; les fils de schappes, obtenus par le peignage et la filature du déchet de soie de toute provenance et enfin *les soies artificielles*, encore à leur début, fort curieuses, néanmoins, par le principe même de leur fabrication. Mais il ne suffit pas au savant auteur de nous décrire, les formes sensibles, les propriétés physiques et mécaniques des fils de soie : se souvenant qu'il est chimiste, M. Vignon pénètre plus avant dans l'étude de la constitution intime de la soie grège. Nos lecteurs connaissent certainement les progrès merveilleux que la chimie moderne a réalisés dans ce genre d'investigations. C'est ainsi qu'après avoir caractérisés, puis dosé très exactement les corps simples qui entrent dans la composition d'une substance déterminée, les chimistes arrivent à disséquer pour ainsi dire la combinaison qu'ils étudient, et parviennent à déterminer le nombre et l'arrangement des molécules constitutives des corps simples qu'elle renferme : chaque substance peut être représentée ainsi par des formules écrites ou figurées, par lesquelles se trouvent fixés la nature, le nombre, et les positions relatives des éléments ou corps simples composants.

Nous devons savoir gré à M. Vignon, de nous avoir montré quelques-unes de ces formules, sans en faire pour les yeux profanes, un abus offensant. Aussi bien, nous consolerons-nous de notre incompétence en des matières si ardues, en retenant les conclusions de M. Vignon. La soie est une matière albuminoïde, et il est très probable qu'elle pourra être reproduite un jour dans les laboratoires, en se passant des bons offices des vers à soie. Il est vrai, que suivant sans doute les principes de la lutte pour la vie, ceux-ci s'efforceront d'être des producteurs plus économes que MM. les chimistes, et pourront longtemps encore filer en maîtres!

Avec les fils de soie, de nature si variée, d'origines si diverses on prépare les soieries. *Dessin, tissage, teinture,* tels sont les éléments mis en œuvre par la fabrication des soieries, décrite dans la deuxième partie : les soies sont d'abord minutieusement éprouvées, le fabricant de soieries en effet ne met en œuvre qu'une matière première qu'il connait parfaitement. Il choisit ensuite le dessin qui devra être reproduit, fixe la couleur et la position de chaque fil, fait teindre les écheveaux de soie, et tisser l'étoffe; parfois ces deux opérations sont interverties, le tissage précède la teinture et l'étoffe est teinte « en pièces ». On arrive ainsi à une rapidité plus grande dans la fabrication. Les étoffes écrues sont fabriquées à l'avance, puis teintes très rapidement dans les nuances demandées par la consommation. Toute cette partie technique fort bien développée dans le livre de M. Vignon est complétée par *l'étude du finissage* des tissus, *apprêts* divers, et *impressions*. Un chapitre spécial est consacré à l'importante question de l'art dans l'industrie des soieries : dans une certaine partie de sa fabrication en effet, l'industrie des soieries constitue un art décoratif des plus riches en moyen d'expression. L'auteur nous trace à grands traits les caractères principaux des quatre périodes historiques de l'industrie des soieries : *époque Byzantine, époque Arabe,* suivies de la *période Italienne* puis de la *période française,* telle est en peu de mots l'ordre de succession des différents types de soieries.

C'est avec fierté que nous apprenons la prééminence de l'industrie française des soieries à partir du XVIII° siècle, depuis cette suprématie ne fait que s'accroître. De nos jours la production française, c'est-à-dire celle de Lyon, domine celle du monde entier. Irréprochable au point de vue industriel, poussée à un point de perfectionnement technique extrêmement remarquable, notre fabrique, qui au point de vue artistique avait perdu du terrain depuis la fin du siècle dernier a su progresser dans l'art et le goût, et rehausser le niveau artistique de ses productions. L'examen de la section lyonnaise des soieries à l'Exposition de 1889 ne laisse à cet égard aucun doute.

L'Etude de la soie eût été incomplète, si M. Vignon n'eût pas étudié dans la dernière partie de son livre, le côté économique de son sujet, des documents statistiques, choisis avec discernement, nous montrent la production des soies et des soieries dans les divers pays. Nous pouvons ainsi concevoir toute l'importance sociale de cette industrie des soieries dont la production atteint pour Lyon seulement quatre cents millions, et pour l'ensemble des fabriques européennes et américaines, onze cents millions de francs.

Illustré de quatre-vingts figures, le livre de M. Vignon est d'une
lecture facile. La nature du sujet exigeait un auteur qui soit à la
fois, un savant, un industriel, un homme de goût ; ces conditions
se trouvent réunies en M. Vignon, qui, en écrivant son livre sur la
la soie, à réalisé une œuvre bonne et utile, image de l'esprit d'union
et de la communauté d'efforts animant notre ville et son Université.

TRAVAUX DE M. LOCARD

En dehors du mouvement universitaire proprement dit, des
savants lyonnais, des écrivains de talent publient chaque année
de remarquables travaux originaux, qui contribuent dans une
large mesure à la réputation scientifique et littéraire de notre
grand centre universitaire. Nous regrettons de ne pouvoir actuellement accorder une place suffisante à l'examen de ces publications.

Cette année encore, le savant conchyliologiste français,
M. Locard, de l'Académie de Lyon, a enrichi la Science d'une
intéressante série de recherches, dont nous ne pouvons malheureusement donner qu'une bien courte analyse.

---

*Catalogue descriptif des mammifères sauvages et domestiques
qui vivent dans le département du Rhône et dans les régions
avoisinantes,* par Arnould Locard. 1 br. gr. in-8°, 78 p. —
Paris, J.-B. Baillière et fils, 1889.

Il n'existait aucun travail d'ensemble sur la faune des mammifères de la région lyonnaise. M. Locard a entrepris de nous faire
connaître cette faune beaucoup plus riche et beaucoup plus variée
qu'on ne saurait le croire, puisqu'elle renferme plus de 70 espèces,
sans compter de nombreuses races ou variétés. Chacune de ces
espèces est accompagnée d'une description courte, claire et précise qui permet d'en établir facilement les caractères distinctifs.
En outre, l'auteur donne à la suite du nom scientifique toutes les
dénominations locales qu'un patois parfois bizarre a adoptées
pour ces mêmes formes. Après avoir indiqué leur habitat, il en
poursuit l'extension jusque dans les temps géologiques. Enfin,
d'ordinaire, les catalogues de cette nature ne s'attachent qu'aux

animaux sauvages ; par une heureuse innovation, M. Locard a donné en même temps une description des races domestiques ou acclimatées dans la région. Ce mémoire est la première partie d'une étude générale de la faune lyonnaise que la Société linnéenne de Lyon se propose de publier.

—

Description des mollusques fossiles des terrains tertiaires infé-
rieurs de la Tunisie, recueillis en 1885 et 1886 par M. Philippe
Thomas, par Arnould Locard. 1 br., texte in-8°, 65 pages et un atlas in-fol., 5 pl. — Paris, Imprimerie Nationale, 1889.

On sait que sous la direction du regretté M. Cosson, un certain nombre de nos savants français ont entrepris l'exploration scientifique de la Tunisie. Au retour d'une mission de deux années, M. Ph. Thomas a rapporté une quantité considérable de matériaux relatifs à la paléontologie des terrains tertiaires de cet intéressant pays. M. Locard, dont on connaît déjà les beaux travaux sur la faunes des terrains similaires de la Corse a été chargé de donner la description des mollusques éocènes de la Tunisie. Cette faune comprend 82 espèces réparties dans 33 genres. Toutes les formes nouvelles sont soigneusement figurées dans un bel atlas publié à part. Il ressort de cette étude ce fait aussi nouveau qu'imprévu que la faune éocène de la Tunisie a bien plus d'affinité avec la faune d'âge similaire des régions asiatiques de l'Inde qu'avec celle de l'Algérie ou du continent européen.

—

Histoire des coquillages, leurs applications aux coutumes reli-
gieuses, aux arts et à l'économie domestique, par A. Locard. 1 vol. petit in-8°, avec fig. — Tours, Alfred Cottier, édit. 1889.

Il y a quelques années, sous le titre de *Histoire des mollusques dans l'antiquité*, M. Locard avait publié une savante étude sur les connaissances diverses que les anciens pouvaient avoir sur les mollusques. Aujourd'hui, le même auteur, dans un petit volume de pure vulgarisation scientifique, passe en revue les nombreuses applications que les populations anciennes ou modernes ont su tirer de ces singuliers coquillages. Les conques sacrées des Indous et les coquilles des pèlerins, la nacre et la perle, la pourpre et l'hyacinthe, les mollusques comestibles ou nuisibles, etc., sont tour à tour passées en revue dans ce volume.

*Révision des espèces françaises appartenant aux genres Margari-
tana et Unio*, par Arnould Locard. 1 vol. gr. in-8°. — Paris,
J.-B. Baillière et fils, 1889.

Ce nouveau travail constitue le treizième fascicule des *Contributions à la faune malacologique de France*, publiées depuis 1881
par le même auteur. Dans ce mémoire, M. Locard donne le catalogue très complet de toutes les espèces françaises appartenant à
ces deux grands genres, et dont le total s'élève à 215; chaque
espèce est accompagnée d'une étude synonymique avec toutes les
références iconographiques qui s'y rattachent ; l'habitat propre à
chacune d'elles est indiqué avec un soin tout particulier, qui
montre l'importance et l'étendue des recherches auxquelles l'auteur a dû se livrer pour arriver à de pareils résultats. Enfin de
nombreuses notes et descriptions complètent ce long catalogue.

—

Monographie des espèces françaises appartenant au genre Valvata,
par Arnould Locard. 1. br. gr. in-8°, 63 p. et un tableau. Paris,
J.-B. Baillière et fils, 1889.

Comme le travail précédent, cette monographie fait partie des
contributions à la faune malacologique française et en représente
le XV° fascicule. Il est uniquement consacré à l'élégante petite
coquille d'eau douce que l'on rencontre dans la plupart de nos
cours d'eaux, de nos lacs ou étangs, grimpant lentement le long
des tiges des plantes aquatiques, agitant au-dessus d'elle un
élégant petit panache. M. Locard admet dans ce genre 25 espèces
dont il donne la synonymie, la description, les variations, les
rapports et différences et enfin l'habitat. Un grand tableau synop-
tique résume l'ensemble de toutes ces données.

—

Note sur les espèces françaises appartenant au genre Circulus, par
Arnould Locard, 1 br. in-8°, 25 p. in *Bull. Soc. malac. de France*,
t. VI, Paris 1889.

On donne le nom de Circulus à de très petites et très rares
coquilles marines dont l'ouverture est en forme de cercle. Longtemps on a discuté, faute d'éléments suffisant, sur la place que
ces espèces devaient occuper dans l'échelle des êtres. M. Locard
rétablit leur histoire complète et donne la description des quatre
seules espèces connues jusqu'à ce jour.

Révision des espèces françaises appartenant au genre Mytilus, par Arnould Locard, 1 br. in-8°, 82 p. et 3 pl., in *Bull. Soc. malac, France* t. VI, Paris 1889.

Tout le monde connaît la moule domestique, et pourtant il faut bien l'avouer, ce coquillage si commun et si répandu a donné souvent bien du mal à nos naturalistes; la domestication des espèces vivant normalement à l'état sauvage en a modifié d'une manière toute particulière les caractères; aussi était-il parfois fort difficile de distinguer les formes naturelles des formes domestiques. Dans cet important travail, M. Locard a enfin donné une étude complète de toutes les espèces de moules que l'on rencontre sur nos côtes. Chacune d'elles est décrite avec soin, et dans les planches qui accompagnent ce mémoire, toutes sont scrupuleusement figurées.

COLLECTION LYONNAISE DE FAC-SIMILÉS EN PHOTOGRAVURE
(TAILLE DOUCE)

La Faculté des Lettres de Lyon entreprend la publication de fac-similés en photogravure exécutés par MM. Lumière et destinés à faire connaître les principales pièces et manuscrits des archives et des bibliothèques de Lyon. Profitant des dispositions libérales d'un récent décret, elle met ces fac-similés en vente, ce qui lui permettra d'en faire exécuter un plus grand nombre. Quand les pièces reproduites pourront former un volume, il sera publié un texte explicatif qui leur servira de préface.

On peut voir, sur la couverture de ce numéro, le détail des trois planches déjà prêtes. La miniature de la planche I de la série A (xiii° siècle) représente les principaux épisodes du conte de la *Matrone d'Éphèse* : la veuve inconsolable veillant près du tombeau de son mari et recevant la visite du chevalier, le voleur détachant le pendu que le chevalier était chargé de garder, enfin la veuve, pour sauver le chevalier, attachant elle-même à la potence le cadavre de son mari. — Il n'y a qu'une tablette de cire analogue à celle qui est reproduite dans la planche II de la série B; elle se trouve à Londres, au *Britisch Museum*.

LES LABORATOIRES LYONNAIS

LE MUSÉE DU LABORATOIRE DE MÉDECINE LÉGALE A LYON

Dans sa séance du 13 janvier 1890, la Société de médecine légale de Paris, sur la proposition de M. le professeur Brouardel et de M. Guillot, juge d'instruction, reconnaissait la nécessité d'installer à Paris un musée de médecine légale. Il fut rappelé à cette occasion que la Faculté de Lyon possédait déjà un musée médico-légal des mieux fournis. La création en est entièrement due à la féconde activité du professeur de médecine légale, M. Lacassagne. En effet, lorsque M. Lacassagne prit possession de sa chaire, en 1890, il n'existait au laboratoire de médecine légale qu'une dizaine de moulages de têtes des décapités de la région et un certain nombre de plâtres provenant de la collection de Gall. Tout était donc à faire. M. Lacassagne a recueilli peu à peu, au fur et à mesure des expertises judiciaires qui lui étaient confiées, les nombreuses pièces anatomiques et autres qui remplissent son musée. Ses patients efforts ont été couronnés de succès, car ses collections, sans analogues dans les autres facultés de France et peut-être de l'étranger, sont des plus précieuses pour l'enseignement médico-judiciaire des médecins et des magistrats.

Le laboratoire de médecine légale de Lyon se compose d'un rez-de-chaussée et d'un premier étage. Au rez-de-chaussée se trouve une salle d'autopsie munie de tables mobiles sur leur axe, d'une table bascule, balances, lavabos, etc. Un ascenseur sert à faire descendre les corps autopsiés dans le sous-sol. Une galerie assez élevée permet, au besoin, aux magistrats d'assister aux autopsies et un cabinet voisin peut leur servir à faire des confrontations.

Une autre salle du rez-de-chaussée contient une intéressante collection de crânes, don de la veuve de M. le docteur Duchêne, divers appareils pour mensurations anthropologiques, des provisions de bocaux, etc. Entre ces deux salles s'en trouve une autre, sorte de cuisine, munie d'une cheminée d'aération destinée aux opérations chimiques; là aussi se trouve le cabinet du chef des travaux.

Le musée est installé au premier étage. La salle spacieuse qui lui est consacrée renferme des vitrines largement éclairées dans

lesquelles sont arrangés méthodiquement bocaux, pièces anatomiques, pièces à conviction, etc.

L'ensemble des éléments réunis par M. Lacassagne constitue
la synthèse des affaires médico-judiciaires de la région lyonnaise
pendant ces dix dernières années.

Dans une vitrine on trouve une série de pièces relatives au
fœtus et au nouveau-né : squelettes d'embryons à divers âges ;
pièces avec blessures variées que l'on constate dans le cas d'in-
fanticide (fractures du crâne, coups d'ongle sur les téguments, etc.);
cordons ombilicaux diversement sectionnés ou déchirés ; mutila-
tions dans les cas de dépeçage, instruments employés par les
avorteuses ; crânes et ossements d'enfants d'âge et de sexes
connus, etc.

A côté l'on voit une vitrine qui contient des pièces relatives aux
questions de viabilité : monstruosités, etc.

La vitrine principale est celle des coups et blessures. Il s'agit
le plus souvent de pièces conservées dans l'alcool ou de pièces
sèches. On trouve là les blessures par instruments piquants et
tranchants, par coups de feu ou corps contondants quelconques :
blessures de la peau, cœur, poumons, cerveau, foie, reins, etc. :
lésions produites par la pendaison. Un certain nombre de pièces
sont moulées, d'autres photographiées ou dessinées. La collection
des projectiles avec les déformations spéciales qu'ils ont subies
en traversant les tissus est des plus intéressantes. Lorsque le
corps vulnérant n'est pas adapté à la blessure produite, il est
déposé dans une vitrine où l'on peut voir réunis et étiquetés les
instruments les plus variés : revolvers, pistolets, canifs, couteaux,
rasoirs, marteaux, bêches, haches, instruments professionnels.

Deux vitrines sont remplies de crânes provenant de morts
accidentelles, crimes ou suicides. Ils présentent le plus souvent
ces fractures par chute d'un lieu élevé, par coups de marteau, de
de hache, etc., ou de perforations par coups de feu, particulièrement par coups de revolver. On y trouve en outre une
collection complète de projectiles et de cartouches de toute di-
mension. Signalons aussi deux armoires à poisons, une armoire
renfermant des préparations microscopiques, des cheveux, des
poils de provenance variée, des linges avec taches suspectes,
taches de sang, de pus, etc. N'oublions pas une curieuse collection
de cordes ou liens de pendus et une magnifique collection de
2.000 tatouages.

Nous rappellerons que M. le docteur Lacassagne s'efforce de

suppléer dans le cours de son enseignement à l'absence de chaire d'anthropologie dans les facultés de médecine. La collection des crânes qu'il a réunie par lui-même et par l'intermédiaire de ses élèves, médecins militaires et médecins de la marine, est des plus intéressantes. Mais c'est surtout l'anthropologie criminelle qui est l'objet de sa sollicitude. Le musée possède un certain nombre de crânes ou de masques d'assassins célèbres. En outre, de nombreuses photographies classées donnent des spécimens des différentes variétés des criminels. Chacun sait que les belles cartes dressées par le professeur lyonnais, d'après la statistique criminelle de France, forment une étude complète de la marche de la criminalité dans notre pays depuis 1885 jusqu'à nos jours.

Chaque année il consacre plusieurs leçons à cette étude, soit pour les étudiants en médecine, soit pour les étudiants en droit auxquels ces intéressantes questions de criminalité sont presque complètement étrangères. Nul doute que ces derniers qui depuis cinq ans suivent les cours de médecine légale à la Faculté de droit, ne puisent, dans leurs visites au musée, des idées fécondes pour leur carrière d'avocat ou de magistrat. Quant aux médecins, nous estimons qu'une journée bien employée au laboratoire de médecine légale leur apprendra plus de médecine judiciaire que la lecture de tout un Traité.

Au musée, il a été adjoint une bibliothèque médico-légale déjà considérable dans laquelle nous remarquons les *Archives de l'Anthropologie criminelle et des Sciences pénales*, fondées en 1886 par M. Lacassagne qui, avec ses collaborateurs, y a publié ses plus intéressantes observations. Tous les travaux du professeur, des élèves, les thèses faites au laboratoire, etc., sont réunis chaque année en un volume, sous le titre de *Travaux de médecine légale de Lyon*. La collection comprend déjà dix volumes et a permis d'intéressants échanges avec les professeurs français et étrangers.

Bien entendu, au point de vue matériel, le musée n'a pas été, dès le commencement, ce qu'il est aujourd'hui. Une première mise de fonds de 1.800 francs a permis de faire l'achat des éléments les plus indispensables et c'est en prélevant chaque année une certaine somme sur l'allocation annuelle de 1.500 fr. affectée au laboratoire de médecine légale, qu'il a été possible de l'agencer d'une façon complète et de pourvoir à son entretien et à son amélioration.

LANNOIS.
(Extrait du Bulletin médical).

LE LABORATOIRE MARITIME LYONNAIS

(Extrait du Lyon scientifique et industriel)

Depuis quelque temps il est question de la création d'un *Laboratoire maritime lyonnais* dans les eaux de la Méditerranée, sous la direction de M. Raphaël Dubois, professeur de physiologie à la Faculté des sciences de Lyon. Notre Revue ne saurait rester étrangère à cette nouvelle création scientifique qui intéresse à un si haut degré notre région.

Depuis quelques années, par l'intelligente initiative et l'infatigable persévérance de M. Lacaze-Duthiers, la France a pu faire d'énormes progrès dans l'étude des sciences naturelles en agrandissant le rayon de ses recherches restées trop longtemps confinées dans les laboratoires du Collège de France, de la Sorbonne ou du Muséum de Paris.

C'est en 1872 que sur les instances de M. A. du Mesnil, alors directeur de l'enseignement supérieur, M. Lacaze-Duthiers installa le Laboratoire de zoologie expérimentale de Roscoff, sur les confins du Finistère. « Le besoin d'un semblable établissement était reconnu, dit M. Lacaze-Duthiers dans son rapport à M. le Ministre de l'instruction publique; et comme à cette époque, il n'existait en France que des aquariums destinés à satisfaire la curiosité publique, comme à l'étranger les laboratoires maritimes se multipliaient, il était nécessaire que l'administration se préoccupât de pourvoir à une installation pareille.

« Des aquariums fort intéressants existaient à Boulogne-sur-Mer, au Hâvre, à Arcachon, à Paris, au Jardin d'acclimatation et au boulevard Montmartre; pendant l'Exposition de 1867, au Champ de-Mars, une construction fort belle et fort originale avait attiré la foule; enfin à Concarneau, M. Coste avait créé un laboratoire destiné exclusivement à la pisciculture, mais où, à côté d'un vivier servant à l'élevage des poissons, des langoustes et des homards, etc., se trouvaient quelques pièces mises à la disposition des travailleurs voulant faire des recherches. » Dès les premières années, le laboratoire de Roscoff eut un plein succès; la science lui fut redevable de plusieurs mémoires de la plus haute portée scientifique. Aussi, en 1879, un second laboratoire maritime, dépendant de la Sorbonne, fut installé à Banyuls-sur-Mer, dans les Pyrénées-Orientales, sous le nom de Laboratoire

Arago. Depuis lors, Cette, Concarneau, le Havre, Luc, Marseille, Villefranche, Wimereux ont eu leurs laboratoires maritimes servant non seulement aux étudiants des Facultés de Paris, de Lille, de Caen, de Bordeaux, de Toulouse, de Montpellier ou de Marseille, mais encore à un nombre considérable de naturalistes libres, français ou étrangers, attirés dans ces milieux si bien disposés pour toutes les recherches physiologiques, anatomiques ou expérimentales de toute nature, car il faut bien le reconnaître, il est peu de pays aussi heureusement dotés que le nôtre sous le rapport de la richesse et de l'admirable variété de la faune profondément modifiée à mesure que l'on passe des eaux froides de la Manche à celles de l'Océan, et de là aux milieux plus tièdes et de salure différente de la Méditerranée.

Lyon, centre scientifique qui peut ne redouter que la rivalité de la capitale, n'avait pas encore été appelé à participer à ces recherches sur les animaux qui peuplent notre littoral; cette regrettable lacune est en voie d'être comblée. Un généreux donateur, M. Michel-Pacha, administrateur général des phares ottomans, ancien capitaine au long cours de notre marine, a cédé à perpétuité à la Faculté des sciences de notre Ville un terrain d'une superficie d'environ 3,000 mètres carrés, situé au bord de la mer, aux Tamaris, dans la commune de la Seyne-sur-Mer (Var). Ce terrain, au bord de la mer, se présente dans les meilleures conditions pour l'étude de la flore et de la faune méditerranéennes, si riches et si variées dans cette région. En outre, M. Michel-Pacha s'est engagé à fournir tous les matériaux nécessaires à la construction des édifices et met gracieusement à la disposition des chercheurs son yacht de plaisance, l'*Elodie*, pour effectuer les dragages dont les résultats ont déjà donné de fort curieux résultats. La fondation du Laboratoire maritime lyonnais est donc aujourd'hui assurée. Le Conseil municipal de notre ville et le Conseil général du Rhône sont appelés à venir en aide à cette institution éminemment lyonnaise; ils ne se laisseront pas distancer par le Conseil municipal de la petite ville de la Seyne qui a déjà libéralement mis une somme de 15,000 francs à la disposition de notre Faculté des sciences pour parer aux premiers besoins de la nouvelle installation. Nos savants lyonnais vont trouver, sous la sympathique et intelligente direction de M. le professeur Raphaël Dubois, tous les éléments nécessaires pour les seconder dans leurs recherches.

Mais quel sera le rôle particulier du Laboratoire maritime lyonnais? N'aura-t-il pas à redouter la concurrence scientifique de ses voisins? Non, car le but qu'on se propose dans sa création, est tout autre que celui des laboratoires déjà existants. Il sera non seulement *scientifique*, mais encore et surtout *pratique*. C'est malheureusement ce dernier caractère qui a manqué aux créations antérieures. En effet, si nous parcourons la très longue liste des savantes recherches patiemment élaborées dans les laboratoires maritimes, nous voyons des travaux de premier ordre sur des questions les plus variées, mais pas une ne touche au côté pratique qui pourtant nous intéresse à plus d'un titre. Certes, il peut être fort intéressant de reconnaitre le mode de développement, la structure des muscles ou de tout autre organe intime des poissons, des mollusques ou des crustacés, mais il serait bien temps d'aviser au repeuplement gastronomique de nos côtes...

La question est incontestablement du plus haut intérêt, car aujourd'hui, ces poissons, mollusques ou crustacés, entrent pour une proportion considérable dans notre alimentation. Jadis, quand il n'existait pour tout mode de locomotion qu'une modeste patache fort mal aménagée, ces *fruits de la mer* étaient uniquement consommés sur place; il y a un demi siècle, lorsque l'on voyait apparaitre sur une table lyonnaise la classique douzaine d'huitres ou un morceau de raie souvent, hélas! d'une fraicheur *douteuse,* nos pères considéraient pareil évènement comme une véritable débauche gastronomique. C'est par tonnes que, chaque nuit, la marée arrive toute fraiche sur nos marchés, et il n'est pas une petite ville du centre de la France qui n'ait, au moins une fois par semaine, son poisson de mer bien frais à servir sur la table?

Parallèlement, la production du poisson s'est-elle multipliée pour suffire à cet accroissement extraordinaire de la consommation? Hélas, non, et déjà les pêcheurs de nos côtes en sont réduits à aller au loin chercher un produit qui jusqu'alors suffisait amplement à leurs besoins. Aujourd'hui, chaque semaine, le bateau de la Corse apporte à Nice un chargement de poisson pour subvenir au dépeuplement de ces parages; partout les crustacés et les mollusques tendent à disparaitre, si l'on n'apporte pas un remède énergique à cet état de choses.

Déjà le savant professeur du Collège de France, Coste, avait essayé d'envisager la double question piscicole et ostréicole sous un point de vue pratique; mais il faut bien l'avouer, les premiers essais, faits un peu à la hâte, sans études préalables suffisantes, donnèrent des résultats déplorables. Aujourd'hui, forts de l'expérience acquise, ostréiculteurs et mytiliculteurs obtiennent sur nos côtes des résultats véritablement surprenants, qui se traduisent par des bénéfices considérables.

A l'ancien aquarium de 1876, ont succédé, à l'Exposition universelle de 1889, des bassins pratiques où le public pouvait suivre à son aise les développements de nos précieux mollusques. Maintenant, les installations conchyliocoles du Var, de la Gironde, de la Charente, de la Bretagne, etc , sont en plein développement. Un exemple des plus frappants va nous montrer ce que la main de l'homme, intelligemment conduite, peut obtenir dans de pareilles conditions. A Arcachon, on produisait en 1876, pour 338,705 francs d'huîtres par an; actuellement, cette production a dépassé cinq millions! On sait quelle extension a prise la mytiliculture sur nos côtes depuis une vingtaine d'années, et pourtant la France est encore tributaire de la Hollande pour une somme considérable; le marché de Paris, à lui seul, reçoit chaque année, en plus de ses arrivages français, cinq millions de kilogrammes de moules hollandaises!

Ce que nous venons de dire pour ces deux seuls mollusques, s'applique bien mieux aux crustacés et aux poissons, dont la consommation s'accroît chaque jour dans de bien plus notables proportions encore. On voit quel rôle important est réservé à notre Laboratoire maritime lyonnais : Unir la science pure à la science pratique, étudier sur place, dans les parcs convenablement aménagés, toutes les nombreuses questions encore aujourd'hui peu connues qui se rattachent à la reproduction, à la conservation des formes zoologiques marines utilisées dans la consommation. Dans cette voie économique et pratique, notre Laboratoire rendra les plus incontestables services et fera du même coup œuvre de science et œuvre de bien.

Notre station lyonnaise sera placée mieux qu'aucune autre, près de notre grand port militaire du Midi, au contact de nos officiers et de nos médecins de marine, si dévoués aux choses de la science, si capables d'assurer à notre création un rayonnement sans pareil.

Nous ne pouvons douter que les pouvoirs publics ne tiennent à honneur de seconder vaillamment les généreuses initiatives privées qui apportent les premières pierres à l'édifice qu'on veut élever à la science et à l'intérêt public.

A. LÉGER

Depuis la publication du savant article de M. A. Leger, l'Association française pour l'avancement des sciences a accordé une somme de mille francs pour l'achat des instruments les plus indispensables pour commencer l'installation de notre station maritime.

Cette subvention a été votée sur la présentation par M. le professeur Chauveau, de l'Institut, d'une demande signée par plus cent membres lyonnais appartenant à l'Association française pour l'avancement des sciences.

De son côté, M. Michel Pacha a mis gracieusement à la disposition de notre Université pour deux années la jolie villa *Val-Mer* située près du terrain concédé pour la fondation de l'Institut. Ce local va être immédiatement aménagé pour servir de laboratoire provisoire.

LA STATUE DE CLAUDE BERNARD

Une nouvelle Commission vient d'être constituée pour l'érection du monument qui sera élevé à la mémoire du grand physiologiste français dans la Cour d'honneur du palais des Facultés. Font partie de cette Commission :

Membres d'honneur :

MM. Chauveau, membre de l'Institut;
Burdeau, député du Rhône;
Aynard, député du Rhône;

Présidents :

MM. Lortet, doyen de la Faculté de Médecine;
Sicard, doyen de la Faculté des Sciences;

Secrétaires :

MM. Dubois, professeur de physiologie générale et comparée, à la Faculté des Sciences;
Morat, professeur de physiologie médicale à la Faculté de Médecine;

Membres de la Commission :

MM. Ollier, membre de l'Institut;
     Mangini, président de l'Association des Amis de l'Uni-
        versité;
     Oberkampf, vice-président de l'Association des Amis de
        l'Université;
     Cambefort, trésorier de l'Association des Amis de i'Uni-
        versité;
     Arloing, président de l'Académie de Lyon;
     Locard, de l'Académie de Lyon;
     Joseph Teissier, de l'Académie de Lyon;
     Lépine, correspondant de l'Institut;
     Léon Tripier, professeur à l'Ecole des Beaux-Arts;
     Quivogne, adjoint au maire de Lyon;
     Rebatel, conseiller général du Rhône;
     Gensoul.
MM. les rédacteurs en chef des journaux : *Le Lyon Répu-
blicain, Le Salut Public, Le Progrès, L'Echo de Lyon, L'Express,
Le Nouvelliste.*

Le montant des fonds recueillis jusqu'à ce jour pour l'érection
du monument s'élève à 18.500 francs.

Souscriptions particulières..........................   9.000 fr.
Conseil municipal...................................   6.000 »
Conseil général du Rhône............................   500 »
Ministère de l'Instruction publique et des Beaux-Arts. 3.000 »
                                                      —————————
                                    TOTAL...... 18.500 fr.

Cette somme est inférieure de 3.000 environ à celle qui permettrait de couvrir les dépenses prévues; mais, nous avons l'espoir
que la Commission pourra sans difficulté trouver dans la seconde
ville de France le complément nécessaire pour mener rapidement
à bonne fin une œuvre dont la haute portée morale a été si
vivement mise en lumière dans une des récentes conférences
données par l'Association des Amis de l'Université (1).

M. le professeur Lortet, le sympathique doyen de la Faculté de
médecine, dont le généreux dévoûment nous a valu déjà une

____

(1) *L'Ecole de Claude Bernard*, par M. Raphaël Dubois. Cette conférence
sera publiée dans un prochain fascicule.

partie des résultats acquis, a bien voulu se charger de centraliser les fonds reçus jusqu'à ce jour et de recevoir les nouvelles souscriptions de tous ceux qui ont à cœur de montrer à nos jeunes générations d'étudiants qu'ils savent honorer la mémoire de grands hommes qui ont illustré la Patrie par leur génie et par leur amour pour la Science et pour l'Humanité.

ASSOCIATION GÉNÉRALE DES ÉTUDIANTS LYONNAIS

L'Association des Etudiants a manifesté en plusieurs circonstances sa vitalité et sa gaité. Elle a offert à M. Liard, directeur de l'Enseignement supérieur, une joyeuse hospitalité d'une heure et un petit concert sans prétention dont M. Liard l'a remercié en quelques paroles pleines de cordialité. Il a assuré l'Association générale de Lyon de sa constante sympathie.

Au mois de mars, la *grande fête annuelle* a eu lieu dans la salle du Casino, Nos étudiants s'y sont distingués comme acteurs et comme auteurs : deux comédies inédites y ont trouvé la faveur du public : *L'Allumette*, par M. Savoye étudiant : *l'Escholier* et *l'Étudiant*, par M. Couiba étudiant.

En somme beaucoup de gaité, beaucoup de succès. Le soir un banquet réunissait à l'hôtel Bellecour, maîtres et étudiants, M. Thévenet, membre d'honneur, venu exprès de Paris, après le souhait de bienvenue prononcé par le président, a promis à nos étudiants de leur faire beaucoup d'amis. M. Fontaine doyen de la Faculté des Lettres a félicité l'Association du succès de la fête, et après un petit concert improvisé par les Etudiants Félix, Montoya et Couiba on s'est donné rendez-vous au Casino où la fête s'est terminée par un grand bal.

L'Association a fait aussi besogne utile. En plusieurs assemblées générales, elle a voté de nouveaux statuts, et décidé le changement de local.

Nous souhaitons bon courage aux membres de l'Association : nous leur souhaitons beaucoup d'amis, et ils doivent être assurés d'ailleurs que leur loyale gaité vaudra des sympathies nombreuses à cette œuvre de solidarité indispensable à l'Université de Lyon, œuvre de jeunesse et de concorde étrangère à l'influence dissolvante des politiciens.

NÉCROLOGIE

LE PROFESSEUR CAUVET

La Faculté de Médecine vient d'être cruellement frappée dans la personne du professeur Cauvet qui a succombé le 23 janvier à une pneumonie double, après quarante-huit heures de maladie. Nous reproduisons ici le discours prononcé par M. le professeur Gayet sur la tombe de cet homme de bien, que sa bonté et sa droiture rendaient sympathique à tous et qui était un des plus aimés parmi les maitres de la jeune Faculté. Ses obsèques ont eu lieu le 26 janvier au milieu d'une foule attristée de collègues, d'élèves d'amis

Discours de M. le professeur Gayet.

Il appartient à la mort de toujours être attendue et de toujours surprendre. Lorsqu'il y a huit jours, elle frappait l'un des nôtres dans la fleur de son âge, et jetait pêle-mêle dans sa tombe les œuvres de son passé et les espérances de son avenir, nous pouvions croire notre tribut payé et nous bercer de l'espoir d'un repos plus long.

Nous voilà au bord d'une nouvelle fosse, où va descendre pour jamais l'homme distingué, l'homme de bien, qui fut pendant douze ans notre collègue et notre ami.

Les circonstances m'ont mis en demeure de lui porter un suprème adieu de la part de la Faculté de médecine : puissé-je le faire en des termes qui soient dignes d'elle et de lui, et puissé-je surtout trouver des accents qui versent un peu de consolation dans l'âme de ses enfants affligés.

En retraçant la vie de leur père, je risque d'augmenter leurs regrets en leur rappelant tout ce qu'ils ont perdu, mais j'espère aussi que l'idée de ce patrimoine de labeur, de talent, d'honneur et de probité, les réconfortera comme un enseignement et comme un exemple

Cauvet, né à Agde dans l'Hérault, le 16 octobre 1827, d'une famille peu favorisée de la fortune, entrait dans la vie par la porte étroite ; mais la nature l'avait armé de tout ce qui est nécessaire pour en affronter les luttes. L'amour du travail, un entrain tout méridional, une énergie faite de bonne humeur et d'un certain laisser aller, l'avaient préparé à la carrière qu'il allait embrasser, carrière dans laquelle l'esprit scientifique et l'esprit militaire à la fois aventureux et discipliné se sont combinés dans une juste harmonie.

Après de fortes études, nous le trouvons commissionné stagiaire en 1854 ; aide-major de 2ᵉ classe en 1855, et nous le voyons franchir tous les grades jusqu'en 1879, époque à laquelle il est nommé pharmacien principal de 1e classe. Une voix autorisée vous dira ce qu'il fut comme militaire et comment il s'acquitta des diverses missions qui lui furent confiées ; c'est par son enseignement qu'il nous appartient, et c'est dans les œuvres de son enseignement que je veux le suivre. Il débute par être répétiteur à l'Ecole de santé de Strasbourg, puis devint bientôt agrégé à l'Ecole supérieure de pharmacie de la même ville ; lorsqu'à la suite des désastres de l'année terrible, sa position lui fut enlevée, il ne tarda pas à être nommé au même titre à Nancy, et enfin en 1877, il vint à Lyon comme professeur de matière médicale, c'est là qu'il devait rester et qu'il devait mourir.

Tous ces postes successifs et de plus élevés encore, Cauvet les gagne par son travail acharné ; il conquiert un à un tous les grades universitaires qui devaient les lui assurer. En 1851 il obtint le diplôme de pharmacien de 1re classe; en 1861 celui de docteur ès-sciences naturelles, et en 1872 celui de docteur en médecine. Et n'allez pas croire que pour lui les épreuves aient été des épreuves strictement remplies, elles étaient brillantes et lui valaient soit des médailles, soit des mentions honorables. Il y ajoutait encore d'autres lauriers académiques, telle qu'une médaille d'argent au Congrès des sociétés savantes et un prix Barbier à l'Institut.

Mais cette série de travaux et de succès ne suffisait pas à l'activité de notre collègue. Non content d'enseigner, il voulait encore fournir à ses élèves les facilités d'une étude, dont il gardait pour lui les labeurs et les aridités. Chacun de ses enseignements, soit à Strasbourg, soit à Nancy, soit à Lyon, fut marqué par la publication d'un ouvrage resté classique. J'ai nommé : Les *Nouveaux Éléments d'histoire naturelle*, 1869; le *Cours élémentaire de botanique*, deux éditions, 1869-1885 : les *Nouveaux Éléments de matière médicale*, 1886. Enfin, il préparait un grand ouvrage, celui qui devait être le couronnement de son œuvre : un Dictionnaire élémentaire d'histoire naturelle, qui a occupé les dernières pensées de sa vie.

Je n'en finirais pas, Messieurs, si je voulais énumérer encore tous les articles de journaux, de revues scientifiques et de dictionnaires qui sont sortis d'une plume aussi féconde et qui lui ont assuré dans le monde savant une des places les plus honorables.

Tant d'efforts persévérants, tant d'ardeur à instruire les autres, ne pouvaient manquer d'attirer sur Cauvet l'attention de ceux qui vivent pour la lumière et le progrès. La Société de botanique de France le nomma en 1880 son vice-président; les Sociétés de médecine et des Sciences médicales de Lyon se l'attachèrent comme membre titulaire ; l'Administration des hospices civils et l'Administration départementale lui confièrent chacune une importante fonction; l'Université le fit officier de l'Instruction publique; et, enfin, la croix de la Légion d'honneur, quoique tardivement donnée, vint consacrer son mérite.

Je m'arrête, Messieurs, car devant la majesté de la mort et la brutalité de cette fosse ouverte je me sens pris d'inquiétude, et malgré tout le respect que je professe pour l'intelligence fécondée par le travail, pour le bien accompli dans l'ordre scientifique et pour les succès mérités j'entends la voix du sage désabusé murmurer à nos oreilles le mot : vanité. Ce qu'il faut chercher ici, c'est l'homme moral, c'est le cœur droit, honnête et chaud ; c'est celui qu'aimaient ses collègues, celui que vénéraient ses élèves, que chérissaient ses enfants. Dans Cauvet l'homme n'avait rien à envier au savant ; ses rapports avec nous étaient faciles et sûrs, son aménité inaltérable, et sa vivacité naturelle lorsqu'elle se faisait jour pour le bien de son service ajoutait à son commerce je ne sais quelle saveur.

Quant à ses élèves, ils l'aimaient. ., c'est ce que m'ont répondu tous ceux que j'ai interrogés ; ils l'aimaient parce qu'il était juste, parce qu'il était bon, parce qu'il était dévoué. Pour eux, nul effort ne lui coûtait, il prolongeait ses leçons, multipliait ses explications, combinait ses démarches et chacun savait que sous une apparence de brusquerie militaire se cachait une affection solide et désintéressée. Cette affection suivait ses élèves dans la vie et il aimait, lorsque était arrivée pour eux la période difficile de l'entrée dans la carrière, il aimait, dis-je, s'en entourer et les confondre avec sa propre famille.

Tel était l'homme dont nous' saluons respectueusement la dépouille ; j'ai essayé de le faire revivre un instant devant vous, puissé-je y avoir réussi ; que la profondeur et l'unanimité de nos regrets apportent un adoucissement à la cuisante douleur de ses enfants ; qu'ils sachent bien que s'ils peuvent être fiers de leur père comme savant, les vertus de l'homme de bien lui donnent le droit de l'immortelle espérance.

*
* *

DANIEL MOLLIÈRE

Huit jours avant, au milieu d'une foule imposante de confrères et d'amis, on conduisait à sa dernière demeure le D' Daniel Mollière, à peine âgé de 42 ans.

Le deuil était conduit par le D' H. Mollière et les cordons du poêle étaient tenus par MM. Lortet, doyen de la Faculté, Poncet, chirurgien-major de l'Hôtel-Dieu, Détroyat et Riboud, administrateurs des hôpitaux, venaient ensuite les délégués de l'administration des Hospices, de la Faculté de Médecine, de l'École du service de Santé militaire.

Né en 1848, Daniel Mollière était docteur en 1871 et chirurgien-major de l'Hôtel-Dieu en 1873, à vingt-cinq ans. Au moment de la fondation de la Faculté, il fut chargé des fonctions d'agrégé et les exerça pendant six ans.

C'était un chirurgien actif, d'une merveilleuse habileté de main, d'un esprit primesautier et admirablement doué. Mais, si D. Mollière était un chirurgien éminent, ce n'est pas une banalité d'ajouter que chez lui le cœur égalait l'esprit. Aussi, sa perte a-t-elle été vivement ressentie, et laisse-t-elle un vide qu'il sera difficile de combler.

Conformément à sa volonté nettement exprimée, aucun discours n'a été prononcé sur sa tombe.

*
* *

Nous avons aussi le regret d'annoncer la mort d'un jeune interne plein d'avenir, M. CAILLET, qui a succombé à une atteinte de diphtérie maligne contractée dans l'exercice de ses fonctions. — Deux discours ont été prononcés à l'arrivée du cortège à la gare Perrache par M. le professeur Poncet et M. Ch. Audry, doyen de l'internat.

CORRESPONDANCE ET BIBLIOGRAPHIE ÉTRANGÈRES

Neuchâtel.

Histoire littéraire de la Suisse française, par PHILIPPE GODET. Paris, Fischbacher, 1890, 560 p., in–8°.

L'auteur de cet ouvrage important n'est pas un inconnu pour les lecteurs de ce Bulletin. Professeur à Neuchâtel, et publiciste ainsi que poète, il a toujours applaudi au mouvement de décentralisation intellectuelle et scientifique qui se fait ici depuis quelques années. Il a été pour nous un ami et un collaborateur de la première heure. Les chroniques sur la vie littéraire à Neuchâtel, à laquelle il prend une si grande part, nous ont encouragé à poursuivre notre œuvre à Lyon, et fortifié dans cette espérance que le talent et la bonne volonté pouvaient faire ici ce qu'ils avaient réalisé là-bas.

C'est un devoir pour nous, et aussi un véritable plaisir de signaler à nos lecteurs son dernier livre, l'*Histoire littéraire de la Suisse française*. Peut-être ne leur est-il pas déjà moins connu que le nom de M. Philippe Godet. Beaucoup de Revues françaises en ont justement parlé, et notre mention, soumise aux nécessités de la publication trimestrielle, ne vient pas la première : mais elle est la première, à coup sûr, que l'on fasse à Lyon de ce livre qui intéresse à plus d'un titre l'histoire de notre ville.

Nous nous contenterons, au point de vue général, de citer quelques passages importants de l'introduction que l'auteur a mise au début de son œuvre : « Notre désir, dit-il, est de montrer ce que la Suisse française a ajouté au trésor littéraire de la France, comme aussi de faire sentir l'influence causée par la grande littérature française sur le développement de notre littérature locale, de déterminer l'action réciproque et les rapports de ces deux courants parallèles dont les flots ainsi que le font, au sortir de Genève, ceux de l'Arve et du Rhône, coulent ensemble sans se confondre. » Et ce désir, M. Godet l'a largement réalisé, grâce à une étude patiente, solide, mais non pédante, des œuvres littéraires de la Suisse française, et à une clarté, une élégance de langage qui sont les qualités propres de notre langue.

En ce qui concerne Lyon en particulier, notons ce fait que les premières poésies vaudoises, celles du curé Jacques de Bugniet, furent imprimées pour la première fois à Lyon (1503), que les premières grandes œuvres protestantes en prose, celles de Farel et la Bible vaudoise, ont été imprimées à Neuchâtel, par un imprimeur venu de Lyon, Pierre de Vingle (1533), quoiqu'il n'en fût pas originaire. C'est un Lyonnais, Antoine de Marcourt, qui publia avec lui les premiers opuscules de polémique protestante, le *Livre des Marchands*, satire mordante de la Cour de Rome. Et Viret, le continuateur de Farel en Suisse ? Lyonnais aussi à de certains moments, « dont la langue prit la ville plus que les épées de ses citoyens. » Et plus tard, tandis que Voltaire allait s'installer aux Délices, Rousseau venait s'établir à Lyon, plusieurs fois, y trouvait :

> Des amis plus polis, un climat moins sauvage,
> Et reconnut alors combien il est charmant
> De joindre à la sagesse un peu d'amusement.

Le séjour de Lyon, les amours qu'il y forma, tempérèrent en lui ce rigorisme qui déplaisait tant à Voltaire, qu'il apportait de

Genéve et contribuèrent sans doute à amollir et à varier son talent et son cœur.

Le livre de M. Godet a le rare mérite, par une érudition qui, pour n'avoir pas de prétention n'en est pas moins solide, d'éveiller notre curiosité, d'appeler notre attention sur ces échanges intellectuels qui de tout temps, par analogie d'intérêts, de sentiments, et presque de tempéraments, ont dû se faire à Lyon entre la Suisse Romande et la France. C'est pour nous un vif plaisir de constater que des écrivains comme lui ou l'éminent doyen de la Faculté des Lettres de Genève, M. Ritter, ne négligent jamais l'occasion de mettre en lumière, ces échanges, gages et promesses dans le passé de ce qu'ils seront et doivent être dans l'avenir.

ÉMILE BOURGEOIS.

Genève

Notre Faculté des Sciences a subi en 1885 d'assez grands changements.

Nous avons eu d'abord le chagrin de perdre M. Charles Cellérier qui occupait avec distinction la chaire de mécanique et d'astronomie. Les travaux très remarquables qu'il a publiés ne donnent qu'une idée incomplète de son activité et de son talent. Cellérier travaillait et calculait toujours; nous avons été bien des fois stupéfaits en causant avec lui, du nombre des questions qu'il avait étudiées à fond, du nombre des problèmes qu'il avait résolus par des voies qui lui étaient personnelles. Mais il travaillait pour sa propre satisfaction; une fois qu'il avait élucidé un sujet, il ne s'inquiétait guère de faire connaître ses résultats qui souvent n'étaient pas même écrits; et il se persuadait malheureusement que ce qu'il avait fait, chacun pouvait le faire. Pourtant il aurait pu penser le contraire rien qu'à considérer combien souvent nous recourions tous à lui, confiants dans l'incroyable sûreté de son intelligence, autant que dans l'inépuisable amabilité qu'il mettait à nous répondre.

La chaire de mécanique a été réunie à celle de mathématiques, dont le titulaire, M. Gabriel Oltramare sera aidé par M. Ch. Cailler, nommé assistant à cette occasion.

M. Emile Gautier a renoncé aux fonctions de directeur de l'Observatoire qu'il remplissait depuis sept ans avec autant de talent que de dévonement. Il a été remplacé par son fils, M. Raoul Gauthier qui était tout désigné par ses travaux (sur la comète périodique de Tempel en particulier). M. R. Gautier a en même temps succédé à M. Ch. Cellérier comme professeur d'astronomie à la Faculté des Sciences.

Nous avons aussi le regret de voir M. J. Müller donner sa démission de professeur de botanique systématique; un de ses élèves, M. Robert Chodat a été chargé de cet enseignement avec le titre de professeur extraordinaire.

Enfin M. Louis Duparc, chargé du cours de minéralogie en 1888 a également été nommé professeur extraordinaire.

L'activité scientifique déployée jusqu'ici par nos nouveaux collègues nous autorise à voir dans leur nomination un événement aussi heureux pour la Faculté que personnellement agréable pour nous.

Les travaux de sciences physiques ont été assez nombreux dans le courant de cette année, et, comme habituellement, la physique du globe en a fourni une large part.

M. Kammermann a donné le *Résumé météorologique de l'année 1888 pour Genève et le Grand-Saint-Bernard. (Archives des sc. phys. et nat., tome XXII, p. 89)* et a décrit un parasélène remarquable. *(Archives, XXI, 469).*

M. Phil. Plantamour a continué ses observations *Sur les mouvements périodiques du sol (Archives, XXII, 431)* et sur les *Hauteurs du lac Léman en 1888 (Archives, XXI, 116).* Ce dernier travail présente cette année un intérêt spécial en ce qu'il donne une idée des résultats obtenus pour la régularisation du lac à la suite des travaux effectués pour l'utilisation des forces motrices du Rhône. Ces résultats ont été résumés par M. Théod. Turrettini *(ibid.* 119). Les variations de niveau qui étaient de 1^m980 dans l'année 1874 ont été réduites en 1888 à 0^m781, et M. Turrettini espère obtenir mieux encore.

M. J.-L. Soret a poursuivi ses recherches sur la *Polarisation atmosphérique* et décrit en particulier une *lorgnette goniométrique,* petit instrument de poche permettant des mesures d'angles rapides et suffisamment approchées. *(Archives, XXI, 21, 28, 453).* En collaboration avec M. Edouard Sarasin, il a déterminé les *Indices de réfraction et la dispersion de l'eau de la Méditerranée (Archives, XXI, 509* et C. R., CVIII, 1248).

En physique, MM. Lucien de la Rive et Ed. Sarasin ont répété les expériences de M. Hertz sur les *oscillations électriques* et leurs interférences. Ils sont arrivés entre autres à un résultat qui n'avait pas encore été signalé, à savoir que les distances qui séparent les nœuds consécutifs ne dépendent pas tant du conducteur primitif, origine des décharges oscillatoires, que des dimensions du circuit résonnateur au moyen duquel on étudie l'état du champ en chacun de ses points. Cela implique l'existence dans ces oscillations de phénomènes de résonnance multiple dont l'étude promet d'être curieuse. (*Archives* XXII, 282, 600.)

MM. Ch. Soret et Alex. Le Royer ont appliqué à leur thermomètre à air un *régulateur de pression* peu coûteux, et une disposition fondée sur le principe du pont de Wheatstone pour supprimer complètement l'*étincelle de rupture* (*Archives* XXII, 270).

M. Paul Van Berchem a communiqué à la Société de physique quelques résultats préliminaires relatifs à l'*équilibre des gaz dans leurs solutions* (*Archives* XXII, 552). Nous aurons l'occasion de revenir sur ce travail.

Enfin M. Philippe Guye a publié récemment un exposé remarquablement clair et précis des *Travaux de Van der Waals* sur la thermodynamique des gaz. (*Archives* XXII, 510).

En cristallographie physique nous avons à mentionner des *déterminations de cristaux organiques* faites par MM. L. Duparc et Al. Le Royer (*Archives* XXI, 33 ; 318 ;) une note de MM. Ch. Soret et L. Duparc sur *le poids spécifique de l'alun de thallium* (*ibid.* p. 89) et surtout la thèse de M. Ch. Eug. Guye *sur la polarisation rotatoire du chlorate de soude.* (Extrait *C. R.* CVIII, 388 ; *in extenso*, *Archives* XXII, 130). M. Guye a repris par une méthode de comparaison avec le quartz et au moyen d'un compensateur spécial, la détermination du pouvoir rotatoire des cristaux de chlorate de soude pour les diverses parties du spectre visible, et a étendu ces mesures au spectre ultra-violet pour lequel les données expérimentales faisaient défaut jusqu'à présent.

En géologie, nous trouvons d'abord la *Revue géologique suisse pour 1888*, continuation du travail si utile de MM. Ern. Favre et H. Schaidt sur lequel j'ai déjà eu l'occasion d'appeler l'attention des lecteurs du Bulletin.

MM. Duparc et Le Royer ont repris les expériences commencées par M. Daubrée pour imiter en brisant des lames de diverses substances les cassures naturelles régulièrement orientées de l'écorce terrestre (*Sur les diaclases produites par torsion, Archives* (XXI, 77, 464, XXII, 297).

M. Duparc a encore présenté à la Société de physique une étude chimique des *calcaires portlandiens* de St-Imier (*Archives* XXI, 558); de quelques *zéolithes* de Montecchio maggiore (*ibid.* XXII, 558) de quelques *schistes ardoisiers*, en collaboration avec M. Radian (*ibid.* XXI, 264, XXII, 162) et du *schiste micacé de la vallée de Binn*, en collaboration avec M. Piccinelli (*idid.* XXI, 455). Ces divers travaux ne se prêtent guère à un résumé.

Pour ce qui concerne la chimie, M. Émile Ador a bien voulu me fournir les indications suivantes :

Les travaux de chimie faits à Genève pendant l'année 1889, n'ont pas été très nombreux, mais quelques-uns ont une réelle importance; ainsi, le professeur Graebe après avoir fait déterminer, par un de ses élèves, M. Arbenz, la constitution de l'isoeuxanthone, a montré que la phtalimide avait très probablement la constitution $C^6 H^4 \langle {}^{CO}_{CO} \rangle NH$, puis il a fait continuer par E. Phomina ses recherches sur le groupe de l'euxanthone, enfin, examinant les produits de fusion de l'euxanthone avec la potasse il a observé qu'il se formait, non seulement de l'hydroquinone, mais encore de la résorcine, substance qui avait échappé à la perspicacité de nombreux observateurs; transformant ces deux benzines dihydroxylées en acides carboniques, et chauffant le mélange de ces deux acides avec de l'anhydride acétique, il a obtenu de l'euxanthone identique avec celui du jaune indien. C'est une nouvelle synthèse de matière colorante dont le chromophore est $\dfrac{- O -}{- CO -}$ tandis que celui de l'alizarine, qu'il avait aussi découvert avec M. Liebermann, est $\dfrac{- CO -}{- CO -}$.

Mme C. Schipiloff a fait des recherches importantes sur les ferments digestifs et établi que la pepsine détruit rapidement les divers ferments solubles, tandis que l'action inverse n'a pas lieu; la bile a une influence nuisible sur l'action de la pepsine.

M. Aimé Pictet a poursuivi ses recherches sur l'action des chlorures d'acides et en collaboration avec Bunzl a obtenu la quinaldine par la condensation de l'éthylacétanilide sous l'influence du chlorure de zinc; enfin il a préparé et étudié plusieurs alkylanilines, alkylformanilides et alkylacétanilides; dans ces trois séries chaque terme diffère du précédent par la présence d'un groupe méthyle substitué à un atome d'hydrogène, ce qui lui a permis d'étudier l'influence du groupe méthyle au point de vue des propriétés chimiques, physiques et physiologiques de ces corps.

MM. H. Auriol et D. Monnier ont proposé d'après leurs recherches de doser la caséine par le sulfate de cuivre et MM. F. Reverdin et C. de la Harpe de doser la chaux dans les terres par un mélange de carbonate et d'oxalate de soude. Ces mêmes chimistes ont également proposé un nouveau procédé de dosage de l'aniline et de la monométhylaniline qui sera utile aux industriels.

MM. S. Lévy, A. Curchod et F. C. Witte ont travaillé sur la tétrachloracétone et le tétrachlorodiacétyle;

Lévy et Curchod sur l'action du perchlorure de phosphore sur l'éther succinyl-succinique;

Lévy et E. Siddler, sur l'action de l'éther acétylacétique sur la toluquinone;

C. Arbenz, sur l'acide phénylsalicylique;

E. Bourcart, sur les dérivés de la dibenzylkétone;

E. Buchez, sur l'oxydation de la p. tolylbenzylkétone.

C. Græbe a préparé le chloranile en faisant agir le chlorate de potasse et l'acide chlorhydrique sur la para-phénylènediamine.

Le Gérant : A. STORCK.

LYON. — IMPRIMERIE A. STORCK, 78, RUE DE L'HOTEL-DE-VILLE

TRAVAUX
DE L'UNIVERSITÉ DE LYON

SCIENCES GÉNÉRALES ET LEURS APPLICATIONS

CHIMIE

SUR LA TRANSFORMATION DU CAMPHRE EN NITROSOCAMPHRE, par **M. Paul Cazeneuve**, professeur à la Faculté de Médecine (*Bulletin de la Société chimique*, 1889).

Nous signalons dans ce mémoire la formation du camphre nitrosé par réduction du camphre nitré, sous l'influence de l'hydrogène et du protochlorure de cuivre. Ce mode de production d'un dérivé nitrosé aux dépens d'un dérivé nitré est absolument exceptionnel et constitue une particularité intéressante de la série camphénique.

$$C^8 H^{14} < \begin{matrix} CH\,(Az^2) \\ | \\ CO \end{matrix} \qquad \text{Avant } C^8 H^{14} < \begin{matrix} CH\,(AzO) \\ | \\ CO \end{matrix}$$

Le corps ne fond pas, il se décompose vers 180° en déflagrant. Il est dextrogyre, insoluble dans l'eau, peu soluble dans l'alcool froid.

SUR L'ACTION OXYDANTE DU NITROSOCAMPHRE SOUS L'INFLUENCE DE LA LUMIÈRE, par **M. Paul Cazeneuve**, professeur à la Faculté de Médecine. (*Bulletin de la Société chimique*, 1889).

Nous avons découvert que le nitrosocamphre, sous l'influence de la lumière solaire, oxyde les substances organiques avec dégagement d'azote. L'alcool est transformé ainsi en aldéhyde, la mannite en mannose et lévulose, la glycérine en acroses.

———

NOUVELLES RECHERCHES SUR LA CONSTITUTION DU NITROCAMPHRE ET DU CAMPHRE CHLORONITRÉ, par **M. Paul Cazeneuve**, professeur à la Faculté de Médecine. (*Bulletin de la Société chimique* 1889).

Dans cette note nous démontrons que le camphre chloronitré est en réalité un camphre chloroxynitrosé correspondant à la formule

$$C^8 H^{14} \left\langle \begin{array}{l} C \\ | \\ CO \end{array} \right. < \begin{array}{l} AzO \\ OCl \end{array}$$

et donnant naissance à un camphre hydroxynitrosé, puis par transposition moléculaire, à du camphre nitré.

———

I. SUR LE CAMPHRE MONOCHLORÉ PAR L'ACIDE HYPOCHLOREUX. — II. SUR UN NOUVEAU CAMPHRE MONOBROMÉ OBTENU PAR L'ACIDE HYPOBROMEUX. — III. SUR LA CONSTITUTION DES DÉRIVÉS MONO-SUBSTITUÉS DU CAMPHRE, par **M. Paul Cazeneuve**, professeur à la Faculté de Médecine. (*Bulletin de la Société chimique* 1889).

Dans ce mémoire nous reprenons l'étude du camphre mono-chloré par l'acide hypochloreux. Nous démontrons sa stabilité relative en présence de la potasse alcoolique, l'erreur de sa prétendue transformation en oxycamphre.

Nous signalons la production d'un camphre monobromé par l'acide hypobromeux. Enfin nous démontrons que les cam-phres monochlorés sont des éthers chlorydriques d'alcools secon-daires aromatiques.

———

SUR LES NOUVELLES BASES DÉRIVÉES DU CAMPHRE. par **M. Paul Cazeneuve**, professeur à la Faculté de Médecine. *(Bulletin de la Société chimique*, 1889 *).*

Nous sommes parvenus à préparer des alcaloïdes en chauffant les camphres monochlorés à 180° en tubes scellés avec de l'ammoniaque aqueux. Les bases dérivées du camphre que nous appelons *camphamines* répondent à la formule :

$$C^{10} H^{15} (Az H^2) O$$

Ces corps présentent toutes les réactions générales des alcaloïdes.

SUR L'EMPLOI DU PERMANGANATE DE POTASSE POUR RECONNAITRE LES IMPURETÉS DES ALCOOLS, par **M. Paul Cazeneuve**, professeur à la Faculté de Médecine. *(Bulletin de la Société chimique*, 1889).

Dans cette note nous indiquons comment à l'aide du permanganate de potasse on peut reconnaître, dans l'alcool éthylique ou vinaigre, les impuretés plus ou moins nuisibles à la santé.

SUR DEUX PRINCIPES CRISTALLISÉS, EXTRAIT DU BOIS DE SANTAL ROUGE, L'HOMOPTÉROCARPINE ET LA PTÉROCARPINE, par **MM. Paul Cazeneuve** et **Louis Hugounenq.** *(Annales de Physique et de Chimie* 6ᵉ série b. XVII mai, 1889*).*

Dans ce mémoire nous approfondissons les propriétés et la constitution de deux corps nouveaux retirés du bois de santal rouge.

SUR L'OXYDABILITÉ ET LE DÉCAPAGE DE L'ÉTAIN, par **M. Léo Vignon**, maître de conférences à la Faculté des Sciences. *(Comptes rendus de l'Académie des Sciences,* 14 janvier 1889).

Contrairement à ce qui était admis jusqu'à présent, l'Étain

est oxydable à la température ordinaire. L'auteur démontre expérimentalement ce fait; il étudie ensuite les agents employés pour le décapage de l'Etain, dans les opérations industrielles connues sous le nom d'*étamage* et de *soudure à l'étain*, et formule la théorie chimique du décapage.

SUR LES VARIATONS DE LA FONCTION ACIDE DANS L'OXYDE STANNIQUE, par **M. Léo Vignon**. (*Comptes rendus de l'Académie des Sciences*, 20 mai 1889).

L'auteur prouve, par la méthode thermochimique, que l'oxyde stannique est capable de résister à divers états de condensation, qu'il est possible de caractériser nettement. Il précise les conditions de formation de ces différents états, et montre qu'ils sont liés à l'intensité de la fonction acide. Il établit qu'en dehors de l'acide stannique et de l'acide métastannique, seuls formes étudiées de l'oxyde stannique, il en existe un grand nombre d'autres produites par les condensations successives; il établit l'existence d'un acide stannique soluble, premier terme de la série, acide énergique, transformable par condensations successives, jusqu'à l'oxyde stannique calciné, acide très faible, de telle sorte qu'on a la série :

$$SnO^3H^2, Sn^2O^5H^2.H^2O\ldots\ldots SnO^2n + {}^4H^2(H^2O)n\text{-}1$$

ACTION DE L'EAU SUR LE CHLORURE STANNIQUE, par **M. Léo Vignon**. (*Comptes rendus de l'Académie des Sciences*, 26 août 1889.)

Le chlorure stannique est très employé dans la teinture des soies : En étudiant les modifications spontanées que subit ce produit, quand il est abandonné en solution aqueuse, l'auteur élucide une question théorique se rattachant à l'état des sels dans les dissolutions : il découvre en même temps des faits utiles à connaître, pour la meilleure utilisation technique d'un important produit industriel.

———

RECHERCHES THERMOCHIMIQUES SUR LA SOIE, par **M. Léo Vignon**. (*Comptes rendus de l'Académie des Sciences,* 10 février 1890.)

La soie, peut être étudiée par la méthode thermochimique. Les résultats obtenus sont intéressants au point de vue théorique et industriel. Des recherches de l'auteur, il résulte que la soie grège ou décreusée possède des fonctions basiques et acides nettement accusées. Elle doit être rangée dans la classe des acides amidés, dont le glycocolle représente le type le plus simple. En outre, par l'examen comparatif de la soie grège ou décreusée, l'auteur établit que le grès de soie et la fibroïne appartiennent au même type chimique, et que les fonctions chimiques des grès de soie ont plus d'intensité que celles de la fibroïne.

———

DE L'EMPLOI DES TANNINS COMME AGENTS DÉSINCRUSTANTS DANS LES CHAUDIÈRES A VAPEUR par **M. Léo Vignon**. (*Bulletin Soc. chimique de Paris,* 1890, p. 411).

Les désincrustants employés pour empêcher la formation d'enduit dur dans les chaudières à vapeur, sont ordinairement formés de carbonates de sodium dissous dans l'eau, associés à une certaine proportion de tannin. L'auteur montre, qu'en pareil cas, le carbonate de sodium seul peut avoir quelque efficacité. Quant au tannin, il est simplement destiné à masquer la substance active ; son emploi peut même présenter des inconvénients, et corroder les tôles de chaudières, tout au moins au début de l'emploi.

———

NOUVELLE MÉTHODE D'ANALYSE APPLICABLE AUX EAUX INDUSTRIELLES DEVANT SUBIR L'ÉPURATION CHIMIQUE ET AUX EAUX D'ALIMENTATION DES CHAUDIÈRES A VAPEUR, par **M. Léo Vignon**. (*Moniteur Scientifique*, Paris 1890.)

La méthode décrite dans ce mémoire permet, étant donné une eau industrielle, de déterminer rapidement et avec exactitude les éléments analytiques permettant de régler son épuration chimique et son emploi raisonné dans les chaudières à vapeur.

DOSAGE DE L'ACÉTONE DANS L'ALCOOL MÉTHYLIQUE ET DANS LES MÉTHYLÈNES DE DÉNATURATION, par **M. Léo Vignon**. (*Comptes rendus de l'Académie des Sciences*, 10 mars 1890.)

L'auteur applique la réaction découverte par Liében au dosage de l'acétone dans l'alcool méthylique brut connu sous le nom de méthylène. On sait que le dosage est un problème qui intéresse l'industrie de la distillation du bois.

RECHERCHES THERMOCHIMIQUES SUR LES FIBRES TEXTILES (LAINE ET COTON), par **M. Léo Vignon**. (*Comptes rendus de l'Académie des Sciences*, 28 avril 1890).

C'est l'application de la méthode thermochimique, déjà inaugurée par l'auteur pour l'étude de la soie, à l'examen de la laine et du coton. Les faits constatés, quand on les compare entre eux, jettent un jour nouveau sur la cause des phénomènes d'absorption et de teinture présentés par les textiles.

(*Faculté des Sciences, laboratoire de chimie appliquée*).

LA SOIE, AU POINT DE VUE SCIENTIFIQUE ET INDUSTRIEL, 1 vol. in-12
de 360 pages, avec 81 figures (chez J. B. Baillière, et fils, Paris
1890), par **M. Léo Vignon**, maître de conférences à la Faculté
des Sciences.

Un compte rendu de cet ouvrage a été inséré dans le *Bulletin de
l'Université*, 3ᵉ année, 1ʳ et 2ᵉ fascicule, p. 98.

———

TRAVAUX PRATIQUES DE CHIMIE ANALYTIQUE QUANTITATIVE, 3ᵉ et 4ᵉ
parties comprenant les analyses spéciales : Terres arables,
engrais, vins, bière, lait, urine, etc., par le Dʳ **Florence**, agrégé
à la Faculté de Médecine. (*Laboratoire de Pharmacologie*).

———

MÉTÉOROLOGIE

DE L'INFLUENCE DE LA NATURE DU TERRAIN SUR LA TEMPÉRATURE DU
SOL, par **MM. André** et **Raulin**. (*Société d'Agriculture de Lyon*
séance du 28 novembre 1890.)

Il s'agit des résultats d'expériences entreprises au champ
d'expériences de la Faculté des Sciences à Pierre-Bénite, sur les
variations de la température du sol avec la nature du terrain :
on a enlevé le sol naturel à 90 centimètres de profondeur, et on
l'a remplacé par des terres rapportées formant des carrés de
5 mètres de côté : terre argileuse, terre siliceuse, terre calcaire,
terre humifère. On a suivi depuis le 1ʳ septembre 1888 jusqu'à
ce jour les variations journalières des températures du
thermomètre, dont les réservoirs étaient à 50 et à
20 centimètres de profondeur. On a obtenu des résultats qui
prouvent que les divers terrains n'ont pas la même température
et que, par cette cause, la végétation ne s'y comportera pas de
la même manière.

Il n'y a pas eu parallélisme entre les récoltes de maïs et les récoltes de betteraves.

D'où il résulte que, indépendamment des engrais, la nature du terrain a une influence énorme sur la récolte, et qu'il serait utile de dresser le tableau de cette influence pour les principaux genres de terrains.

GÉOLOGIE

SUR LA DÉCOUVERTE D'UNE TORTUE DE TERRE GÉANTE AU MONT LEBERON, par **Ch. Depéret**, professeur à la Faculté des Sciences. (*Comptes rendus de l'Académie des Sciences*, 28 avril 1890).

Dans le cours des explorations entreprises pour le levé géologique des terrains tertiaires de la vallée de la Durance, j'ai été averti, par M. Deydier, notaire à Cucuron, de la présence dans l'un des ravins creusés dans les limons rouges miocènes qui s'étalent au pied du massif du Leberon, d'une carapace de tortue gigantesque, affleurant sur le flanc d'un ravin escarpé et couchée, à peu près, dans sa position naturelle. Après de grands travaux d'extraction, le fossile du poids total de onze cent kilos, a pu être amené à Lyon, où il est actuellement monté dans le laboratoire de géologie de la Faculté des sciences. Cette tortue dépasse par ses dimensions (1 m. 50 de long; 1 m. 13 de large) toutes les tortues de terre vivantes et fossiles connues. Par ses caractères zoologiques, elle se rapproche beaucoup d'une tortue fossile du pliocène de Perpignan que j'ai fait connaître sous le nom de *Testudo perpiniana*. Sa taille supérieure et quelques différences de forme du plastron m'ont engagé à la considérer comme une simple race de cette espèce, sous le nom de *Testudo leberonensis*.

SUR LE DOLICHOPITHECUS RUSCINENSIS, nouveau singe fossile du pliocène du Roussillon, par **Ch. Depéret**. (*Comptes rendus de l'Académie des sciences*, 23 décembre 1889.)

Les gisements de singes fossiles sont extrèmement rares; on n'avait même jusqu'ici trouvé en France aucune tête complète d'un animal de ce groupe. Aussi la découverte que vient de faire mon savant ami le Dr Donnezan, dans les limons pliocènes du Roussillon, d'importants débris d'un grand singe fossile, constitue-t-il un évènement paléontologique considérable. Ces pièces consistent en deux têtes presque complètes, plusieurs mâchoires à différents âges, quelques os des membres m'ont permis d'étudier les caractères précis de ce type nouveau, et font du gisement de Perpignan le plus riche en débris fossiles de singe du monde entier, si l'on excepte le gisement de Pikermi, près d'Athènes. La face de ce singe était proéminente surtout chez le mâle; ses molaires se rapprochent de celles des semnopithèques actuels, tandis que ses membres raccourcis et trapus l'éloignent de ce dernier type, pour le rapprocher des macaques actuels. Il forme donc, comme le mésopithèque de la Grèce, un trait d'union entre deux groupes de singes actuels.

SUR L'AGE MIOCÈNE SUPÉRIEUR DES LIMONS A HIPPARION DU MONT LEBERON, par **Ch. Depéret**. (*Bull. Soc. géol. de France*, t. 18, 4 nov. 1889).

Les limons rouges à Hipparion du Leberon, si connus par les beaux travaux de M. Gaudry, ont été considérés par ce savant paléontologiste comme se rapportant à la fin de la période miocène. Cette opinion a prévalu en France d'une manière générale; au contraire, en Allemagne et en partie aussi en Angleterre, on tend à rattacher ces limons au pliocène inférieur à titre de formation continentale contemporaine du début de cette période.

Une coupe précise que j'ai pu prendre à Vaugines (Vaucluse)

m'a montré l'intercalation au sein de ces limons fossilifères des bandes de calcaire lacustre à *Hélix Christoli* et *Melanopsis Narzolina* dont l'âge miocène n'est contesté par aucun géologue. Cette alternance entraîne, en conséquence, l'âge miocène des limons.

———

LES ANIMAUX PLIOCÈNES DU ROUSSILLON, par **Ch. Depéret**. (*Mémoires de paléontologie sous les auspices de la Société géol. de France*, t. I.)

Ce volumineux mémoire, accompagné de planches lithographiées, consacré à la Monographie des animaux pliocènes du Roussillon, paraît par fascicules dans les nouveaux *Mémoires de paléontologie* de la Société géologique.

Le premier fascicule paru en 1890 contient la description et les figures des singes *(Dolichopithecus ruscinensis)* et d'une partie des carnassiers (*Machairodus cultridens, Viverra Pepratxi, Caracal brevirostris, Vulpes Donnezani*). Plusieurs de ces formes sont entièrement nouvelles pour la science.

———

OBSERVATIONS SUR LA NOTE DE M. CUVIER RELATIVE AU SOUTERRAIN DE CALUIRE, par **Ch. Depéret**. (*Annales soc. linnéenne de Lyon*, 1890.)

Cette note est destinée à présenter quelques observations critiques sur quelques unes des conclusions admises par M. Cuvier dans son étude des terrains traversés par le tunnel de Collonges à Lyon-Saint-Clair : ma divergence d'opinion d'avec celle de ce géologue porte : 1° sur l'âge des marnes d'Hauterive, qui se rapportent au pliocène moyen et non au pliocène inférieur; 2° sur les cailloutis rhodaniens qui composent la majeure partie de la colline de Caluire; M. Cuvier les attribue à la fin de la période tertiaire, tandis que l'ensemble de leurs caractères m'autorise à les rajeunir sensiblement et à les rattacher au quaternaire à titre d'*alluvions antéglaciaires*.

ANATOMIE

I. L'ÉPIPHYSE DE L'ASTRAGALE ET L'ÉPIPHYSE DU SCAPHOÏDE DU PIED, par **M. Jaboulay**. (*Lyon médical*, 1889).

II. HOMOLOGIES DU CARPE ET DU TARSE, par **M. Jaboulay**. (*Province médicale*, 1889).

III. CONTRIBUTION A L'ÉTUDE DES VOIES COLLATÉRALES DES VEINES DU MEMBRE INFÉRIEUR, par **M. Jaboulay** et **Condamin**. (*Lyon médical*, 1889).

IV. LE MANUBRIUM DU STERNUM AU POINT DE VUE DE L'ANATOMIE PHILOSOPHIQUE, par **M. Jaboulay**. (*Province médicale*, 1890).

V. LES ANOMALIES DES COTES, par **M. Jaboulay et Tournier**. (*Province médicale*, 1890).

VI. L'ORIENTATION DU FÉMUR DANS LE GENUVALGUM D'ORIGINE FÉMORALE, par **M. Jaboulay**. (*Lyon médical*, 1890).

VII. CAPSULES SURRÉNALES ACCESSOIRES DANS UN GANGLION SEMI-LUNAIRE ET AU MILIEU DU PLEXUS SOLAIRE, par **M. Jaboulay** (*Lyon médical*, 1890).

PHYSIOLOGIE

SUR LA PHYSIOLOGIE COMPARÉE DE L'OLFACTION, par **Raphaël Dubois**, professeur à la Faculté des Sciences. (*Académie des Sciences*, 7 juillet 1890).

M. Dubois a étudié l'olfaction chez les gastéropodes pulmonés et démontré expérimentalement, au moyen d'un grand nombre de réactifs, que les substances volatiles odorantes n'agissent pas directement sur les terminaisons nerveuses et sur l'excitabilité neurale. Elles mettent en jeu l'activité des segments contractiles, auxquels sont reliés les terminaisons nerveuses dans les éléments sensoriels. Comme dans la vision et la gustation, dans l'olfaction la sensation olfactive est due à l'excitation mécanique des terminaisons de nerfs qui aboutissent à des centres spéciaux de perception sensorielle spéciale. Ces nerfs ne diffèrent de ceux du tact proprement dit ou de la sensibilité générale que par leur origine centrale particulière. Comme les nerfs du tact, les nerfs spéciaux sont ébranlés mécaniquement, quand il y a sensation. Mais la lumière, les substances sapides, les particules odorantes, et le son lui-même ne peuvent ébranler les terminaisons nerveuses que par un intermédiaire, qui est le segment contractile que l'on retrouve dans toutes les terminaisons sensorielles.

SUR LA SÉCRÉTION DE LA SOIE CHEZ LE BOMBYX MORI, par **Raphaël Dubois**. (*Académie des Sciences*, 21 juillet 1890.)

La soie encore fluide, contenue dans les glandes du ver à soie est dans un état analogue à celui du sang dans les vaisseaux. Dans cet état la soie est en partie soluble dans une solution alcaline et peut donner naissance à une coagulation spontanée. Il y a formation d'un véritable caillot par un mécanisme analogue à celui de la coagulation de la fibrine. M. Dubois admet dans la sécrétion de la glande à soie l'existence d'une substance *fibroïno-plastique* et d'une matière *fibroïnogène*. Leur formation nécessite la fixation préalable de l'oxygène et c'est de leur réaction réciproque que dépend la solidification du fil de soie mais non d'un dessèchement de la soie au contact de l'air..

SUR LE PRÉTENDU POUVOIR DIGESTIF DU LIQUIDE DE L'URNE DES
NÉPENTHÈS, par **M. Raphaël Dubois**. (*Académie des Sciences,*
11 août 1890.*)*

Les expériences faites par Darwin et d'autres savants sur les
plantes, qu'ils ont considérées comme carnivores, laissent
beaucoup à désirer sous le rapport de la rigueur expérimentale.

L'urne des népenthès n'est pas comparable à un estomac
digérant les insectes ou les animalcules au moyen d'un suc
analogue à la pepsine. Les expériences faites sur de nombreux
népenthès appartenant aux magnifiques collections de la
Tête-d'Or et mis gracieusement à la disposition de M. Dubois
par le savant directeur du Parc, M. Gérard, ont montré que
leur prétendu pouvoir digestif était dû à l'action destructive de
microorganismes venus du dehors et que les népenthès n'étaient
pas des plantes carnivores.

———

NOUVELLES RECHERCHES SUR LA PRODUCTION DE LA LUMIÈRE PAR LES
ANIMAUX ET LES VÉGÉTAUX, par **M. Raphaël Dubois**. (*Académie
des Sciences,* 25 août 1890.*)*

M. R. Dubois a appliqué l'électrolyse à l'étude du mécanisme
de la production de la lumière au sein de liquides rendus
lumineux par l'addition de substances extraites des tissus photogènes animaux ou de microbes phosphorescents.

Le liquide lumineux légèrement salé est soumis à l'électrolyse
dans un tube en U. Très rapidement la lumière s'éteint dans
les deux branches pour des raisons différentes : elle s'éteint au
pôle positif par la réaction acide qui s'y développe et malgré
la présence de l'oxygène en excès et ozonisé.

L'extinction a lieu au pôle négatif, malgré l'alcalinité du
milieu, à cause de la production de l'hydrogène naissant.

Pour que la lumière se produise au sein d'un liquide
renfermant des particules photogènes animales ou végétales il
faut 1° que le milieu soit alcalin; 2° qu'il soit oxygéné.

———

SUR LES PROPRIÉTÉS DES PRINCIPES COLORANTS NATURELS DE LA SOIE JAUNE ET SUR LEUR ANALOGIE AVEC CELLES DE LA CAROTINE VÉGÉTALE, par **Raphaël Dubois**. (*Académie des Sciences*, 29 septembre 1890.)

La matière colorante naturelle de la soie jaune n'est pas une substance résineuse amorphe comme on l'a cru jusqu'à présent. On peut en isoler plusieurs composés cristallisables.

Les réactions de la matière colorante de la soie sont identiques à celles de la carotine extraite par M. Arnault de la carotte, des feuilles jaunies par l'automne et de beaucoup de plantes. Cette carotine animale se trouve déjà dans le sang et ne paraît pas jouer un rôle très important, puisque les vers à soie blanche en sont dépourvus. Elle est d'origine animale très vraisemblablement. En effet, on sait *depuis longtemps*, malgré l'assertion contraire de MM. Villon et E. Blanchard, que les matières colorantes ingérées par le ver ne passent pas dans la soie. L'exactitude de cette opinion *déjà ancienne* a été confirmée par de nombreuses expériences faites publiquement dans le courant de cet été au laboratoire de physiologie générale et comparée de la Faculté des sciences, sur les vers-à-soie, à la nourriture desquels on avait mélangé les substances colorantes ou alimentaires les plus variées.

SUR LES MOISISSURES DU CUIVRE ET DU BRONZE, par **Raphaël Dubois**. (*Académie des Sciences*, 3 novembre 1890.)

Les mycéliums de certaines moisissures peuvent se développer dans les milieux en apparence les plus impropres aux manifestations vitales, dans des solutions de sulfate de cuivre concentrées dont le pouvoir antiseptique a été tant vanté dans ces dernières années.

Ces mycéliums developpés dans des solutions neutres de sulfate de cuivre mises en contact avec des fragments décapés de cuivre et de bronze ont déposé à la surface de ceux-ci une couche de malachite comparable à la patine verte du plus beau bronze antique. La solution renfermant les mêmes moisissures, mais stérilisées par la chaleur, n'a rien produit de semblable.

On a reconnu que beaucoup de phénomènes que l'on attribuait à des actions chimiques, physiques ou mécaniques, sont dus à l'activité des organismes vivants et rentrent dans le domaine de la physiologie : les résultats obtenus avec les moisissures du bronze et du cuivre en offrent un nouvel exemple.

DE L'INFLUENCE DE LA NATURE DU TERRAIN SUR DIVERSES CULTURES. (*Société d'agriculture de Lyon*, séance du 28 novembre, 1890).

Cette lecture résume les expériences faites à Pierre-Bénite, sur des cultures dans cinq carrés de terrain de un are chacun formés de terres rapportées sur 90 centimètres de profondeur: terre très siliceuse, terre très argileuse, terre très calcaire, terre très humifère, enfin un mélange de ces quatre terres à volumes égaux. Dans ces carrés ont a mis d'égales quantités d'engrais, et on y a semé du maïs et des betteraves, par moitié dans chacun d'eux. Les poids des récoltes ont été très inégaux dans ces diverses parcelles, et la récolte la plus abondante a eu lieu dans le carré garni du mélange des terres.

SUR LA CAUSE DE L'ARRÊT EN DEMI-EXPIRATION QUE PRÉSENTENT CERTAINS REPTILES, par **E. Couvreur**, Chef des travaux de physiologie à la Faculté des Sciences de Lyon. (*Journal de la Société Linnéenne de Lyon*, août 1890).

Chez la tortue grecque cet arrêt est dû à une occlusion de la glotte, on s'en assure : 1° En recueillant les tracés par un tube trachéal ; 2° En prenant le graphique d'un même mouvement respiratoire simultanément par les deux bronches, au delà de la glotte pour l'un (muselière) en deçà pour l'autre ; 3° En constatant que pendant la pause les mouvements des membres n'influe en rien sur le tracé pris par la muselière, retentissent au contraire sur le tracé pris par le tube trachéal. Chez le lézard vert, le mécanisme n'est pas le même, car le tracé pris directement par la trachée présente également une pause. L'expiration se fait en deux temps : 1° Commencement d'expiration passif dû à l'élasticité du poumon. 2° Fin d'expiration active due à la contraction des muscles du thorax et de l'abdomen.

Laboratoire de Physiologie générale et comparée de Lyon

I. MODIFICATIONS NUCLÉAIRES INTÉRESSANT LE NUDÉOLE ET POUVANT JETER QUELQUE JOUR SUR SA SIGNIFICATION, par **M. E. Bataillon**, préparateur du cours de zoologie à la Faculté des sciences. (*Comptes-rendus de l'Académie des Sciences,* 9 juin, 1890).

Note présentée par M. H. de Lacaze Duthiers.

II. ÉTUDE PRÉLIMINAIRE SUR LA CINÈSE NUCLÉOLAIRE DANS L'HISTOLYSE CHEZ LES AMPHIBIENS, par **M. E. Bataillon.** (Lyon, Pitrat, août, 1890).

Principaux points de ce travail :
Condensation au nucléole de la substance chromatique nucléaire ;
Phénomènes d'émission chromatique ;
Origine chromatique du pigment ;
Conditions physiques et physiologiques de l'émission ;
Vues générales : le filament nucléinien normal et le boyau chromatique de l'émission ; le nucléole, centre organique de la cellule.

Laboratoire de Zoologie de la Faculté des Sciences.

SCIENCES SPÉCIALES

ANTHROPOLOGIE ET SOCIOLOGIE ANTHROPOLOGIQUE

LINGUISTIQUE

PRÉCIS D'ORTHOGRAPHE ET DE GRAMMAIRE PHONÉTIQUES POUR L'EN-
SEIGNEMENT DU FRANÇAIS A L'ÉTRANGER, par **L. Clédat.** (Paris,
Masson 1890, 92 pages in-12).

Extrait de la préface : « La plupart des étrangers peuvent
évidemment se contenter pour *écrire* le français, d'une graphie phonétique, dégagée de toutes les subtilités de l'orthographe officielle, et qui, si l'on veut bien se conformer aux
règles très simples qui feront l'objet de la première partie de
ce livre, sera beaucoup plus logique et beaucoup plus intelli-
gible que les graphies gauches, et si souvent barbares, des
Français peu lettrés, où l'orthographe officielle est écorchée
sans être simplifiée. On verra aussi qu'en se débarrassant de
l'orthographe dans la mesure que nous venons d'indiquer, on
diminue du même coup, dans une très forte proportion, le
nombre des difficultés de la grammaire ; car beaucoup de ces
difficultés sont purement graphiques, et se trouvent supprimées
par l'adoption d'une orthographe phonétique. La langue française devient alors sensiblement plus facile à apprendre. »

MODIFICATIONS ORTHOGRAPHIQUES ADOPTÉES PAR LA " REVUE DE
PHILOLOGIE FRANÇAISE " (Paris, Bouillon, 8 pages in-8).

C'est une brochure de propagande qui se vend dix centimes.
MM. Michel Bréal et Francisque Sarcey ont approuvé les

modifications proposées et ont pris l'engagement de les appliquer.

LITTÉRATURE ÉTRANGÈRE

GŒTHE, par **M. Firmery**, professeur à la Faculté des Lettres (*Collection des classiques populaires*, édité par Lecène et Oudin).

CHAPITRE I. — L'enfance de Gœthe. — Son séjour aux Universités de Leipzig et de Strasbourg.

CHAPITRE II. — La Révolution de 1773. — *Goetz de Berlichingen et Werther*.

CHAPITRE III. — Les dernières années de Gœthe à Francfort ; *Egmont*.

CHAPITRE IV. — Eveimar. — L'Italie. — Les poèmes classiques : *Iphigénie en Tauride, le Tasse, Hermann et Dorothée*.

CHAPITRE V. — Les Romains : *Wilhelm Meister*.

CHAPITRE VI. — Les poésies lyriques.

CHAPITRE VII. — Les dernières années de la vie de Gœthe. — Le *Faust*.

LE GÉNÉRAL BEAUPUY ET LE POÈTE ANGLAIS WORDSWORTH, par **G. Bussière** et **Emile Legouis** (*Revue de la Révolution française*, 14 octobre 1890).

Cet article étant un chapitre détaché d'une biographie du général Beaupuy qui paraîtra prochainement, nous renvoyons au compte-rendu de cet ouvrage.

GIORDANO BRUNO, par **M. G. Lafaye,** professeur de langue et littérature latines, à la Faculté des Lettres *(Revue internationale de l'Enseignement* du 15 décembre 1889, p. 537 à 561).

À en juger par les polémiques qu'a suscitées récemment le nom de Giordano Bruno, il semblerait être de ceux qui appellent naturellement les superlatifs. Cependant, il ne manque pas d'écrivains équitables qui ont cherché à se faire, sur la vie et les œuvres de ce personnage énigmatique, une opinion dégagée de toute préoccupation de parti. Après l'enquête minutieuse à laquelle ils les ont soumises, il reste encore bien des points obscurs. Les pièces principales du procès tragique, qui a mis fin à la carrière de Bruno, nous sont encore inconnues; d'autre part l'interprétation de ses écrits est hérissée de telles difficultés, qu'on n'a pu jusqu'ici pénétrer dans toutes les parties de sa doctrine et en composer une synthèse définitive. Un professeur qui a enseigné la philosophie dans plusieurs Universités italiennes et qui a été Ministre de l'instruction publique, M. Dominique Borti, aujourd'hui député au Parlement, a entrepris une série d'investigations, dans les divers dépôts d'archives de l'Europe, et il a réussi à grossir d'un grand nombre de pièces le dossier, dont s'étaient éclairés les biographes antérieurs. Une vie de Bruno, qu'il donna en 1868, marquait déjà, grâce à cet important secours, un réel progrès; une seconde édition de cet ouvrage, revue et augmentée, a paru en 1889, à l'occasion des fêtes qui ont eu lieu à Rome pour l'inauguration de la statue de Bruno. J'ai donné une analyse du livre de M. Borti, en laissant de côté toutes les questions qui sont du domaine de la philosophie; je me suis efforcé de mettre en lumière, les mœurs et les usages des diverses Universités de l'Europe, que Bruno a parcourues à la fin du XVIe siècle; j'ai montré qu'il y régnait un esprit beaucoup plus libéral qu'on ne le croit généralement et que nulle part Bruno ne fut traité avec plus de tolérance et de courtoisie que dans les Universités françaises.

———————— ❦ ————————

ARCHÉOLOGIE

L'AMOUR INCENDIAIRE, par **M. G. Lafaye,** professeur de langue et littérature latines à la Faculté des Lettres. *(Mélanges d'archéologie et d'histoire* publiés par l'Ecole française de Rome, 1890 p. 61 à 97. avec une photogravure de MM. Lumière).

Il y a au Musée de Lyon un petit médaillon romain en terre cuite, qui représente l'Amour attaché à un poteau et supplicié par d'autres petits Amours, en présence de Vénus et d'une nombreuse assistance ; une inscription tracée dans le champ à côté du personnage principal nous explique la nature de son forfait : il a été condamné comme incendiaire. Quoique les monuments antiques relatifs au châtiment de l'Amour soient en très grand nombre, celui-ci offre un intérêt unique ; il a été trouvé à Trion en 1885. L'Amour est assimilé à un de ces criminels qu'on jetait en pâture aux animaux féroces, au milieu d'un amphithéâtre ; seulement ici les animaux féroces sont remplacés par des colombes qui vont s'échapper d'une cage entr'ouverte pour s'élancer vers le patient placé en face. Il est probable que nous avons là une scène d'une pantomime mythologique. Mais ce qui fait surtout le prix de ce médaillon, c'est qu'il reproduit dans un sujet fictif, l'appareil qui était réellement usité dans les supplices au temps de l'Empire romain ; on peut y prendre une idée très exacte de la peine que subirent notamment les martyrs chrétiens condamnés sous Néron, en l'an 64, comme coupables de l'incendie qui dévora une partie de la ville de Rome. Le médaillon de Trion doit dater à peu près du troisième siècle de notre ère. Il a fait partie d'un vase de terre cuite, sur la panse duquel il était frappé en guise d'ornement. Il est douteux que les monuments de cette classe, qu'on a trouvés en grand nombre à Vienne, à Orange et dans les autres villes de la vallée du Rhône, y aient été fabriqués ; car on en connaît deux qui proviennent de Rome même.

DROIT GREC

Διοίκησις, διορθωτῆρες, διωμοσία, *divortium* (Grèce), δοκιμασία :
par **M. E. Caillemer,** doyen de la Faculté de Droit (*Dictionnaire
des antiquités de Daremberg et Saglio,* fascic. XIII, 1889).

I. Διοίκησις. Revue rapide de l'histoire de l'administration
financière à Athènes. L'ὁ ἐπὶ τῇ διοικήσει, créé sans doute lors de
la réorganisation qui suivit l'abrogation de la loi d'Eubule,
était une sorte de ministre des finances, élu, nommé pour
quatre ans, et non rééligible. Ne pas le confondre avec l'ὁ ἐπὶ τὸ
θεωρικόν. Remplacé vers l'ol. 122 par un collège de magistrats, il réapparaît vers 272 ; mais une partie de ses attributions
passe alors à un autre, au ταμίας τῶν στρατιωτικῶν, qui plus
tard est seul chargé de pourvoir aux dépenses d'Athènes.

II. Διορθωτῆρες. Titre donné, dans un décret de Corcyre, à une
commission instituée de temps à autre pour réviser les lois.
Cf. Plutarque, *Sol.* 16. où Solon est représenté comme τῆς
πολιτείας διορθωτὴν καὶ νομοθέτην.

III. Διωμοσία. Ce mot comprenait les deux serments imposés à
Athènes au demandeur et au défendeur; mais dans la pratique
διωμοσία ou tout au moins διόμνυσθαι se disait souvent aussi du
serment des témoins ou même d'un serment quelconque. —
Quelques considérations, à la fin, tirées de Platon et d'Eschyle,
sur cette obligation du serment.

IV. *Divortium* (Grèce). L'auteur expose les différents cas de
divorce à Athènes, les formalités auxquelles il était soumis,
l'action civile à laquelle il donnait lieu de la part du conjoint
non consentant, etc. etc. — Il donne ensuite quelques renseignements sur le divorce à Thurium, à Sparte, en Macédoine.
Il insiste particulièrement sur les dispositions de la loi de
Gortyne, très intéressantes, très minutieuses, qui s'y rapportent.

V. Δοκιμασία. L'auteur traite d'abord de la δ. ἀρχόντων. Pour les archontes, il admet, dans tous les cas, un double examen, devant le sénat et devant un dikastérion ; pour les stratèges, un seul, ἐπὶ τὸ δικαστήριον ; pour les sénateurs, un devant le Sénat siégeant lors du tirage au sort, avec appel devant les héliastes ; enfin, pour tous les autres magistrats, il est très enclin à croire à une seule docimasie, devant un tribunal héliastique, sans que le Sénat eût à intervenir, et sans distinction entre les magistrats élus et ceux désignés par le sort. — Il traite ensuite de la δ. δημοποιήτων, puis de la δ. ἱππέων, de la δ. ῥητόρων ; enfin, de la δ. παίδων, de la δ. ὀρφανῶν, de la δ. εἰς ἄνδρας, termes qui, d'après lui, désigneraient, le 1er un examen physique devant les héliastes, en vue de constater si la puberté est acquise ; le 2e une enquête, par les héliastes, sur les ressources qu'un orphelin peut avoir ; le 3e l'examen subi devant les membres du dème avant l'inscription sur le ληξιαρχικὸν γραμματεῖον.

HISTOIRE DU DROIT

DES CONSÉQUENCES DU DÉLIT DE L'ESCLAVE DANS LES *Leges barbarorum* ET DANS LES CAPITULAIRES, par **Paul Leseur** (Paris, Larose et Forcel, 1889, 126 p. Extrait de la *Nouvelle revue historique du droit français et étranger*).

Je me suis efforcé de reconstituer, textes en main, l'évolution qui s'est accomplie dans les groupes germaniques, et qui a consisté à reporter, par des procédés divers, du maître sur l'esclave, les conséquences du délit commis par ce dernier. Cette étude qui rayonne au-delà du cadre restreint dans lequel, au premier abord, elle paraît tenir, montre comment s'est substituée, petit à petit, sur le terrain pénal, la notion de l'esclave-personne à celle de l'esclave-chose. Elle permet également d'entrevoir, grâce aux vestiges qu'ils ont laissés dans des textes, de date plus récente, ces temps primitifs où les rapports s'établissaient, non d'individu à individu, mais de famille à famille ; où les groupements familiaux formaient comme autant d'êtres collectifs, personnifiés dans leurs chefs ; où la subordination dans la famille-groupe était tellement étroite, que les actes accomplis par les subordonnés étaient considérés comme faits par le chef de famille lui-même.

DROIT ROMAIN

RECRUDESCENCE DES ÉTUDES DE DROIT ROMAIN A L'ÉTRANGER. — L'INSTITUT DE DROIT ROMAIN D'ITALIE ET SON BULLETIN, par **M. Appleton**, professeur à la Faculté de droit. (*Revue générale du droit*, 1889, p. 546-549.)

Pour montrer que ce n'est pas le cas de réduire en France le temps d'étude consacré au droit romain et de sacrifier ainsi la méthode qui est tout, à une multiplicité de connaissances qui aboutit au bourrage intellectuel, l'auteur montre que les études de droit romain sont plus florissantes que jamais à l'étranger. L'Angleterre même, si longtemps rebelle aux influences latines, se laisse gagner par cette heureuse contagion. L'Italie, fière de l'École Bolonaise, brûle de renouer la chaîne de ces glorieuses traditions. L'Institut de droit romain d'Italie et le Bulletin qu'il publie, sont une marque sensible de l'activité scientifique que déploient les romanistes italiens. M. Appleton indique les principaux articles parus dans la première année du Bulletin 1888-1889, publication qui a sa place marquée dans la bibliothèque de tous ceux qui s'intéressent au droit romain.

ORIGINE DE L'ACTION EN GARANTIE D'ÉVICTION par **M. Ernest Bal**, lauréat de la Faculté de droit. (*Thèse de doctorat, partie romaine, gr. in-8°, 75 p.*)

Après une introduction consacrée à la définition des mots *auctor* et *auctoritas*, et à des notions sommaires sur la vente dans le très ancien droit romain, l'auteur examine en trois chapitres : 1° les conditions requises pour donner ouverture à l'action *auctoritatis*; 2° la procédure, l'objet et le fondement de cette action ; 3° enfin l'influence des conceptions anciennes sur le développement de la théorie de la garantie d'éviction. Cette étude a le grand avantage de résumer d'une manière simple et claire, de très savantes recherches faites récemment sur cette question par d'éminents romanistes, notamment par M. Girard. Dépouillées d'un appareil scientifique nécessaire, mais encombrant, les idées essentielles de ces travaux se dégagent avec plus de netteté dans le travail de M. Bal qui aura, à ce point de vue, rendu le service de les vulgariser. L'œuvre personnelle dans cette étude, consiste surtout dans le choix judicieux entre les opinions soutenables ; rien n'est affirmé de confiance, tout a été mûrement pesé dans la balance d'un esprit bien équilibré.

Depuis la publication de sa thèse M. Bal a pu ajouter une nouvelle couronne à celles qu'il avait déjà conquises chez nous; la Faculté a décerné une médaille d'or à son savant mémoire sur la nationalité, commentaire aussi complet que judicieux de la loi récente du 26 juillet 1889.

DROIT CIVIL

EXAMEN DOCTRINAL DE JURISPRUDENCE CIVILE par **M. O. Flurer**, professeur à la Faculté de droit. (*Revue critique*, 1889 *p.* 305-329)

Ce travail ne pourrait être que difficilement résumé, à cause de la variété des sujets traités (communauté, effet du partage d'une succession échue à l'un des époux, — séparation de dettes, — inaliénabilité dotale, — vente par correspondance, détermination du prix, — louage de service, engagement pour la vie entière, — assurance sur la vie, au profit d'un tiers déterminé.) L'auteur a particulièrement insisté sur l'assurance sur la vie au profit d'un tiers déterminé ; cette combinaison juridique donne lieu à de grandes difficultés. Inconnu au moment de la codification de notre droit privé, elle n'a été l'objet d'aucune réglementation législative ; et il y a contestation à la fois, sur la manière dont il convient de lui appliquer actuellement les règles du droit commun, et sur l'organisation qu'il conviendra de lui donner, le jour où se produira une intervention législative qui a été souvent réclamée.

—

DISSERTATION SUR UN ARRÊT DE LA COUR DE MONTPELLIER, par **M. O. Flurer** (14 janvier 1889, *Dalloz périodique* 89, 2 *p.* 65).

L'objet principal de cette dissertation est l'examen des questions compliquées qui s'élèvent lorsque le *de cujus* a fait, au profit de ses héritiers réservataires, des legs préciputaires et des donations en avancement d'hoirie. En quelle mesure les légataires par préciput peuvent-ils profiter du rapport effectué par les donataires en avancement d'hoirie ?

—

ÉTUDE SUR LA LOI DU 26 JUIN 1889, RELATIVE A LA NATIONALITÉ, par **M. Em. Cohendy,** professeur à la Faculté de Droit. (Journal *le Droit,* numéros des 26 octobre, 2 et 9 novembre 1889).

La loi du 26 juin 1889 a profondément modifié les anciens principes du Code civil sur l'acquisition et la perte de la nationalité; ce n'est plus seulement la naissance de parents français qui fait acquérir la qualité de Français; c'est aussi, dans une très large mesure, la naissance sur le territoire de la France; d'autre part, la naturalisation des étrangers est rendue plus facile qu'elle ne l'était auparavant. Quelles sont les diverses raisons d'ordre économique et social qui nécessitaient la loi nouvelle? De quelles manières la nationalité française pourra-t-elle être acquise et perdue en vertu de cette loi? Et enfin comment arrivera-t-on à résoudre les conflits qui ne manqueront pas de s'élever entre la loi française et les législations étrangères? Telles sont les principales questions auxquelles l'auteur s'est attaché dans cette étude.

DE LA DOTALITÉ ET DES RESTRICTIONS APPORTÉES PAR LE CONTRAT DE MARIAGE A LA CAPACITÉ DE LA FEMME, par **M. E. Chachuat**, docteur en droit. (*Thèse de doctorat*, A. Rousseau, 250 p. in-8, 1889).

Bonne et intéressante dissertation, dans laquelle l'auteur, après avoir montré comment la jurisprudence a successivement étendu la notion légale de l'inaliénabilité des immeubles aux valeurs mobilières, s'attache particulièrement à faire ressortir les dérogations apportées par le contrat de mariage à une indisponibilité qui, acceptée dans toute sa rigueur, ne laisserait aux époux aucun moyen sérieux de conjurer la ruine. La clause d'emploi et ses effets sont l'objet d'une étude bien conduite, éclairée par la pratique du notariat. La monographie se termine par une troisième partie où l'on voit l'incapacité dotale transportée, par la volonté des parties, dans les autres régimes. L'auteur est un praticien entendu qui ne négligera jamais, dans la vie professionnelle, de soumettre les questions neuves à une critique raisonnée.

DE L'ASSURANCE SUR LA VIE EN GÉNÉRAL ET SPÉCIALEMENT DE
L'ASSURANCE SUR LA VIE ENTRE ÉPOUX, par **M. J.-R. Couturier**,
docteur en droit. (*Thèse de doctorat,* 1889, Vienne, Savigné, p.
65-226, in-8.).

L'auteur termine son travail en disant que les textes légis-
latifs, interprétés sans idée préconçue, ne permettent pas, dans
un grand nombre de cas, l'exécution des intentions clairement
manifestées par les contractants dans une police d'assurance
sur la vie. Il regrette que cette assurance ne soit pas déclarée
insaisissable par la loi. En dépit de sa conclusion, il est parvenu,
dans le corps de la thèse, à justifier avec une suffisante
adresse, — et mieux en tout cas que ne le font les arrêts —
les solutions que le bon sens et la bonne foi recommandent pour
que l'assurance sur la vie atteigne son véritable but. Il avait
commencé par analyser le mécanisme du contrat, en expliquant
que l'existence d'une réserve et la faculté de rachat ne prouvent
pas du tout le fait d'une capitalisation. Plus loin, il examine
les théories de la gestion d'affaires, de la stipulation pour
autrui, et s'il s'expose à quelque reproche, c'est non pas pour
avoir rejeté les théories régnantes, mais plutôt pour manquer
de donner à la sienne propre le fini de l'œuvre achevée. Au
total, le livre renferme des vues neuves et démontre que
l'auteur possède son droit sans s'asservir pour autant à des
méthodes établies.

DE LA TRANSMISSION DES DROITS DE L'AUTEUR ET DE L'ARTISTE SUR
SON ŒUVRE, par **M. E. Bal**, docteur en droit. (*Thèse de doctorat*
Bony, Villefranche, p. 74-246, 1889, in-8.).

Le titre dit assez, par lui-même, que le jeune docteur a voulu
extraire de l'ensemble de la propriété littéraire et artistique un
certain nombre de questions côtoyant le droit civil et se con-
fondant peut-être avec lui. Un bien passe aux héritiers; du
vivant du propriétaire, il se cède par contrat; les créanciers

ont sur sa valeur un droit de gage. Le mariage le fait passer sous un régime de copropriété ou d'administration nouveau. Il importe de savoir ce que deviennent toutes ces règles quand on est en présence d'un livre ou d'une composition esthétique. Le mérite de l'auteur consiste donc plus à avoir dressé un plan personnel d'études que développé des opinions nouvelles. Ce qu'il y a certainement de plus travaillé dans la dissertation, ce sont les parties consacrées aux lois étrangères et à l'état de droit fait par les traités et par l'Union récente de la propriété littéraire à l'exportation des livres et des œuvres d'art. Le style est clair, les développements sont bien déduits et les conclusions généralement sûres.

DROIT COMMERCIAL

ANNALES DE DROIT COMMERCIAL, FRANÇAIS, ÉTRANGER ET INTERNATIONAL, publiées par **M. Thaller**, professeur à la Faculté de Droit. (*Troisième année*, 1889. Jurisp. 272 p.; doctrine, 278 p.; table XXII p., chez Rousseau, grand in-8.).

L'année 1889 représente le troisième volume de cette publication. Nous avons déjà mentionné plus haut (p. 54 et suiv.), un certain nombre des articles doctrinaux qu'il renferme. Il faut y ajouter une étude de la loi du 4 mars 1889 sur les liquidations judiciaires de M. E. BAILLY de Dijon, qui a été mis fortement à contribution, depuis lors, par divers auteurs, et une dissertation sur les conseils de prud'hommes de M. M. SAUZET. renfermant des vues très originales. Les arrêts de jurisprudence sont accompagnés de notes consciencieuses et parfois étendues.

Les jurisconsultes de Paris n'ont, jusqu'à présent, prêté à cette revue qu'un appui limité. C'est peut-être une raison de plus pour les Lyonnais, qui l'ont vu naître, de la soutenir.

Quand entendront-ils notre appel à la curiosité de ces lecteurs
réfléchis qui savent que les faits ont leurs abus, que ces abus
s'en prennent à nos bourses à tous, et qu'il appartient, en définitive, à la doctrine — une doctrine beaucoup moins ennuyeuse
qu'on ne le croit généralement, — de chercher les moyens de
les redresser?

***

DES FAILLITES NON DÉCLARÉES, par **M. P. Fourcade**, docteur en
droit. (*Thèse de doctorat.* Libr. nouv., 1889, 278 p. in-8.).

Étude la plus riche en aperçus de toute nature qui ait été
composée jusqu'à ce jour sur ce sujet délicat. Elle a été publiée
avant le vote de la loi du 4 mars 1889 sur les liquidations
judiciaires, mais cette loi est prévue dans la dissertation, et sa
mise en vigueur n'enlève à l'ouvrage ni son intérêt de lecture,
ni le besoin qu'auront désormais les liquidateurs d'y faire
appel. Le style se fait remarquer par son allure alerte et même
parfois emportée contre la jurisprudence courante. L'auteur
n'admet pas que l'on puisse appliquer les règles de fond de la
faillite aux liquidations commerciales qui commencent sous une
autre rubrique. Des échappées ouvertes sur les liquidations de
sociétés, sur le droit des banqueroutes, sur les législations
étrangères, rendent l'ouvrage extrêmement intéressant, et ce
qu'on peut conseiller de mieux à ceux qui écriront désormais
sur ces matières sera de fortement s'en inspirer.

***

DROIT INDUSTRIEL

DISSERTATION SUR UN ARRÊT DE LA COUR DE CASSATION, du 10 janvier
1889, par **M. H. Berthélemy**, agrégé près la Faculté de droit.
(*Annales du droit commercial,* 3ᵉ année, nᵒ 2, p. 53 et 55.)

M. B. soutient, contrairement à la décision de l'arrêt, que

le défaut d'exploitation d'un brevet d'invention pendant deux
années consécutives fait encourir la déchéance avec effet
rétroactif.

ORGANISATION JUDICIAIRE

LA JURIDICTION DES CONSEILS DE PRUD'HOMMES, par **M. Marc Sauzet,**
agrégé près la Faculté de droit. (Paris, Rousseau, 1889, 45 *p.*
Extrait des *Annales de droit commercial*, 1889, pp. 97 et 145).

Cette étude sur le développement de la transformation des
conseils de prud'hommes depuis leur création, en 1806, n'est
que le commentaire et un essai de justification d'une communication faite au Congrès des sociétés savantes en 1889.
On ne s'est pas proposé d'étudier, au point de vue pratique,
les règles sur la compétence et le mécanisme de cette juridiction spéciale ; on a voulu montrer, par des faits, les
inconvénients et les périls d'une utopie, toujours en vogue,
celle de la justice civile rendue par les pairs ; l'institution des
prud'hommes en est comme la réalisation ; on lui oppose et on
lui préfère le principe de l'unité du juge, second terme, avec
l'unité de la loi, de l'égalité civile depuis 1789.

DROIT CRIMINEL

TRAITÉ THÉORIQUE ET PRATIQUE DU DROIT PÉNAL FRANÇAIS, par
M. R. Garraud, professeur à la Faculté de droit. (Paris, Larose et
Forcel, 1889, 3ᵉ vol. 608 p.)

Dans les deux premiers volumes de son *Traité*, paru en
1888 (1), M. G. a complètement achevé l'exposé du *Droit*

(1) B. v. le *Bulletin* de 1889, p. 311-352.

pénal général, et déjà, à la fin du second volume, il a commencé à examiner les diverses infractions prévues et punies par la loi, c'est-à-dire le *droit pénal spécial*. C'est le sujet d'étude qu'il poursuit dans le troisième volume, publié en 1889.

Conformément à l'ordre suivi par le législateur, l'auteur traite d'abord des *crimes et délits contre la chose publique*. Il s'occupe particulièrement des infractions qui, sous cette rubrique, sont visées par les dispositions répressives du code pénal, depuis l'art. 109 jusqu'à l'art. 233.

La plupart de ces infractions, groupées par la loi en deux classes (*crimes contre la constitution, crimes contre la paix publique*), constituent des atteintes portées à certains principes de notre droit public, et impliquent soit la violation des devoirs imposés aux dépositaires de la puissance sociale, soit un manquement à l'obéissance qui leur est due. Crimes et délits électoraux ; attentats à la liberté individuelle ; crimes et délits commis par des fonctionnaires dans l'exercice de leurs fonctions, concussion, corruption, abus d'autorité, déni de justice, etc. : troubles apportés à l'ordre public par les ministres des cultes ; rebellion, outrages et violences envers les détenteurs de l'autorité et de la force publique. En étudiant ces nombreux crimes et délits, dont nous ne citons que les principaux, l'auteur détermine la sanction d'un grand nombre de principes fondamentaux dans l'ordre constitutionnel et politique.

Au milieu des infractions que nous venons de rappeler, le code pénal a donné place au faux, qu'il fait figurer en tête des crimes et délits contre la paix publique. La théorie du faux est l'une des plus importantes et aussi l'une des plus difficiles de notre droit criminel ; traitée dans la loi, avec une extrême brièveté, elle est une de celles qui ont été jusqu'à ce jour le moins approfondies par la doctrine. L'auteur y a consacré presque la moitié du troisième volume, en tout 267 pages. Dans les dix-huit chapitres, dont se compose cette partie de l'ouvrage, il distingue et étudie successivement le crime de fausse monnaie, le faux en écriture ou faux documentaire et

ses diverses variétés : faux en écriture publique, faux en
écriture de commerce, faux en écriture privée, faux dans les
passe-ports, etc.

DROIT CONSTITUTIONNEL

DE LA RESPONSABILITÉ PÉNALE ET POLITIQUE DES MINISTRES, par
M. Jules Brisac, avocat près la Cour d'appel de Lyon. (Discours
prononcé à la rentrée de la *Conférence des avocats stagiaires* dans sa
séance du 20 janvier 1890, Lyon, Mougin-Rusand, 1890, 46 p.).

Nous pouvons revendiquer, pour le *Bulletin,* le discours
prononcé cette année à la rentrée de la Conférence des avocats.
Il a pour auteur un étudiant des plus distingués de la Faculté
de Droit, naguère président de l'Association des étudiants,
M. J. Brisac. Le jeune avocat a choisi un sujet de droit politique, actuel et passionnant, s'il en fut jamais. *La responsabilité pénale des ministres :* c'est, sous une de ses faces, la
question de la haute juridiction politique, dont la mise en
œuvre a été un des épisodes les plus retentissants de l'année
qui vient de s'écouler. *La responsabilité politique des
ministres :* c'est la question du parlementarisme, que nos lois
constitutionnelles ont associé au régime républicain, et contre
lequel il a été livré, aux dernières élections législatives, une si
ardente et si inutile bataille. M. Brisac a traité ce sujet brûlant
avec une modération rare. Il a parlé comme un sage, et son
discours, inspiré par un amour sincère des institutions libres,
n'a certes pu blesser aucune conviction, dans un milieu où
cependant la République parlementaire ne compte pas seulement des partisans. Peut-être même la réserve qu'il s'est imposée paraîtra-t-elle sur certains points excessive. On ne peut
s'empêcher de regretter, par exemple, qu'il ait refusé de nous
donner son avis sur la valeur du système qui a été adopté par

la Constitution de 1875, comme il l'avait été par la Monarchie parlementaire, et qui attribue au Parlement la haute juridiction politique.

ECONOMIE POLITIQUE

I. L'ASSISTANCE DES INDIGENTS A DOMICILE; LES ŒUVRES D'INITIATIVE PRIVÉE; LE DISPENSAIRE GÉNÉRAL DE LYON, par **M. Paul Rougier**, professeur à la Faculté de Droit, in-8, 68 p. Guillaumin, éditeur, Paris, 1888.

L'assistance médicale des indigents à domicile a été organisée à Lyon en 1818 par l'œuvre du Dispensaire général, reconnue comme établissements d'utilité publique par ordonnance royale du 27 décembre 1883. La publication dont le titre est mentionné ci-dessus n'est pas seulement un historique du dispensaire général de Lyon jusqu'à ce jour; on y a fait l'étude de divers établissements analogues existant à Paris, à Rouen, au Havre, etc., et on y a indiqué les progrès que ce genre d'institution est susceptible de réaliser.

II. L'IMPOT SUR LE REVENU, par **M. Paul Rougier** (*Annales de la Société d'Economie politique de Lyon*, 1889, page 21).

Quelle est la valeur de cet impôt? Quels sont ses avantages, ses inconvénients? Comment a-t-il été organisé en pays étrangers? Dans quelle mesure pourrait-il être appliqué en France? A quels projets a-t-il donné lieu? Telles sont les questions examinées dans cette étude qui a été le point de départ de la discussion ouverte sur ce sujet dans l'une des séances de la Société d'Economie politique.

III. NOUVEL EXAMEN DE LA BALANCE DU COMMERCE, par **M. Paul Rougier** (*Annales de la Société d'Economie politique de Lyon*, 1889, p. 103).

Quel est le criterium de la prospérité d'un pays? Les partisans du système mercantile qui voyaient dans la possession des métaux précieux la richesse par excellence, en concluaient que la supériorité des exportations sur les importations était le signe infaillible de la prospérité d'une nation. Les économistes ont révélé depuis longtemps les vues trop exclusives et erronées de ce système, mais son influence persiste. La Société d'Economie politique de Lyon ayant remis la question à l'étude, le rapport sus-mentionné a eu pour objet de montrer que la richesse d'un pays s'apprécie, non par le mouvement de ses exportations, mais par l'état des créances ou des dettes d'un pays vis à vis de l'étranger, résultant de l'ensemble de ses produits et de ses services. Un aperçu sur l'Angleterre a surtout servi de base à cette démonstration.

———

IV. RAPPORT AU CONGRÈS NATIONAL DES SOCIÉTÉS DE SECOURS MUTUELS SUR LES GARANTIES QUE CES SOCIÉTÉS DOIVENT PRÉSENTER A LEURS ADHÉRENTS, par **M. Paul Rougier**. (*Revue des Institutions de prévoyance*, du 14 juin 1889).

Ce rapport présenté dans les deux premières séances du Congrès tenu à Paris, au mois de juin 1889, a embrassé l'examen des conditions qui peuvent assurer le fonctionnement régulier et efficace des Sociétés de secours mutuels. Cette étude a été le point de départ des discussions et de la plupart des résolutions du Congrès.

———

V. RAPPORT PRÉSENTÉ AUX SOCIÉTÉS DE SECOURS MUTUELS LYONNAISES SUR LES TRAVAUX DU CONGRÈS, par **M. Paul Rougier** (*Prévoyance Mutuelle*, du 16 avril 1889).

Ce rapport a été présenté à l'Assemblée générale, tenue au Palais du Commerce, et à laquelle les présidents et délégués de toutes les sociétés de secours mutuels de Lyon avaient été convoqués. Les vœux émis, les principes admis par le Congrès tenu à Paris, non seulement pour le fonctionnement de la mutualité, mais pour l'organisation de leurs fonds de retraite, ont été exposés et commentés.

VI. LES SOCIÉTÉS DE SECOURS MUTUELS DU RHONE. ÉTUDE SUR LEUR SITUATION D'APRÈS LES DOCUMENTS OFFICIELS, par **M. Paul Rougier**, Lyon, 1889, in-8, 48 p.

Cette étude sur les trois catégories de sociétés reconnues, comme établissements d'utilité publique, approuvées, ou simplement autorisées, fait ressortir d'après les documents de la statistique officielle, la situation de ces diverses catégories de sociétés, et en déduit les conséquences pratiques, en ce qui touche les secours en cas de maladie, les retraites pour la vieillesse et les différentes branches de leurs services.

LÉGISLATION ÉTRANGÈRE

LOI DU 31 MAI 1887 SUR LA PROPRIÉTÉ DES MINES DANS L'ANCIEN DUCHÉ DE HESSE. *Notice, traduction et notes*, par **M. G. Blondel**, chargé de cours à la Faculté de droit (*Annuaire de législation étrangère*, t. XVII, p. 335 suiv.).

Cette loi qui est l'application à une région importante de l'Allemagne centrale des principes admis en matière de mines

par la loi prussienne du 24 juin 1865, marque un progrès
nouveau dans la voix de l'unification. Le droit prussien repose
sur le principe de la liberté d'exploitation : la recherche d'une
mine est libre pour chacun, qu'on soit ou non le propriétaire
du sol, qu'on ait ou non une autorisation de lui. L'inventeur
a le droit exclusif d'exploitation ; et de ce droit, le législateur
prussien a fait comme le législateur français de 1810, un bien
immobilier distinct juridiquement du droit foncier sous lequel
la mine existe. C'est l'invention qui crée le droit. Toute trace
de droit régalien, ou de faculté pour l'Etat de disposer discré-
tionnairement d'une façon plus ou moins directe de la propriété
minière, a disparu. Cette propriété est constituée par une
concession qui donne à l'intéressé le droit exclusif de retirer
dans une région déterminée, certaines substances minérales ;
elle constitue un bien immobilier, assimilé pour ce qui concerne
l'aliénation, l'hypothèque, la saisie et généralement les droits
réels à un bien foncier. Cette propriété minière doit faire l'objet
d'une inscription sur des registres particuliers, dits registres
matricules des mines (Berggrundbücher). La propriété super-
ficiaire doit y être inscrite également lorsqu'elle n'est qu'une
dépendance de la mine. Au cas d'aliénation, une transcription
est nécessaire pour le transfert de la propriété, comme s'il
s'agissait du fonds lui-même. Une grande partie des articles
de cette intéressante loi sont consacrés à l'exposition des dispositions de détail relatives à l'établissement ou à la tenue de
ces divers registres : il doit y avoir un registre matricule des
mines dans chaque commune, sur le territoire de laquelle une
mine existe, ou pourra être concédée à l'avenir. Ces registres
sont tenus par les tribunaux cantonaux, et établis d'après les
formulaires souscrits par le ministère de la justice.

NOTICE SUR LE MOUVEMENT LÉGISLATIF DANS LE CANTON DE BALE-VILLE EN 1888, par **M. G. Blondel**, chargé de cours à la Faculté Droit. (*Annuaire de législation étrangère*, XVIII p. 682 suiv.)

La loi la plus intéressante est celle du 23 avril 1888 concernant la protection des ouvrières, employées dans les ateliers qui ne sont pas régis par la loi fédérale sur les fabriques. Ces personnes ne doivent pas être astreintes à plus de onze heures de travail par jour (dix heures les veilles de dimanches ou de fêtes), et le travail ne doit, ni commencer avant six heures du matin, ni finir après huit heures du soir. Le gouvernement peut toutefois permettre des prolongations. Le contrat qui unit le maître et les ouvrières peut être rompu, au gré de chaque partie, à condition de signifier sa volonté au moins quinze jours d'avance. Les amendes ne peuvent dépasser la moitié du salaire quotidien. — Une loi du 23 avril 1888, réorganise le service de l'état civil, et détermine le montant des traitements qui ne peuvent excéder 4500 francs. — La loi du 22 octobre fixe le taux des pensions de fonctionnaires, qui doit s'élever à 20 0/0 du traitement de la dernière année multiplié par le nombre des années de service. — Un réglement du 4 avril 1888, sur le monopole cantonal de l'alcool, fixe le nombre de débits nécessaires pour la vente au détail de l'alcool soumis au monopole. Un réglement du 6 mars est relatif aux autorisations de danses, musique et chants dans les auberges. Chaque fois qu'on veut faire danser, une autorisation est nécessaire, et on fixe l'heure à laquelle les danses devront cesser. La police exige une taxe spéciale de 5 à 100 francs. — Enfin, un réglement du 24 novembre 1888 soumet tous les chiens à une inspection annuelle du vétérinaire et prescrit diverses mesures contre les chiens errants.

MÉDECINE

SUR UN CAS D'ÉMATOME DE LA DURE-MÈRE AYANT DHÉTETMINÉ DE L'APHASIE ET DU COMA, GUÉRI PAR LA TRÉPANATION, par **R. Lépine** (*Bulletin de l'académie de médecine,* 1889, 6 août)

Ce cas est un exemple extrêmement rare, peut-être unique jusqu'à ce jour de guérison par la trépanation d'accidents cérébraux dépendants d'un hématome de la dure-mère. Après l'ouverture du crâne (faite par le Dr Jaboulay), l'incision de la dure-mère a donné issue à une cuillérée de liquide fortement coloré. La guérison a eu lieu en peu de jours.

DE LA TRÉPANATION DANS L'ÉPILEPSIE JAKSONNIENNE, par **R. Lépine** (*Semaine médicale,* 1889)

DE LA TRÉPANATION DANS LES ÉPILEPSIES JAKSONNIENNES NON TRAUMATIQUES, par **Péchadre** (*Thèse de Lyon* 1889).

Cette thèse rédigée sous l'inspiration de M. Lépine tend à conseiller l'intervention chirurgicale dans un certain nombre de cas d'épilepsie jacksonnienne. Elle renferme un bon nombre d'observations empruntées à la littérature et plusieurs observations inédites recueillies dans le service de M. Lépine.

SUR UN CAS D'APHASIE, par le **Dr Mouisset** (*Société des Sciences Médicales* 1889, p. 103).

Ce cas, observé avec beaucoup de soin dans le service de M. Lépine, présentait une particularité intéressante. Le malade ne pouvait prononcer aucun mot, même les plus usuels, alors même qu'il s'y appliquait de toutes ses forces et même si on les prononçait devant lui (Le sens en était d'ailleurs parfaitement compris ainsi qu'il en témoignait par ses gestes). Mais *s'il écrivait préalablement le mot* il pouvait le lire à haute voix sans difficulté. Si dans les cas où il ne pouvait trouver le mot, dont il avait besoin pour l'écrire, on l'écrivait pour lui, il le lisait, le comprenait, le prononçait parfaitement et pouvait le répéter pendant quelques minutes, même sans avoir besoin de le lire, puis, de nouveau, il devenait incapable de le prononcer.

DE LA SUSPENSION DANS L'ATAXIE, par le **D' Mouisset** (*Mémoire de la Société des Sciences Médicales* 1889 p. 844).

Ce travail est basé sur plusieurs observations d'ataxiques traités dans le service de M. Lépine au moyen de la suspension. La conclusion que l'auteur tire de sa statistique, c'est que la nouvelle méthode peut dans un bon nombre de cas être considérée comme un traitement palliatif fort utile de l'ataxie.

SUR L'ANÉMIE, par **R. Lépine** (*Lyon Médical,* 1889. tome 61 p. 304.

Etude anatomique de l'anémie;
Importance de la valeur globulaire.

DES PROPRIÉTÉS PHARMACODYNAMIQUES ET THÉRAPEUTIQUES DES NOUVEAUX MÉDICAMENTS DITS ANTIPYRÉTIQUES, par **R. Lépine** (*Archives de médecine expérimentale et d'anatomie pathologique* 1889, p. 855 et 1890, p. 148, 447 et 555).

Etude critique, avec bibliographie, aussi complète que possible, des nouveaux agents dits antipyrétiques. L'auteur insiste sur l'action sédative qu'ils exercent, à un dégré variable sur le système nerveux central et qu'il a le premier signalée. Il indique leurs analogies et leurs différences au point de vue pharmacologique et montre comment ils se rapprochent de la quinine.

DE L'ACTION DE QUELQUES ANTIPYRÉTIQUES SUR LA CONSOMMATION DES SUBSTANCES HYDROCARBONÉES, par **R. Lépine**, (avec la collaboration pour la partie chimique de MM. Barrel et Porteret) (*Archives de médecine expérimentale, etc.*, 1889, n° 1).

Dans ce mémoire est soulevée et résolue une question nouvelle d'un grand intérêt, celle de l'influence des antipyrétiques sur la consommation des matières hydrocarbonées. Des expériences fort précises prouvent d'une manière incontestable que ces subtances doublent la consommation du glucose, la formation du glucose et même celle du glycogène. Ce fait est d'autant plus remarquable que certaines au moins d'entre elles augmentent la consommation des matériaux protéïques, et il fait comprendre un des modes de leur action antipyrétique.

ETUDE SUR LE GLYCEMIE ET LE DIABÈTE, par **R. Lépine,** *(Lyon médical,* 1889 et 1890, tome 62, p. 308, 493, 619 ; tome 63, p. 83 et 284 ; tome 64, p. 46 et 549 ; tome 65 p. 325. *Semaine méd.* 1890).

DU SUCRE DU SANG, par **M. Barral**. (*Thèse de Lyon,* 1890).

Dans ces diverses publications dont la plupart ont été faites en collaboration avec M. Barral, M. Lépine montre l'existence dans le sang normal d'un ferment destructeur du sucre et que l'on peut en conséquence désigner par le nom de *glycolytique.* Ce ferment provient surtout du pancréas, car après ablation de cette glande il fait défaut dans le sang en même temps qu'il se produit une glycémie et un diabète toujours très accusés.

Des cellules glandulaires ce ferment passe directement dans la lymphe qui baigne les acini et dans le sang veineux lui - même sans prendre la voie du suc pancréatique. Il est détruit par la chaleur de 52°, affaibli par l'action de l'acide carbonique, du vide, des substances autipyrétiques, etc. Son rôle est essentiel pour l'entretien de la vie, car sans lui la quantité du sucre (Combertill) est réduite au minimum. On en a la preuve par les expériences de circulation artificielle (d'un organe ou d'un membre détaché de l'animal).

La nature du ferment exige qu'on en tienne compte dans les dosages du sucre du sang. Tous les résultats obtenus jusqu'ici ne sont point parfaitement exacts parce que pendant la chauffe du sang on ne s'est pas douté qu'une certaine quantité de sucre se détruit. Il faut en conséquence les faire en faisant tomber goutte à goutte le sang dans le sulfate de soude préalablement chauffé à 80° (Barral).

AUTO-INTOXICATION D'ORIGINE RÉNALE, par **R. Lépine** (*Revue de Médecine*, 1889)

Dans cette note l'auteur montre que dans certaines conditions expérimentales, qui rendent possible la résorption de principes excrémentitiels secrétés par le rein, il peut, exceptionnellement, se produire de la fièvre, de la dyspnée intense et finalement la mort.

SUR LE TRAITEMENT DE LA MALADIE DE BRIGHT CHRONIQUE (Rapport présenté à la section de médecine au congrès international de Berlin, *Semaine médicale*, 1890)

D'après l'auteur, au régime lacté, qui est habituellement prescrit à tous les brightiques, on peut, suivant le gout du malade, substituer un régime mixte peu azoté, d'autant plus qu'au point de vue théorique le lait, aliment par excellence de l'animal en voie de développement, est peut-être un aliment un peu trop azoté pour l'adulte et surtout pour le brightique, outre cette vue, ce rapport renferme un certain nombre de préceptes diététiques applicables au traitement de ces malades.

COMPRESSION DES URETÈRES CHEZ UNE FEMME OSTÉOMALACIQUE. — URÉMIE, par **R. Lépine** (*International Centralblatt*)

INSUFFISANCE RÉNALE. URÉMIE, par **R. Lépine** *Lyon médical* 1890. t. 61 p. 304.

SUR LE MAINTIEN D'UNE CANULE DANS L'URÉTÈRE DU CHIEN. par **R. Lépine**. *Archives de médecine expérimentale*. 1889.

DÉPLACEMENT DE LA MATITÉ DANS LA PLEURÉSIE, par **R. Lépine** *Société des Sciences Médicales,* 1890, *Province Médicale,* 1890.

L'auteur insiste sur la valeur de ce signe au point de vue du diagnostic soit dans les pleurésies récentes avec épanchement faible, soit dans les pleurésies anciennes, alors qu'il persiste de la matité, le liquide étant en grande partie résorbé. Ce signe est surtout précieux pour reconnaître du liquide dans le cas de congestion du poumon ou de pneumonie.

SUR LA VALEUR DU SCHEMA DE GRANCHER, par **R. Lépine** (*Société des Sciences médicales,* 1890, *Province médicale,* 1890).

L'auteur insiste sur la valeur de ce signe, en faisant remarquer toutefois que dans certains cas de congestion du sommet du poumon rhumatismal on peut avoir le schema n° **2**, comme dans le cas de tuberculose du sommet. Ce fait avait été d'ailleurs déjà noté par M. Grancher.

SUR LA CAUSE DU SOUFFLE PNEUMONIQUE, par **R. Lépine**, (*Société des Sciences médicales,* 1890, *Province médicale,* 1890).

D'après l'auteur, la turgescence du poumon est une condition presque essentielle à la production du souffle tubaire, attendu que la période d'hépatisation grise, le souffle fait défaut.

VARIA SUR LA THÉRAPEUTIQUE, par **R. Lépine** : RÉVULSIFS CUTANÉS (*Semaine médicale,* janvier 1889). — TOXICITÉ DE LA COCAÏNE, par **R. Lépine** (*Semaine Médicale,* mai 1889). — DE LA DIURÈSE ET DES LÉSIONS RÉNALES HYDRARGYRIQUES, par **R. Lépine** (*Semaine médicale,* juin, 1889). — OXY ET METOXYCAFÉINE, par **R. Lépine** (*Semaine Médicale,* juillet 1889). — DES DEUX PHASES CONTRAIRES DE L'ACTION DES MÉDICAMENTS, par **R. Lépine** (*Semaine médi-*

cale, novembre 1889). — NOUVEL HYPNOTIQUE par **R. Lépine** (*Semaine médicale*, janvier 1890). — THÉRAPEUTIQUE MÉDICAMENTALE DES MALADIES DE CŒUR, par **R. Lépine** (*Semaine médicale*, février 1890). — DIURÉTIQUES, par **R. Lépine** (*Semaine médicale*, mars 1890).

A QUAND LA STATUE DE C. BERNARD ? par **R. Lépine** (*Lyon médical*, tome 63, p. 66). — SUR LES RÉFORMES A APPORTER AU CONCOURS DES MÉDECINS DE L'HÔTEL-DIEU, par **R. Lépine** (*Lyon médical*, tome 63, p. 467). — SUR LA PROLONGATION DE LA DURÉE DU TEMPS D'EXERCICE DES AGRÉGÉS, par **R. Lépine** (*Lyon médical*, tome 64, p. 241).

Afin de pouvoir prolonger la durée du temps désiré de certains agrégés méritants, on diminue le nombre de places mises tous les trois ans au concours : on pourrait réduire à six ans la durée d'exercice de la majorité des agrégés.

SUR LE MUSÉE D'HYGIÈNE DE BERLIN, par **R. Lépine** (*Lyon médical*, p. 564).

CHIRURGIE

1° TRÉPANATION DU RACHIS DANS LES FRACTURES INDIRECTES DE LA COLONNE VERTÉBRALE, par **M. Jaboulay** (*Société nationale de médecine et Lyon-médical*, 1890).

2° TRÉPANATION DU CRANE. — INDICATIONS ET CONTRE-INDICATIONS DE LA RÉAPPLICATION DES RONDELLES, par **M. Jaboulay** (*Société nationale de médecine et Lyon médical*, 1890).

3° PARALLÈLE DE L'AMPUTATION DE PIROGOFF ET DE LA DÉSARTICULATION SOUS-ASTRAGALIENNE, par **M. Jaboulay** (*Province médicale*, 1890),

4° L'OSTÉOMYÉLITE A STREPTOCOQUES, par **MM. Jaboulay** et **Courmont** (*Lyon médical* et *Société de Biologie*, 1890).

CHRONIQUE

Faculté de droit

La Faculté dans sa réunion du 15 novembre, a proposé M. CAILLEMER à l'unanimité pour exercer les fonctions de Doyen dans la nouvelle période triennale qui vient de s'ouvrir. L'arrêté ministériel du 29 novembre a confirmé son choix.

*
* *

Du mois de mars au mois de juillet 1890, six thèses de doctorat ont été soutenues avec succès devant la Faculté de droit, par MM. Georges SÉRULLAZ, LOUIS MARTIN, EMMANUEL VORON, PHILIPPE FABRE, NOEL VERNEY, ANDRÉ GUILLOT.

M. Georges Sérullaz. Thèse de droit romain : *Essai sur la religion romaine et sur les rapports de l'État romain avec quelques religions étrangères.* Thèse de droit français : *Les sociétés de secours mutuels et la question des retraites.* Soutenance : 27 mars 1890.

M. Louis Martin. Thèse de droit romain : *Des origines de la loi aquilia.* Thèse de droit français : *Des assurances contre les accidents et en particulier du contrat d'assurance collective et de quelques actions qui en dérivent pour l'ouvrier.* Soutenance : 28 juin 1890.

M. Emmanuel Voron. Thèse de droit romain : *De la cession de biens.* Thèse de droit français : *De la liquidation judiciaire (loi du 4 mars 1889 et du 4 avril 1890).* Soutenance : 30 juin 1890.

M. Philippe Fabre. Thèse de droit romain : *Du rôle de la volonté des parties dans la tradition.* Thèse de droit français : *De la propriété des dessins et des marques de fabrique.* Soutenance : 1er juillet 1890.

M. Noël Verney. Thèse de droit romain : *Du jus pœnitendi.* Thèse de droit français : *De l'insoumission et de la désertion.* Soutenance : 4 juillet 1890.

M. André Guillot. Thèse de droit romain : *De la mancipation.* Thèse de droit français : *De l'acquisition de la qualité de Français au point de vue du droit interne (loi du 26 juin 1889).* Soutenance : 26 juin 1890.

De ces six docteurs, deux ont été honorés de la mention spéciale d'éloge : ce sont MM. Verney et Guillot.

***

PROJET DE RÉORGANISATION DE L'AGRÉGATION

La place nous manque pour reproduire intégralement la délibération prise par la Faculté dans sa séance du 3 juillet sur la question des réformes à introduire dans l'agrégation, question dont elle avait été saisie par une circulaire ministérielle du 14 mai. La délibération avait été précédée de la lecture d'un rapport préparatoire de M. THALLER, où étaient examinés les différents systèmes recommandés ici ou là par les hommes d'enseignement.

« La Faculté estime que certaine proposition, tendant à sectionner l'agrégation en deux ou trois branches, présenterait plus d'inconvénients que d'avantages ; car elle romprait l'unité du recrutement, pourrait à l'occasion provoquer au sein des Facultés de fâcheuses rivalités d'origine, déterminerait des difficultés considérables dans l'organisation du service courant, et surtout, de quelque manière que l'on arrêtât les programmes, entraînerait, à l'égard d'une partie du personnel, renonciation à ces garanties de connaissances juridiques premières sans lesquelles on ne peut prétendre à l'enseignement sûr et éclairé du Droit.

« Elle fait observer que, dans les derniers concours d'agrégation, on n'en est plus à compter les hommes qui, mettant à profit cette initiation prétendue scolastique, ont marqué honorablement leur place dans les sciences sociales ou administratives par la puissance de leurs recherches et l'indépendance de leur talent ; que la tendance des élèves à reproduire l'esprit de cet enseignement se retrouve dans le choix des sujets de thèse de doctorat ou de mémoires, empruntés le plus souvent à ces mêmes sciences ; et elle en conclut que la nécessité des temps n'exige nullement la réforme complète et radicale du système jusqu'à présent suivi.

« La Faculté estime toutefois qu'il y aurait lieu de mettre les candidats en état de se produire, dès les épreuves préparatoires, dans une spécialité vers laquelle les porteraient leurs travaux antérieurs et leurs goûts ;

« Et pense que, à côté de deux compositions et de deux leçons communes pour tous, de Droit civil et de Droit romain chacune, ces épreuves préparatoires pourraient contenir une troisième leçon à option, portant sur telle branche d'enseignement de nos Facultés, autre, bien entendu, que les Droits civil et romain, que le candidat choisirait en s'inscrivant pour prendre part au concours.

« D'après les vœux de la Faculté :

« 1° La composition de Droit romain serait désormais rédigée en-français, ce qui permettrait de démasquer plus aisément des erreurs dont les circonlocutions et les périphrases d'une langue morte rendent la dissimulation souvent facile ;

« 2° Chacune des trois leçons d'admissibilité prendrait une demi-heure seulement d'exposé, afin que le concours n'eût pas à se prolonger outre mesure ;

« 3° Tandis que les leçons de Droit romain et de la branche choisie par le candidat supposeraient vingt-quatre heures de préparation, le candidat tirerait une heure seulement avant la séance son sujet de Droit civil, qui porterait sur un exposé d'une suffisante généralité, et il aurait à préparer cette leçon en chambre close sans autres secours que les Codes.

« Les épreuves définitives comprendraient une leçon de droit privé commune à tous les admissibles, et une seconde leçon à option, sur la partie déjà choisie par le candidat pour les épreuves préparatoires ou sur une autre, et chacune de ces deux leçons, préparée en vingt-quatre heures, occuperait trois quarts d'heure de séance.

« La Faculté ne croit pas à l'opportunité d'abolir les argumentations, qui, ayant pour but de révéler la spontanéité d'esprit du candidat et sa facilité de répartie, le montrent au jury sous un aspect autre que les leçons. Mais elle pense que la durée de cette épreuve devrait être réduite d'une heure et demie à une heure, et surtout qu'il y aurait convenance à la faire porter sur un titre du Code civil plutôt que sur un titre du Digeste, ce qui permettrait à l'ensemble du jury de la suivre avec plus d'intérêt.

« Dans ces conditions, elle croit aussi que rien n'empêcherait d'assurer la sincérité de l'argumentation, le sujet restant connu des trois parties huit jours d'avance, en attribuant le choix des questions au jury lui même, qui les remettrait à chaque argumentant une heure avant qu'i ne montât en chaire, cette heure devant être passée par lui en local clos hors de la présence du soutenant. »

Un arrêté ministériel, rendu le 6 janvier 1891, le conseil supérieur entendu, a récemment reproduit en substance ces vœux de réforme.

Faculté de Médecine

Nous sommes heureux d'annoncer la nomination du professeur LACASSAGNE comme membre correspondant de l'Académie de Médecine. Ainsi que le fait remarquer le *Lyon-Médical*, c'est la juste récompense des remarquables travaux du professeur et du savant auquel la science

est redevable d'études aussi ingénieuses qu'approfondies sur l'anthropologie criminelle.

Un ancien élève de la Faculté de Lyon, M. le Dr CHARRIN, bien connu
par d'importants travaux de microbiologie et de pathologie générale,
vient d'être reçu médecin des hôpitaux de Paris.

CONCOURS D'ANATOMIE. — Deux concours pour l'emploi de *prosecteur*
se sont terminés par les nominations des Drs ADENOT, ROLLET et CUR-
TILLIT. Un concours pour l'emploi d'*aide d'anatomie* s'est terminé par
la nomination de MM. FABRE, DESTOT et VILLARD.

CONCOURS POUR LE CLINICAT. — Ont été nommés **MM.** les Drs PALIARD
(clinique médicale), CH. AUDRY (clin. chirurgicale), ROSSIGNEUX (clin.
ophtalmologique), ROYET (clin. des maladies mentales), BERNARD (clin.
des maladies syphilitiques et cutanées).

DISTINCTIONS HONORIFIQUES. — A l'occasion du 14 juillet, MM. BEAU-
VISAGE et PERRET ont été nommés officiers d'Académie.

M. le Dr HUGOUNENCQ, agrégé de chimie à la Faculté de Médecine, a
été reçu docteur ès-sciences à la Sorbonne, avec félicitations du jury.

M. le professeur TEISSIER a été chargé d'une mission en Russie afin
d'y étudier les causes de la dernière épidémie de grippe. — Cette
question était également à l'ordre du jour de la section de Médecine
du Congrès pour l'avancement des Sciences dont M. Teissier était
président.

Faculté des sciences

Par décret du 1er janvier 1890, M. SICARD, doyen de la Faculté des
sciences et renouvelé depuis dans ses fonctions, a été nommé chevalier
de la Légion d'honneur. La nomination de M. Sicard était attendue par
l'opinion depuis assez longtemps déjà. La nouvelle de cette distinction,
à tous égard si méritée, avait donné aux amis de l'Université l'espoir
que le Ministère allait maintenant, dans la distribution de ses croix à
l'enseignement supérieur, se montrer un peu moins parcimonieux que
dans les années de véritable disette que nous venions de parcourir.

Il paraît qu'on avait mal compris. Du moins le silence du *Journal officiel* du 14 Juillet tendrait à le prouver. On nous a expliqué pourquoi l'*Officiel* du 1er janvier suivant était également resté muet. Mais depuis cette date nous attendons encore.

Un sentiment de réserve bien naturel nous fera simplement glisser sur ces oublis dont d'autres centres universitaires souffrent au même degré que nous. Mais serait-ce vraiment déroger à une sage et respectueuse discrétion, que de rappeler à l'Administration de la rue de Grenelle la manière dont les autres Ministères distinguent le travail et le mérite de leurs fonctionnaires ? Et puisque nous voyons dans un même département deux services vivre côte à côte, nous ne ferons pas à la direction des Beaux-Arts, qui honore avec une touchante sollicitude les littérateurs, les peintres, les sculpteurs, les artistes de la Comédie-Française, l'humiliation de penser qu'une répartition plus équitable des récompenses entre les bureaux dût la froisser en quelque manière, du moment que le corps enseignant rentrerait ainsi dans ses droits *traditionnels*.

**

Par arrêté ministériel du 14 Juillet, M. JULES MOREL, chef des travaux de chimie, a été nommé officier d'Académie.

———

Faculté des lettres

Quoique le fait se rapporte déjà à l'année 1891, nous ne pouvons pas laisser M. BAYET, qui va occuper à Lille les importantes fonctions de recteur que l'administration supérieure vient de lui déférer, quitter notre ville sans lui adresser l'expression de nos regrets et de nos vœux. Le *Bulletin* prochain consacrera une notice à notre secrétaire général qui avait su prendre dans notre Université lyonnaise une place absolument prépondérante.

**

Par arrêté ministériel du 23 octobre 1890, M. le docteur DEPÉRET, professeur de géologie à la Faculté des sciences, a été chargé d'un cours complémentaire de géographie physique à la Faculté des lettres.

**

En raison du désir exprimé par plusieurs de ses collègues de la Faculté des lettres et pour répondre à la demande qui lui a été adressée par MM. les étudiants en philosophie, M. le docteur R. DUBOIS, professeur de physiologie générale et comparée à la Faculté des sciences, a offert à la Faculté des lettres d'ouvrir au Palais Saint-Pierre un cours complémentaire semestriel de psycho-physiologie.

Dans sa séance du 27 mars 1890, le Conseil de la Faculté des lettres a accepté à l'unanimité la proposition de M. le docteur Dubois.

Le vœu exprimé par la Faculté des lettres a été approuvé par le Conseil général des Facultés et transmis au Ministère de l'Instruction publique, qui n'a pris aucune décision à ce sujet.

****

M. TOUTÉE, professeur à l'Ecole Normale, auditeur des conférences de pédagogie, a été reçu inspecteur primaire à la dernière section du concours.

****

Agrégation des lettres. — M. BAUMANN, de la Faculté a été reçu 7°.

Agrégation de philosophie. — M. CHIDE, de la Faculté a été reçu 7°.

Agrégation d'histoire. — MM. AMOURETTI et GAILLARD ont été admissibles. — M. GIBIARD a été reçu 12°. — M. CHASSAIN DE MARCILLY a été reçu 16°.

Agrégation de grammaire. — MM. BOUDIER, PAUPERT, WEILL, ROCHETTE ont été admissibles. — M. CUINET, a été reçu 10°.

Total : 13 candidats boursiers ou anciens boursiers admissibles, 5 reçus définitivement.

Certificat d'aptitude à l'enseignement *secondaire spécial*. — M. FAURE, étudiant de la Faculté, a été reçu le 4°.

****

ENSEIGNEMENT SECONDAIRE.

La classe de rhétorique supérieure du lycée de Lyon vient d'être réorganisée. Des cours y sont faits par des professeurs du lycée et des professeurs de la Faculté des lettres, afin qu'elle serve de transition naturelle entre les deux enseignements. Elle assurera le recrutement de nos étudiants en lettres.

****

M. THAMIN a été nommé membre du jury chargé d'examiner les candidates à la direction des Ecoles Normales d'institutrices et des candidats au certificat d'aptitude pour l'enseignement secondaire des jeunes filles.

ANNALES DE L'UNIVERSITÉ DE LYON

RÈGLEMENT. VOTÉ LE 5 JUIN PAR LE CONSEIL GÉNÉRAL.

I. — Les fonds mis à la disposition des quatre Facultés pour une publication commune seront employés en commun, sans attribution d'une somme fixe à chaque Faculté.

II. — La publication prendra le titre de : *Annales de l'Université de Lyon.*

III. — L'examen des ouvrages à publier sera confié à un comité de rédaction composé de deux délégués par Faculté et nommé par le Conseil général. Le Comité se renouvellera par moitié tous les deux ans. Les membres sortants seront désignés par le sort dans la première séance ; ils seront rééligibles. Le comité nommera son président et son secrétaire, qui sera le secrétaire de rédaction des *Annales*. Toutes les propositions de publication devront être soumises au Comité, qui se réunira au moins tous les deux mois.

IV. — Aucune dépense ne pourra être engagée sans l'approbation du Conseil général.

V. — Les *Annales* paraîtront par volumes ou fascicules indépendants, mais avec même papier, mêmes caractères, même titre général, et chez le même éditeur. Chaque volume ou fascicule portera à l'intérieur ou au verso de la couverture l'indication des volumes ou fascicules déjà parus. Il n'y aura qu'un seul format, grand in-8°.

VI. — Le prix de vente de chaque fascicule sera fixé par le comité de rédaction et l'éditeur, et soumis à l'approbation du Conseil générale

Le secrétaire général veillera à l'exécution des clauses, à la publicité, etc. ; aucun fascicule ne pourra paraître sans qu'il ait visé le « bon à tirer » donné par les auteurs.

TRAITÉ AVEC L'ÉDITEUR

. . . .

ART. 5 — Aucun travail ne sera mis en train, tant pour le texte que pour les planches aussi longtemps que le manuscrit et les dessins ne seront pas entièrement terminés.

. . . .
. . . .

ART. 9. — En dehors des cas particuliers (subventions spéciales pour publications en dehors du budget courant), quand la vente d'une monographie aura couvert l'avance du quart faite par l'éditeur, le produit net des ventes ultérieures sera partagé également entre les Facultés et l'éditeur.

ART. 10. — Les auteurs recevront 25 *exemplaires gratuits* qui ne pourront être mis dans le commerce.

ART. 11. — Les auteurs ne pourront ni faire effectuer *aucun tirage en sus à leurs frais* ni prétendre à plus de 25 exemplaires gratuits. Mais ils pourront toujours *acheter* à l'éditeur des exemplaires de leurs volumes avec une réduction de 35 0/0 sur le prix de catalogue, c'est à dire au prix net auquel l'éditeur en prend charge lui-même.

Toutefois, dans le cas où un travail inséré dans la collection aurait été accepté pour servir à son auteur de thèse de doctorat, celui-ci pourra, en dehors des exemplaires gratuits ci-dessus, recevoir *à ses frais* et à déterminer entre lui et l'éditeur, 150 exemplaires au maximum tant pour le dépôt à faire à la Faculté que pour les dons personnels.

Les exemplaires de thèse ne devront en aucun cas être mis dans le commerce.

M. Masson de Paris a été choisi comme éditeur des Annales de l'Université de Lyon par le Conseil général de nos Facultés.

Le comité de publication des *Annales de l'Université de Lyon* s'est constitué le 25 novembre. Il est composé de MM. *Thaller* et *Berthélemy*, pour le droit; *Lépine* et *Morat*, pour la médecine; *Gouy* et *Depéret*, pour les sciences; *Jullien* et *Thamin*, pour les lettres. Il a désigné pour l'année courante M. *Lépine*, pour président et M. *Depéret*, pour secrétaire. On se souvient que les nouvelles *Annales* sont subventionnées par l'Etat à concurrence de 6900 fr. et par la *Société des Amis de l'Université* pour 2000 fr..

LA SÉANCE DE RENTRÉE DES FACULTÉS

A la séance de rentrée tenue, comme d'habitude, le 3 novembre dans le grand amphithéâtre de la Faculté de Médecine, M. le Recteur, président, a prononcé l'allocution suivante :

Mesdames, Messieurs,

Cette réunion annuelle, à laquelle vous voulez bien assister, n'a pas seulement pour elle une tradition qui suffirait à nous y attacher : elle nous est précieuse pour une autre raison. Elle rapproche un moment les représentants les plus éminents de la vie lyonnaise sous toutes ses formes, des professeurs et des étudiants. Elle affirme que les événements scolaires, que l'enseignement supérieur lui-même ne vous laissent pas indifférents, que vous vous associez aux efforts tentés pour le vivifier, et que vous adoptez le grand établissement qui le représente parmi vous.

Votre attention est plus qu'un encouragement ; elle est une condition nécessaire de son existence ; il ne peut vivre et prospérer là où l'on ne s'intéresse pas à lui. Sans doute, la science toute formée est vite dispersée aux quatre coins du monde; elle ne conserve pas toujours la marque de son origine et même affecte souvent de n'en pas avoir et d'être cosmopolite. Mais si vous voulez bien remonter au moment où elle s'est élaborée, au jour de sa naissance, vous verrez qu'elle a toujours une patrie, les esprits qui la produisent ont leurs pays, — un certain nombre, toujours les mêmes — et dans ces pays, un petit nombre de villes qui restent longtemps fécondes, dont la renommée est universelle, et qu'on appelle des centres, des foyers de lumière. Lyon doit être un de ces lieux de sa prédilection ; le rapport annuel que je vous dois confirmera cette vérité qui n'est plus guère contestée, et l'histoire très abrégée de l'année passée nous permettra d'augurer l'avenir de nos Facultés qui, sans être anciennes, sont en pleine maturité.

D'abord leur logis est de grande apparence et très vaste ; vous verrez tout à l'heure qu'il ne l'est pas assez. A quelques pas d'ici, s'élèvent enfin les bâtiments destinés à recueillir la Faculté de Droit et celle des Lettres, qui aspirent à trouver un abri. Le mauvais sort, qui a retardé depuis si longtemps ce qu'on peut appeler le couronnement de l'édifice, semble conjuré par les efforts concertés de la municipalité et de l'Etat, il ne reste plus à vaincre que le terrain, qui, superposé à un ancien bras du Rhône s'effondre sous les fondations; mais pour franchir ce dernier obstacle, nous comptons sur un architecte qui en a surmonté bien d'autres. Ainsi dans un jour prochain, toutes les Facultés seront rapprochées dans l'espace, comme elles sont unies et solidaires depuis longtemps par la pensée pour le plus grand bien des maîtres et des étudiants.

Tout sera parfait, lorsque ce quartier savant sera plus directement relié à la ville par un pont, que nous avons vu se dessiner et s'évanouir plusieurs fois.

L'année a été bonne pour l'ensemble des Facultés et pour chacune d'elles.

A la Faculté de Droit, ce ne sont pas les études qui ont faibli, ni les examens, ni même les succès. Un des meilleurs docteurs de cette école, M. Pic, concourant avec une cinquantaine de jeunes juristes, pourvus du même grade, a conquis une des sept places d'agrégés qu'ils se disputaient. Deux licenciés de même origine, sortis de la Faculté depuis quelques années, MM. Arnaud et Aynard, ont mérité l'un, la première place d'auditeur au Conseil d'Etat, l'autre, la seconde des places d'attaché au Ministère des affaires étrangères.

Ce qui a un peu faibli, c'est l'effectif, et voilà le premier effet de la loi militaire. M. le Doyen en donne l'explication : la loi, il est vrai, a été rigoureuse pour toutes les Facultés, puisqu'elle a refusé à leurs étudiants un privilège qu'elle accorde aux écoles qui se recrutent par un concours, parfois facile, celui de devancer l'appel de leur classe et de faire une seule année de service. Mais elle a été particulièrement dure aux étudiants en droit. Leurs camarades des lettres et des sciences conservent l'avantage en question, pourvu qu'ils soient licenciés ; elle exige des étudiants en droit, pour le leur accorder, qu'ils soient docteurs ; en moyenne deux années d'études d'une part, six de l'autre. Tous ceux qui n'ont ni le temps ni le moyen de pousser les études juridiques jusqu'à ce grade difficile, tout ceux qui n'auront pas le besoin impérieux du grade de licencié en droit, exigé pour un petit nombre de carrières, disparaîtront des Facultés.

De plus, les jeunes gens qui pouvaient encore jouir du régime plus doux de l'engagement conditionnel, ont tous profité de cette année de grâce : les uns ne sont pas entrés à la Faculté, parce qu'ils se sont hâtés d'entrer au régiment et d'autres l'ont quittée au milieu de leurs études.

Il semble qu'un effet inverse devrait se produire du côté des Lettres et des Sciences, et que les cours de licence devraient se recruter d'étudiants dont la vocation serait stimulée par l'espérance d'un service abrégé. Mais, soit qu'on ne connaisse pas dans ce jeune monde le prix offert à la culture des sciences et des lettres, soit qu'il ne semble pas compenser le mal qu'il faut se donner pour l'obtenir, jusqu'ici le mouvement n'est pas sensible. Dans cette épineuse question de la loi militaire, où il a fallu concilier des intérêts et des devoirs opposés, l'expérience seule pourra prononcer. Sans nous dissimuler que les prévisions sont alarmantes pour les études, souhaitons du moins que l'armée se loue de l'introduction dans ses rangs de cet élément vivace, intelligent et patriote.

La Faculté de médecine, qu'on n'a pas les mêmes raisons de déserter, a vu s'accroître sa population, non seulement par l'arrivée des élèves de l'École du service de santé militaire, mais aussi par une augmentation notable des élèves civils. Voici l'un des effets de cette croissance trop rapide : certains locaux, des amphithéâtres, des laboratoires sont devenus trop étroits : heureuse difficulté que plus d'une Faculté supporterait sans se plaindre ! Mais encore n'est-ce pas aisé de reculer ces murailles. Déjà l'État a alloué pour ce travail d'agrandissement une somme considérable, et nous espérons que la ville consentira à aider la Faculté qu'elle a créée à traverser ce moment de crise. Il est souhaitable qu'on prévoie des besoins encore plus grands : l'effectif de l'École de santé devant être presque doublé dès aujourd'hui et porté à deux cent dix-sept élèves, et les étudiants libres devant probablement continuer à devenir plus nombreux.

La réputation de la Faculté est maintenant aussi bien établie que si elle avait toujours existé, vous connaissez les causes du succès. Quelques-uns de ses élèves deviennent des maîtres à leur tour : MM. ROQUE, GANGOLPHE et VIALLETON ont, à la suite d'un brillant concours, pris place parmi les agrégés.

Bref, l'année serait excellente, si elle n'avait pas été attristée par la mort inattendue de M. le professeur CAUVET, dont la carrière honorable et utile mérite un hommage de regret et de reconnaissance.

La Faculté des sciences, très active, très vivante, n'a pas cependant le contingent d'étudiants que comportent et le nombre de ses chaires, et l'excellence des moyens de travail dont elle dispose. Il y en avait quarante-cinq l'année précédente, il y en a eu quarante et un cette année. Il ne faut pas mesurer son importance au chiffre des auditeurs : les hautes études scientifiques sont faites pour un petit nombre.

D'ailleurs, il y a à cette pénurie dont on souffre partout, une raison que vous ne perdrez pas de vue. La culture scientifique est distribuée en France par ces Écoles spéciales qui ont leur passé glorieux, que personne ne songe à diminuer. Ecole Polytechnique, Ecole Centrale, Ecole des eaux et forêts, etc., Ecole normale, que peut-il rester aux Facultés ? Ne serait-il pas possible, sans porter atteinte à des institutions qui ont fait leurs preuves, et dont le pays est justement fier, de tenter de porter un peu d'ordre dans des créations qui ont été faites à bâtons rompus, sans plan d'ensemble et qui paraissent aujourd'hui se répéter ou se nuire ? A chacun sa tâche : aux Facultés l'instruction scientifique développée au sens théorique ; aux écoles spéciales, une éducation plus technique qui commencerait quand la première serait finie. Ce sont de graves questions que l'on pose en hésitant. L'administration militaire vient de donner un exemple qui donne à réfléchir ; elle pouvait organiser une Ecole de santé qui lui fût propre : elle a préféré mettre à profit pour une part de son œuvre, des ressources toutes prêtes ; j'espère qu'elle n'a pas à s'en repentir et que l'éminent directeur de l'École ne regrette pas la décision qu'elle a prise.

Sans quitter cette Faculté, nous pouvons constater une fois de plus que ces décisions un peu factices qui séparent l'enseignement supérieur en quatre compartiments, n'empêchent pas à Lyon une commune coopération. Un des maîtres de la Faculté de Médecine, M. RENAUT, a bien voulu faire cette année pour les étudiants des sciences une série de leçons sur un des sujets les plus élevés de. la biologie, « les éléments cellulaires des animaux », et ce cours très apprécié sera, nous l'espérons, continué cette année. De même, M. LACASSAGNE initie les élèves de Droit aux difficiles questions de la médecine légale, et, ces jours-ci, M. DEPÉRET, professeur de géologie à la Faculté des sciences, va ouvrir à la Faculté des lettres un cours de géographie physique qui complète un enseignement déjà si riche. La Faculté a de plus deux annexes qui sont d'importantes institutions, l'Observatoire de Saint-Genis, un des mieux outillés qui soient en France, grâce à son actif et savant directeur, M. ANDRÉ, retenu aujourd'hui loin de nous par un accident pénible ; et d'autre part, à l'autre extrémité, du côté de la pratique, une Ecole de chimie industrielle et de chimie agricole, qui est comme l'expansion naturelle de l'enseignement de M. le professeur RAULIN. Par là, les études supérieures, sans rien perdre de leur caractère élevé, descendent aux applications et offrent dès à présent, dans un Institut fortement organisé, des ressources inappréciables à l'industrie et à l'agriculture de cette région. Enfin il ne dépendra pas du zèle de M. le professeur DUBOIS que la Faculté n'étende pas sa sphère de recherches jusqu'aux bords de la Méditerranée. Ce savant, doué d'une persévérance rare, a entrepris l'établissement, à Tamaris, dans le département du Var, d'un laboratoire de physiologie maritime : je vous laisse à penser quelles difficultés il a eu et a encore à surmonter. Les premières sont déjà atténuées. La Faculté a été autorisée à accepter d'un généreux donateur, M. Michel Pacha, la propriété d'un terrain assez étendu, situé sur ce rivage fortuné. Le Conseil général du Var, le Conseil municipal de la Seyne ont voté des subsides nécessaires, et si on lui venait en aide d'autre part, ce savant aurait résolu ce problème en apparence paradoxal, d'ouvrir à une Faculté qui a son siège ici même, une vue sur la Méditerranée, et sur les végétaux et les animaux qui existent dans la profondeur de ses eaux.

La Faculté des lettres, la mieux pourvue, après celle de Paris, a ajouté à ses chaires déjà si nombreuses un cours de paléographie, confié à un professeur dont les travaux sont bien connus, M. CLÉDAT. Anticipant sur l'histoire de l'année prochaine, j'ai déjà annoncé une autre innovation, la création d'un cours de géographie physique, qui par son objet, comme par la compétence du professeur, apporte un complément notable à la section d'histoire déjà si fortement constituée. Obligé de me restreindre, je finis par une statistique qui a son prix : treize de ses élèves **ont** été admissibles cette année aux divers concours d'agrégation, cinq ont conquis définitivement en diverses sections, histoire, grammaire, philosophie, le titre d'agrégé. En faisant la revue des actes de cette Faculté depuis qu'elle est vraiment organisée, c'est-à-dire depuis moins de dix ans, on trouve qu'elle a donné à l'Université trente-six agrégés, et, pour qui sait combien ce titre est difficile à conquérir, ce chiffre est à lui seul un certificat de vitalité que je me dispense de commenter.

Ce n'est pas seulement l'enseignement qui est actif dans ces Facultés, la recherche n'y chôme pas. Elle se fait partout, et aboutit à des travaux dont l'énumération serait trop longue et qui déjà ont porté haut et loin la renommée des écoles lyonnaises. Ils sont disséminés partout; il vaudrait mieux pour l'honneur de nos Facultés qu'ils se fussent propagés avec son estampille. Déjà la Faculté des lettres a publié une *Bibliothèque*, que le monde savant a accueillie avec faveur. Demain, ce sera mieux : les *Annales de l'Université Lyonnaise* vont paraître et recueillir quelques-unes des œuvres — non pas toutes, ce serait trop long — qui appartiennent à Lyon par origine, et toutes les Facultés y collaboreront.

Voulez-vous compter maintenant le nombre des étudiants qui se pressent autour des 125 chaires ou cours de tout ordre? 296 au droit; 1.049 à la médecine; 169 aux lettres; 41 aux sciences, plus une trentaine à l'école de chimie. Total : 1.485 étudiants dans une ville où ils ne comptaient guère, il y a dix ans. C'est autant qu'il en faut pour assurer tous les cours, c'est plus que n'en ont, en d'autres pays, bien des Universités célèbres. Entraînés par le mouvement de solidarité dont leurs professeurs leur ont donné l'exemple, les étudiants se sont associés; ils se serreront de plus en plus autour du drapeau que leur a confié le chef de l'Etat, et se souviendront de ce précepte qu'un classique latin a exprimé, sans songer à eux, mais dont ils peuvent tirer quelque bénéfice : *Concordia res parvæ crescunt.*

Mais ni l'éclat, ni la diversité des enseignements, ni l'affluence des étudiants ne seraient une garantie de prospérité et de durée pour l'enseignement supérieur, s'il n'était assuré du concours de bonnes volontés locales, s'il n'était adopté à Lyon, s'il n'y trouvait pas un terrain favorable à son développement. L'activité intellectuelle n'est pas une production adventive qui apparaît sans raison ni antécédents, et comme au hasard ; elle doit avoir des racines profondes dans la société, ou plutôt, elle sort des entrailles d'une civilisation nécessairement localisée, dans un pays et dans une ville. Sans doute, elle ne grandirait pas sans liberté, sans ressources financières; mais elle a besoin d'autres soutiens d'une espèce plus rare : il lui faut un milieu adapté, hors duquel elle languirait, le contact de beaucoup d'esprits, qui, sans participer directement à ses œuvres, la comprennent, se passionnent pour elle, la suivent dans ses efforts, applaudissent à ses succès et, pour tout dire, un fort courant de sympathie. Il s'établit alors, parmi ceux qui travaillent, et autour d'eux, une atmosphère vivifiante où les savants respirent à l'aise. Cette sympathie, plus précieuse encore que la richesse, et qui d'ailleurs en est la condition, Lyon l'a généreusement prodiguée au haut enseignement, qui, apparu tardivement sur ce sol fécond, n'y paraît pas implanté, mais y être né spontanément.

Que serait devenue cette cause sans le concours persistant d'une municipalité, dévouée aux intérêts de la démocratie, qu'elle ne sépare pas de ceux de la science?

Aurait-on fait de Lyon une ville universitaire sans l'aide des hommes les plus marquants et les plus justement estimés de la cité, qui ont bien voulu fonder la *Société des Amis de l'Université,* qui ont apporté à l'œuvre, sans parler du reste, l'appui d'une autorité morale incomparable?

Les maîtres le savent bien, les étudiants aussi, militaires ou civils, unis pour une même tâche, non sans émulation, mais sans jalousie, qu'ils soient les enfants de Lyon, ou ses hôtes, reconnaissants, les uns de sa protection, les autres de son hospitalité; ils ont, désormais, pour patrie intellectuelle la ville où l'esprit a grandi.

Je me suis défendu, autant que possible, et non sans gêne, de prononcer le mot d'Université ; c'est pourtant un bon vieux mot, qu'on n'a pu remplacer, et qui a ce mérite qu'il marque fortement la solidarité des diverses parties de la science et la nécessité de leur rapprochement. Un projet de loi tout récent y attache des prérogatives qui ne sont pas à dédaigner et qui ajoutent beaucoup à sa valeur historique. Quel sera le sort de cette loi soumise aux délibérations du Sénat ? Elle aura contre elle les résistances des villes qui n'en peuvent bénéficier et l'issue du débat est incertaine. Sans doute, nous conserverons beaucoup d'espoir, en apprenant que la commission chargée de l'examiner a choisi pour président M. Jules Simon.

Vous n'avez pas oublié que, s'associant aux efforts de la *Société des Amis de l'Université,* ce maître dont le génie semble croître avec l'âge, avait ici même, dans un langage qu'il serait oiseux de louer, prêté sa voix à la défense de la cause qui nous est chère. Mais, Messieurs, en supposant qu'elle succombe cette première fois, elle se relèvera ; et quand même, il n'y aurait pas lieu de désespérer, votre Université est faite. Elle est fondée sur la force la plus résistante, sur l'activité qu'elle déploie, sur l'assentiment des esprits et sur l'accord des volontés.

Si le nom ne figure pas aux actes d'état civil, il est dès à présent consacré par l'usage.

Si le titre d'Université devenait légal et entraînait les prérogatives que l'on espère, il n'aurait pas pour effet de provoquer ici un nouvel état d'esprit : il le constaterait et il ferait aussi disparaître une équivoque qui a pu tromper quelques esprits mal informés, et qui tient au sens complexe de ce terme d' « enseignement supérieur », dont nous sommes forcés de nous servir. Quelques-uns ont pu croire que dans les questions groupées autour de ce terme et si souvent agitées depuis quinze ans, il s'agissait purement de l'enseignement, de son organisation, de ses méthodes. Ils n'ont pas vu qu'il y va bien des moyens d'enseigner la science, mais des moyens de la créer et de la faire grandir. Où se fait-elle cette science, dans le monde civilisé, depuis un siècle, en France, comme à l'étranger ? dans les Universités, ou dans les institutions qui en tiennent lieu ; — et quels en sont les inventeurs ou les promoteurs ? des professeurs. — Parmi les génies qui en ont assuré les progrès, combien en compterez-vous dans les temps modernes qui ne revendiquent ce titre ? Il ne s'agit donc pas seulement de savoir si elle se propagera, mais si elle pourra subsister et prospérer. Les Universités ne sont pas de simples milieux par où elle passe ; ce sont des sources d'où elle jaillit perpétuellement. L'enseignement et la découverte ne se séparent pas ; quiconque n'aura apporté aucune contribution au travail scientifique, n'en pourrait donner une idée aux autres : et quiconque aura fait une découverte aura pour premier désir, comme pour premier devoir, de la communiquer à des élèves. En séparant ces deux fonctions on les affaiblirait l'une et l'autre. Ces mots « Constitution d'un enseignement supérieur en France » dissimulent donc, plutôt qu'ils ne le formulent, cet autre problème : quels sont les moyens les plus sûrs de conserver à notre pays sa supériorité dans la science et avec elle la force, la richesse et l'honneur qu'elle seule peut procurer?

———

En raison de l'importance et de l'abondance des travaux qui ont été adressés dans la seconde moitié de l'année au Comité de publication du *Bulletin des Amis de l'Université de Lyon*, nous avons le regret de ne pouvoir publier dans ce fascicule le savant discours prononcé par M. le professeur RAULIN à la séance de rentrée sur les *relations de la chimie et de la physiologie*.

Cet important travail paraîtra dans le prochain fascicule de l'année 1891.

Pour le même motif, nous avons dû différer la publication de la conférence de M. RAPHAEL DUBOIS sur l'*Ecole de Claude Bernard*, qui avait été annoncée dans le précédent fascicule.

LES RÉFORMES UNIVERSITAIRES

Au mois de juin dernier, le Conseil général des Facultés de Lyon s'est occupé de la question des Universités provinciales. Nous croyons savoir qu'il a adopté une série de vœux dont les principaux sont les suivants :

1° Personnalité civile donnée à chaque Université ;

2° Transformation du Conseil général des Facultés en Conseil général de l'Université, la présidence étant maintenue au Recteur, représentant de l'Etat, mais le vice-président élu prenant le titre de Chancelier de l'Université et recevant, comme attributions, la gestion des biens de l'Université, la haute surveillance des secrétariats, le visa des pièces relatives à l'enseignement supérieur, etc. ;

3° Traitement égal des professeurs dans toutes les Universités ;

4° Constitution par voie d'élection, d'un Comité supérieur des Universités élaborant les programmes et réglant l'avancement ;

5° Représentation des Universités au Conseil supérieur de l'instruction publique.

On verra par la lecture du projet de loi déposé par M. le Ministre de l'Instruction publique au Sénat, le 22 juillet 1890, qu'il n'a été tenu aucun compte des vœux exprimés par le Conseil général des Facultés de Lyon, sauf en ce qui concerne la personnalité civile, *dont jouit déjà chacune de nos Facultés,* et qui serait transportée à l'Université.

LE PROJET DE LOI MINISTÉRIEL SUR LES UNIVERSITÉS

M. Bourgeois a déposé au Sénat le projet de loi sur les Universités. Voici les dispositions principales du titre premier :

ARTICLE PREMIER. — Les Universités sont des établissements publics d'enseignement supérieur ayant pour objet l'enseignement et la culture de l'ensemble des sciences.

Elles sont personnes civiles.

Elles portent le nom des villes où elles siègent.

ART. 2. — Toute Université doit comprendre au moins les quatre Facultés du droit, de la médecine, des sciences et des lettres.

Il peut y être rattaché d'autres établissements d'enseignement supérieur ressortissant au ministère de l'instruction publique ou à d'autres ministères.

Les conditions auxquelles se feront ces rattachements seront déterminées par des décrets rendus sur la proposition des ministres compétents, après avis du conseil de l'Université intéressée et du conseil supérieur de l'instruction publique.

ART. 3. — Chaque Université sera instituée par un décret rendu en conseil d'Etat, après avis du conseil supérieur de l'instruction publique.

ART. 4. — En outre des délégués attribués à chaque ordre de Facultés dans le Conseil supérieur et l'instruction publique, chaque Université est représentée dans ce conseil par un délégué spécial élu parmi les professeurs titulaires, par l'ensemble des professeurs, chargés de cours, maîtres de conférences et chefs de travaux pratiques pourvus du grade de docteur.

ART. 5. — Chaque Université est administrée sous l'autorité du ministre de l'instruction publique par le recteur de l'Académie.

Le recteur exerce, vis-à-vis de l'Université, les pouvoirs qu'il tient en matière d'enseignement supérieur des lois et règlements.

Il exécute les décisions prises par le conseil de l'Université dans la limite de ses pouvoirs, conformément aux dispositions de la présente loi.

ART. 6. — Il est institué, dans chaque Université, un conseil de l'Université, composé ainsi qu'il suit :

Le recteur président;

Les doyens des Facultés, et, s'il y a lieu, le directeur de l'Ecole supérieure de pharmacie;

Deux professeurs titulaires de chaque Faculté, et, s'il y a lieu, de l'Ecole supérieure de pharmacie, élus pour trois ans par l'ensemble des professeurs titulaires, chargés de cours, maîtres de conférences, chefs des travaux pratiques de chacun de ces établissements, pourvus du grade de docteur.

. . . .

Le Conseil élit chaque année son vice-président.

Art. 7. — Le conseil de l'Université statue définitivement sur l'acceptation ou le refus des dons et legs faits à l'Université, quand ils ne donnent pas lieu à réclamation, sur l'exercice des actions en justice et sur l'administration des biens de l'Université ;

Il délibère sur les offres de subventions faites à l'Université par les départements, les communes, les associations et les particuliers, sur les acquisitions, aliénations et échanges de biens meubles et immeubles ;

Il arrête, après avis de chaque Faculté ou école, le tableau général des cours, conférences et exercices pratiques ;

Il veille à ce que ces divers enseignements comprennent ceux qui sont nécessaires pour l'obtention des grades prévus par les lois et règlements ;

Il arrête l'organisation des groupes d'enseignement communs à plusieurs Facultés ;

Il fait les règlements des cours libres ;

Il fait, sous réserve de l'approbation ministérielle, les règlements relatifs au mode de nomination des auxiliaires de l'enseignement.

. . . .

Art. 8. — En outre des grades prévus par les lois et règlements, les Universités peuvent délivrer des diplômes particuliers et des certificats d'études.

Les tarifs des droits afférents à ces diplômes et certificats et aux études qui y conduisent, sont fixés par décrets rendus en la forme des règlements d'administration publique après avis du conseil de l'Université.

Art. 9. — Les professeurs titulaires sont nommés par décrets rendus sur la proposition du ministre de l'instruction publique, après présentations du conseil de la Faculté où la vacance s'est produite, du conseil de l'Université et de la section permanente du conseil supérieur de l'instruction publique.

Art. 10. — Nul ne peut être nommé professeur titulaire s'il n'est docteur de l'une ou l'autre Faculté, ou membre ou correspondant de l'Institut, s'il n'est âgé de trente ans et s'il ne justifie d'un stage de deux ans d'enseignement dans un établissement public d'enseignement supérieur.

Art. 11. — Il est établi pour chaque Université un budget comprenant les dépenses propres de l'Université et celles de chaque Faculté et école.

Ce budget est arrêté par le Ministre de l'Instruction publique. . . . .

(Ressources : revenus de l'Université et des Facultés, subventions des

particuliers, des communes de l'État, etc., produits des droits d'études et d'examens des étudiants de l'Université ;.

ART. 12. — Les maires des villes, les présidents des conseils généraux des départements, les présidents des associations qui allouent des subventions aux Universités ont entrée au conseil de l'Université avec voix délibérative dans les séances où sont discutés les projets de budget, les comptes administratifs et les rapports annuels sur l'état de l'enseignement.

. . . .

TITRE II

. . . .

ART. 15. — A dater de la promulgation de la présente loi, le conseil académique cessera de comprendre des représentants de l'enseignement supérieur.

Il comprendra : un professeur titulaire des lycées pour chaque ordre d'agrégation, élu dans les conditions déterminées par la loi du 27 février 1880 ; un maître des classes élémentaires des lycées pourvu du certificat d'aptitude à ces classes, élu par les maîtres des classes élémentaires pourvus du même certificat ; un maître répétiteur titulaire pourvu du grade de licencié, élu par l'ensemble des maîtres répétiteurs titulaires des lycées et des collèges.

Le conseil de l'Université, ou le conseil général des Facultés et le conseil académique se réunissent, sur la convocation du recteur, pour délibérer en commun sur les questions qui intéressent à la fois l'enseignement supérieur et l'enseignement secondaire.

Le projet ministériel donne lieu aux remarques suivantes :

L'article 1 accorde à l'Université la personnalité civile, dont jouissent déjà les Facultés considérées isolément :

L'article 2 permet de limiter à un petit nombre de centres le siège des Universités, de faire rentrer dans l'Université des enseignements susceptibles d'en augmenter l'importance, de réduire le nombre des fonctions similaires et de réaliser des économies, qui pourraient permettre de perfectionner et d'étendre le rôle social des Universités.

L'article 3 est relatif à la création des Universités, qui se ferait par voie de décret et non par une loi.

Les articles 4, 5 et 6 ne modifient pas sensiblement les lois et règlements actuellement en vigueur : il en est de même des articles 8, 9 et 10.

Les articles 11 et 12 sont relatifs à des questions d'administration qui ne présentent qu'un intérêt bien secondaire, si on les compare aux vœux 2, 3, 4 et 5 du Conseil général des Facultés de Lyon, qui visent des points véritablement fondamentaux.

L'article 7 autorise les Universités à délivrer des diplômes et des certficats d'études, mais les droits afférents à ces diplômes et certificats sont fixés par décret. En d'autres termes l'Université ne pourra délivrer aucun diplôme ou certificat, ni donner un enseignement en dehors de celui qui sera prévu par les programmes officiels, sans l'autorisation du ministère. Il n'est pas question d'ailleurs de l'emploi qui pourrait être fait des ressources provenant des frais d'études, de certificat ou de diplôme.

En somme, l'opinion la plus générale, dans le corps universitaire lyonnais, est que l'état de choses actuellement existant ne serait pas sensiblement modifié par l'adoption d'un projet de lois déposé au Sénat le 22 juillet 1890.

Le projet de loi ministériel a été soumis à l'examen d'une commission du Sénat nommée dans ses bureaux le 29 octobre 1890.

Ont été élus : MM. Magnin, de Marcère, H. Maze, Challemel-Lacour, Bardoux, Berthelot, Barthélemy-Saint-Hilaire, Jules Simon, de Rozière.

D'après le journal *le Temps* du 30 octobre, auquel nous empruntons ces renseignements, les commissaires à l'exception de MM. Magnin et Barthélemy-Saint-Hilaire, sont favorables au principe décentralisateur du projet. Quelques-uns cependant font de sérieuses réserves. M. Berthelot demande que la loi détermine ces futurs centres universitaires ; M. Bardoux critique la façon dont sont établis les rapports des Universités avec l'Etat et les attributions des futurs recteurs. M. de Marcère trouve le projet insuffisant et pas assez étudié. Par contre M. Maze admet le système proposé par le projet pour la détermination des villes où seront établies des Universités.

Quant aux deux adversaires ils sont opposés au projet pour les raisons suivantes: M. Barthélemy-Saint-Hilaire est contraire à la décentralisation et M. Magnin verrait avec peine disparaître les petites facultés, aujourd'hui trop peu importantes pour être transformées en Universités.

TRIBUNE UNIVERSITAIRE

La Société des Amis de l'Université lyonnaise, ayant pour objet la constitution et le développement d'une Université régionale à Lyon, le Comité du Bulletin a décidé qu'un certain nombre de pages seraient mises à la disposition des membres de l'Association pour la publication des articles ayant trait à la constitution de l'Université et aux questions d'intérêt général universitaire.

Les articles seront publiés sous la responsabilité personnelle de leurs auteurs et devront être signés.

NÉCESSITÉ ET URGENCE D'UNE RÉFORME GÉNÉRALE DE L'UNIVERSITÉ DE FRANCE

Esquisse d'un plan de réorganisation méthodique de l'enseignement supérieur et de l'enseignement secondaire, par RAPHAEL DUBOIS

En France, comme en Allemagne, la nécessité d'un rajeunissement universitaire préoccupe vivement les esprits les plus éclairés.

A Berlin, un congrès réunissant un grand nombre de notabilités scientifiques et pédagogiques vient d'être solennellement ouvert par l'Empereur qui, dans un important discours, a exposé ses vues personnelles sur la meilleure direction à donner à l'enseignement en Allemagne.

A Paris, on a procédé plus administrativement. Un projet de loi élaboré au ministère de l'Instruction publique a été déposé le 22 juillet dernier au Sénat. Une commission composée de six sénateurs a été nommée pour examiner le projet de loi ministériel.

Non seulement à Paris et à Berlin la manière de procéder est absolument différente, mais de plus les tendances sont ici et là manifestement divergentes.

Le gouvernement de la République semble décidé à donner enfin satisfaction aux légitimes revendications de la Province en entrant, bien timidement, il est vrai, dans la voie de la décentralisation universitaire qui, à l'heure actuelle, peut s'opérer sans secousses et sans dangers.

En effet, notre unité nationale est faite depuis longtemps et peut braver toutes les épreuves.

L'expérience n'a-t-elle pas montré, hélas! que la conquête brutale et vingt années d'odieuses persécutions avaient été complètement impuissantes à en atténuer la vitalité.

Il n'en est pas de même chez les Germains, dont l'évolution s'est faite moins rapidement.

Aussitôt après la constitution de l'Empire d'Allemagne les services généraux : armée, postes et télégraphes, chemins de fer, etc., pouvant servir à assurer l'unité politique, ont été centralisés. Le gouvernement impérial veut aller plus loin, malgré la répugnance manifeste des états allemands. Il dépassera la mesure, comme il l'a dépassée chez nous, et tentera de centraliser le mouvement intellectuel, pour l'accaparer à son profit.

L'Empereur d'Allemagne ne veut pas seulement une éducation pratique, mais encore un enseignement « national », c'est-à-dire gouvernemental. Il espère par là consolider l'unité politique et sociale, qui ne lui paraît pas présenter en ce moment toutes les garanties désirables de stabilité.

« La jeune génération, a-t-il dit, dans son discours d'ouverture, aurait dû être éduquée de façon à fournir déjà à l'Etat les éléments qui lui eussent permis de dominer plus rapidement le mouvement socialiste. Mais tel n'est pas le cas. »

Il est évident que le gouvernement impérial fera désormais tous ses efforts pour créer et multiplier en Allemagne des savants fonctionnaires, serviteurs zélés et aveugles du pouvoir, sans se douter, peut être, que c'est le fonctionnarisme qui a porté à notre enseignement supérieur le plus grand préjudice en étouffant systématiquement toute originalité créatrice, toute initiative et toute émulation.

Impuissants à créer, à inventer, sans originalité et sans imagination, ces savants fonctionnaires passeront leur temps à fouiller les sarcophages ou à gratter l'humus des générations éteintes pour y chercher la pensée incapable de germer désormais dans leurs cerveaux déprimés par la domesticité!

Ils parleront beaucoup des autres, comme cela se voit hélas! trop souvent chez nous actuellement, et il ne sera pas parlé d'eux ; mais ils s'en consoleront en se félicitant réciproquement

Dans son ascension vertigineuse, l'Allemagne impériale semble avoir oublié que ce qui a fait surtout sa force intellectuelle et morale, ce n'est pas, comme on l'a prétendu, l'instituteur allemand, mais bien la concurrence scientifique et l'émulation artistique et littéraire de ses nombreux centres universitaires.

Qu'elle les détruise donc pour les remplacer par des écoles-casernes ! elle ne tardera pas à reconnaître son erreur.

Nous comprenons aussi fort bien que l'Empire veuille à Berlin ce qu'il a voulu à Paris : une cour dont l'éclat soit rehaussé par la présence d'un grand nombre d'illustrations scientifiques, littéraires et artistiques arrachées à toutes les Universités provinciales, où elles trouvaient jadis le calme nécessaire aux recherches patientes et à la méditation. Mais nous savons aussi ce que nous valu a un pareil régime, qui n'a su développer chez nous que le « puffisme » et l'intrigue au grand détriment du culte sincère et désintéressé de la science et de la vérité.

L'idée d'un enseignement *supérieur* national ne peut être qu'une utopie ou un prétexte.

Dans un état monarchique, il peut être un moyen de gouvernement et de corruption électorale, mais il n'a aucune raison d'exister dans un pays libre.

Dans une République, il ne peut y avoir ni religion d'état, ni science d'état : un tel gouvernement doit avant tout assurer la liberté de la pensée, dont il est à la fois l'expression et la force agissante.

D'ailleurs comment pourrait-on de bonne foi soutenir que la chimie, la chirurgie ou la zoologie doivent être plutôt impérialistes que socialistes ? Ne serait-il pas grotesque de prétendre qu'il existe une physique matérialiste et une physique spiritualiste ? que les mathématiques, l'anatomie, la physiologie ou la médecine doivent être, selon les cas, catholiques, protestantes ou israélites ?

La science est la science ; et c'est d'elle surtout que l'on pourrait dire qu'elle est *une et indivisible*.

Elle plane dans de hautes régions, d'où elle ne descend que pour marquer d'une empreinte profonde chaque étape de l'humanité dans la voie du progrès ; mais ce n'est pas la cire molle de nos pratiques et de nos croyances qui peut modifier le sceau qui la presse et la façonne : seul l'artiste qui l'a gravé, le savant, a le droit de le transformer et le devoir de le perfectionner.

La science est aussi une vaste coupe remplie de toutes les connaissances humaines, où chacun peut étancher la soif innée de l'inconnu qui dévore l'humanité, et puiser à son gré les aliments nécessaires, aussi bien à l'entretien et au développement de ses croyances, qu'aux besoins de son industrie ou de son commerce.

Par son but supérieur, par son universalité, elle s'élève au-dessus des disputes politiques et des querelles religieuses.

Elle domine jusqu'aux idées philosophiques, qui ne sont que des satellites gravitant autour de l'astre de la Vérité et qui, tantôt en avant, tantôt en arrière, se laissent finalement entraîner dans sa course vers l'infini.

La science est universelle, et l'enseignement supérieur qui la développe et la propage, est, et doit rester au plus haut degré international.

N'est-il pas nécessaire que des relations fréquentes et étroites permettent aux savants de toutes les nations de concentrer et de coordonner leurs efforts contre l'ennemi commun, contre l'empirisme grossier, fils de l'ignorance, qui gouverne les sociétés humaines ? Sur tous les points du globe, les esprits véritablement supérieurs poursuivent un même idéal : le perfectionnement et le bonheur de l'humanité par la connaissance des lois de la nature. Et déjà, au dessus d'une mer de sang, paraît à l'horizon, dans une douce lumière, l'aurore naissante de l'âge de la Raison chassant devant elle le nuage tout gros d'orages de l'instinct qui s'en va.....

Quelle plus belle et plus fidèle image de la paix universelle que ces congrès scientifiques internationaux, où siègent côte à côte les plus puissantes intelligences accourues de tous les points du monde, mues par une même pensée : le triomphe de la Sagesse et de la Vérité !

Qui donc n'a pas été profondément ému en voyant marcher à la tête de toutes les illustrations du monde civilisé et d'un peuple d'étudiants, espoir de toutes les nations, venus pour saluer le réveil de notre vieille et célèbre université de Montpellier, le grand et modeste Helmholtz, la plus belle incarnation de la science universelle, la plus pure gloire de l'Allemagne !

Le véritable enseignement national n'est pas l'enseignement supérieur, mais bien l'enseignement primaire. Il est la véritable école du citoyen, parce que c'est dans le cœur de l'enfant que l'on peut le mieux faire germer et développer les sentiments d'amour de la Patrie, de solidarité nationale, et le respect des institutions sociales, des devoirs et des droits.

Mais si la science n'a pas d'autre patrie que l'Humanité, il n'en est pas de même du savant. Dans le domaine scientifique, son patriotisme consiste à s'efforcer de prouver par ses travaux et par ses découvertes, par l'élévation de ses idées, que la nation la plus digne de marcher à la tête du progrès, est celle qu'il appelle « sa Patrie ».

Il la voudrait respectée, honorée, glorieuse et surtout assez puissante pour qu'elle pût, la première arracher des mains ensanglantées de l'humanité restée barbare le drapeau qui porte dans ses plis la sauvage devise « *la Force prime le Droit* ».

Le peuple qui n'entravera pas la liberté d'action du savant, et ne réprimera pas les élans naturellement généreux de son caractère, soit par l'indifférence, soit par le fonctionnarisme, verra ·les maîtres jaloux d'attirer dans les écoles de leur Patrie, par la bonne renommée qu'ils leur auront donnée, les étrangers venus de tous les points du globe. Ceux-ci, à leur tour, sauront se montrer reconnaissants en conquérant à ce grand peuple la sympathie, la confiance et l'amitié de toutes les nations civilisées.

Or, qu'avons-nous fait en France ? Nous avons accumulé, comme à plaisir, au seuil de nos grandes écoles, des obstacles infranchissables pour la plupart des étrangers et pour la grande majorité de nos nationaux eux-mêmes.

Contrairement à tous les principes démocratiques, nous n'avons laissé dans l'épaisseur de cette impénétrable barricade qu'un imperceptible pertuis en communication avec l'étroite et interminable filière de notre onéreux et fastidieux enseignement secondaire.

Chaque année, à *la rentrée*, se déverse dans nos facultés une certaine quantité d'intelligences méthodiquement comprimées dans le même moule, pressurées depuis longtemps. J'y ai rencontré souvent des écoliers blasés, fatigués par douze ou quinze années de lycée, pendant lesquelles on semblait s'être appliqué à donner à leur pensée, comme à leur corps, le même uniforme, la même livrée pourrait-on dire, et à leurs intelligences variées, comme à leurs estomacs, les mêmes aliments indigestes et insipides aux mêmes heures et à la même dose.

Sans originalité, sans idées personnelles, sans amour pour l'étude, dont on ne leur a pas fait connaître assez tôt l'attrait, beaucoup apprennent pour obtenir un parchemin professionnel. D'ailleurs il faut faire vite, trop vite, et l'on fait mal. Les maîtres le savent : ils se désintéressent ou se découragent.

Quel a été le résultat d'une semblable méthode ? Les étrangers ont en partie déserté nos écoles pour se jeter en foule, jusqu'à présent, dans les universités allemandes ; tandis que les jeunes français n'ont pas même la ressource d'aller à l'étranger apprendre à connaître leurs rivaux et chercher ce qui leur manque chez nous, tout englués qu'ils sont, depuis leur enfance jusqu'à la fin de leur adolescence, par nos programmes ministériels.

Il est urgent de débarrasser l'Enseignement secondaire et l'Enseignement supérieur de tous ces règlements surannés et incohérents qui, loin d'encourager et d'attirer, repoussent, restreignent, limitent, écartent, défendent, empêchent et compliquent malencontreusement toutes choses.

Que l'on ouvre largement les portes de nos écoles, qui sentent par trop le renfermé, la poussière et la paperasse, afin que l'on puisse s'y mouvoir librement, respirer plus à l'aise et la France retrouvera bien vite sa force d'expansion naturelle et le prestige qu'elle tend à perdre de plus en plus par la suppression progressive de toute initiative individuelle ou collective.

Le moment est venu d'entrer résolument dans la voie des réformes libérales, car la centralisation ne tardera pas à être funeste à l'Allemagne, comme elle l'a été à la France, en anéantissant toute activité intellectuelle en Province et en privant du même coup le pays de toute réaction spontanée en cas de crise sociale, politique ou économique.

Il ne s'agit pas de masquer plus ou moins habilement les vices de nos institutions : il faut les détruire !

Pour n'être pas frappée de stérilité, *la réforme universitaire devra être radicale.* Vouloir réparer certaines parties de notre vieil édifice universitaire, déjà si mal équilibré, sans toucher aux autres, c'est le surcharger encore et préparer un inévitable effondrement.

La réorganisation universitaire, pour être logique et rationnelle, devra être faite d'après un plan d'ensemble que l'on ne peut tracer que sur une table rase.

La troisième République, nous devons le reconnaître, a fait pour l'instruction publique plus et mieux que tous les gouvernements qui l'ont précédée. En 1870, nous étions d'un demi-siècle en retard sur l'Allemagne, pour l'enseignement primaire. Nous l'avons dépassée aujourd'hui.

L'enseignement supérieur n'a pas été oublié : l'État et les municipalités ont rivalisé d'ardeur, et la démocratie a voté avec enthousiasme les millions qu'on lui demandait pour relever le prestige de la France. Chacun s'est mis à l'œuvre et nous avons rapidement reconquis une partie du terrain perdu. Mais le résultat eût été meilleur, et de beaucoup, si l'on avait procédé avec ordre et méthode.

Faute d'avoir suivi, dès le début, les grandes lignes d'un plan bien arrêté, on a poussé les municipalités à faire d'énormes sacrifices, qui ne répondent déjà plus aux besoins nouveaux et constituent aujourd'hui des obstacles sérieux à une réorganisation rationnelle de l'Université.

A Lyon, par exemple, on a bâti des palais, qui font le plus grand honneur au talent incontesté de nos architectes lyonnais, mais sans savoir au juste ce qu'ils étaient destinés à contenir un jour. On a taillé de riches et élégants vêtements pour une fille et voilà qu'il s'agit d'habiller un garçon, qui grandit à vue d'œil!

Il est urgent de cesser de persévérer dans un système qui ne peut qu'augmenter la confusion et le désordre. Les réformes partielles ne peuvent, d'ailleurs, engendrer que des organismes hybrides et inféconds.

La décentralisation universitaire, elle-même, ne sera utile qu'à la condition d'être honnête et sincère et elle ne sera ainsi que par la suppression de la suprématie parisienne et des monopoles de la Capitale.

Vous voulez, dites-vous? une université régionale, c'est-à-dire dans laquelle les parents d'une même région enverront tous leurs enfants ?

Mais comment, je vous prie, vous y prendrez-vous pour engager des commerçants et des industriels à confier l'instruction de leurs enfants à des professeurs de faculté de province qui, pour beaucoup, appartiennent à la quatrième classe, plutôt qu'à des professeurs parisiens, tous de première ou de seconde classe par droit de naissance et recevant un traitement double ou triple de celui qui est alloué aux professeurs de province?

Croyez-vous que nos commerçants et nos industriels habitués à payer les choses ce qu'elles valent, ne penseront pas qu'un professeur de la quatrième classe de province ne peut donner que de la science de quatrième qualité? Ils ne savent pas qu'un professeur de quatrième classe de province peut être, du jour au lendemain, appelé à occuper à Paris la place laissée vide par un professeur de première classe. La chose leur paraîtrait tellement illogique, disons le mot si parfaitement absurde, qu'ils ne voudraient pas même la croire si on la leur affirmait.

Mais comprendrait-on davantage qu'à l'heure actuelle les savants avancent sur place à l'ancienneté! Il y a bien, il est vrai, un avancement au choix, mais ne voyons-nous pas chaque jour, en province, avancer à l'ancienneté des hommes dont le nom est connu dans toutes les parties du monde et passer au choix des inconnus?

Ne savons-nous pas aussi que les distinctions honorifiques sont plus largement octroyées aux chefs des laboratoires parisiens qu'aux professeurs de province et que ceux-ci ont aujourd'hui moins de chances d'être décorés que des officiers d'administration, qui auront passé leur vie à compter des rations d'hôpital, ou que les ingénieurs de la marine chargés de surveiller la pousse des arbres de nos forêts soi-disant destinés aux mâtures des navires, que l'on fait en fer depuis longtemps ?

Laissera-t-on subsister toutes ces causes de discrédit et beaucoup d'autres, dont je préfère ne pas parler ?

La décentralisation universitaire sera honnête ou elle ne sera pas.

Si elle doit être, les devoirs des maîtres étant partout les mêmes, comme dans l'armée, les droits seront partout identiques.

Les traitements seront proportionnés à la durée de l'apprentissage, comme cela devrait exister dans toute société bien organisée.

Pour les chaires d'enseignement supérieur des facultés, il y a beaucoup d'appelés et peu d'élus. On est nommé professeur entre trente et quarante ans (jamais avant, de par la loi), c'est-à-dire après avoir sacrifié à l'étude son temps et sa fortune pendant plus de la moitié de sa vie et l'on voudrait avoir en province des maîtres à la fois éminents et dévoués pour le même prix que des contremaitres d'atelier, des comptables ou des chefs de rayon !

Je sais bien que le savant aime la gloire, les satisfactions intimes et délicates que peut donner la science et par dessus tout la joie des découvertes : je sais aussi qu'il peut facilement se passer des jouissances banales que procure la fortune ; mais la société ne voudra pas plus longtemps exploiter ses nobles ambitions et faire un métier de dupes de celui qui consiste à travailler pour la gloire de son pays et pour le bien de tous.

En sauvegardant sa propre dignité le savant, de son côté, n'en fera que mieux respecter la science qu'il représente.

Le gouvernement de la République ne permettra pas que le professeur français, qu'il soit provincial ou parisien, puisse avoir quelque chose à envier à ceux qui vivent sous un régime monarchique. Il comprendra aussi qu'une diffusion équitable de l'esprit et des connaissances scientifiques, dans toutes les parties du pays, est un élément de vitalité indispensable à une démocratie qui tire ses représentants du sein même de la nation tout entière.

Une centralisation à outrance, sera la porte ouverte à tous les entrepreneurs de coups d'Etat, qui ne seront pas des sots.

La France, si on le lui demande saura accepter sans murmurer tout ce qui peut relever ou accroître son prestige et sa gloire, car elle n'ignore pas qu'un pays qui néglige la culture des sciences, des lettres et des arts, ne peut être occupé que par un peuple qui vient de naître ou s'apprête à mourir.

La décentralisation universitaire relèvera du même coup le prestige du savant et celui de la science elle-même aux yeux de la société provinciale

Le savant, plus profondément pénétré de l'importance de son rôle social, le remplira avec d'autant plus de zèle et d'ardeur que sa responsabilité personnelle sera plus nettement mise en relief. Son dévoûment sera d'autant plus grand, qu'il sentira plus vivement qu'il est compris, estimé, honoré de ses concitoyens et de l'Etat, que l'on compte davantage sur son énergie et son talent, non seulement pour accroître le prestige national, mais encore pour défendre et grandir l'autorité morale de la province universitaire qui l'aura adopté.

De plus, en développant la liberté de la pensée, l'indépendance du caractère et l'esprit critique chez le savant, la décentralisation mettra la société en garde contre ces prétendues découvertes quasi miraculeuses, qui ne font que discréditer la science par des déceptions succédant brusquement à l'enthousiasme irréfléchi des masses encore trop amoureuses du merveilleux et du surnaturel.

La science marche à pas lents et mesurés et l'on ne peut décréter, si puissant que l'on soit, ni des découvertes, ni des œuvres de génie, ni le goût des hautes études.

Le rôle des pouvoirs publics doit se borner à en favoriser l'éclosion et le développement, en mettant à la disposition des élus de la science les moyens d'action qui leur sont nécessaires.

L'Etat subventionnera largement les Universités et laissera aux hommes compétents, qui vivent en contact permanent avec les populations des diverses parties de la France, le soin de rechercher les enseignements et les méthodes d'instruction qui répondent le mieux à leurs aptitudes naturelles, à leur caractère particulier, ainsi qu'à leurs besoins intellectuels et matériels.

Il veillera, en outre, à ce que les ressources disponibles soient réparties d'une manière équitable et proportionnelle sur tous les points du territoire de la République, de façon à favoriser partout à la fois, non seulement la production des œuvres purement scientifiques, littéraires ou artistiques, qui constituent la manifestation la plus élevée du génie national, mais encore le progrès industriel et commercial, qui assure la richesse du pays et son existence elle-même.

Il n'est pas douteux que les ressources mises chaque année à la disposition du ministère par le pays puissent suffire à assurer le bon fonctionnement d'une organisation nouvelle établie sur les fondements larges et simples, dont nous allons essayer d'esquisser à grands traits les lignes générales.

Peut-être même serait-il dès à présent possible de réaliser des économies, si l'on voulait consentir à supprimer tous les rouages inutiles et si la France reconnaissait enfin qu'il est ridicule de cultiver, à grands frais, dans les serres chaudes de ses écoles spéciales des produits qui poussent spontanément en plein air et en si grande abondance qu'on ne sait déjà plus qu'en faire.

Grâce aux moyens pratiques que nous proposons, la fortune personnelle des Universités provinciales s'accroîtra rapidement et peut-être, dans un avenir peu éloigné, pourront-elles se suffire à elles-mêmes. Mais, ce n'est ni par des discours, ni par des conférences publiques que l'on atteindra un tel but. *Il faut une loi et une loi honnête.*

Dans cette étude rapide, nous avons à dessein évité de parler des Universités de l'étranger ou du temps passé, parce qu'elles n'ont d'autre intérêt que celui d'avoir plus ou moins heureusement répondu à des besoins qui ne sont pas les nôtres.

Les idées générales qui nous ont dirigé sont le fruit de l'expérience acquise pendant le stage déjà long que nous avons accompli, soit comme élève dans des écoles de types très divers, soit comme étudiant ou comme professeur dans trois des cinq grandes facultés ou écoles supérieures qui forment l'ensemble de notre enseignement supérieur proprement dit.

Il eût été peut-être utile de justifier par des remarques et des observations particulières plusieurs des mesures dont nous proposerons tout à l'heure l'adoption dans notre *esquisse d'un plan méthodique de réorganisation universitaire.*

Ce complément, s'il est jugé nécessaire par la suite, pourra faire l'objet d'une publication ultérieure. Pour le moment nous nous bornerons à présenter d'abord le résumé succinct des principes qui nous ont servi de guides :

1° Mettre la science à la portée du plus grand nombre en ouvrant largement les portes de nos écoles à tous les besoins intellectuels qui se manifesteront, sans se préoccuper autrement de leur origine et de leur raison d'être ;

2° Rendre l'étude à la fois utile et agréable ;

3° Faire œuvre de justice, de liberté et d'égalité dans la répartition des devoirs, des droits et des récompenses ;

4° Assurer la conservation et le développement de l'originalité *créatrice*, en laissant à toutes les intelligences la plus large liberté ;

5° Stimuler le zèle des maîtres par l'intérêt personnel et collectif, en même temps que par la concurrence et l'émulation, véritables moteurs du progrès en toutes choses ;

6° Encourager par tous les moyens possibles l'initiative collective ou privée, tout en conservant à l'Etat un droit de contrôle suffisant pour assurer la sécurité publique.

L'ensemble d'un plan méthodique étant adopté, il sera dès lors facile de déterminer le jeu naturel de chacun des rouages du nouvel organisme et le spécialiste, à quelque branche qu'il appartienne, reconnaîtra bien vite qu'il se prête aisément aux besoins les plus particuliers.

Et que faut-il pour le mettre en mouvement? le sentiment de la justice, un peu de désintéressement, d'indépendance, de volonté et de patriotisme. Sont-ce là des vertus si rares chez nous pour qu'il nous soit défendu d'espérer!

ESQUISSE D'UN PLAN MÉTHODIQUE DE RÉORGANISATION UNIVERSITAIRE

Enseignement secondaire

I. — Sont supprimées : les classes inférieures des lycées jusqu'à la sixième exclusivement; les classes de philosophie, de rhétorique supérieure (préparatoire à l'Ecole Normale supérieure), de mathématiques préparatoires, de mathématiques élémentaires, de mathématiques pour la préparation à l'Ecole de Saint-Cyr, de mathématiques spéciales (préparatoires à l'Ecole Normale supérieure et à l'Ecole polytechnique).

II. — L'instruction de l'enfant jusqu'à la classe de sixième appartient exclusivement aux maîtres de l'enseignement primaire. Les programmes suivis dans l'enseignement primaire sont identiques pour tous les enfants de France.

III. — L'enseignement des matières comprises dans les programmes des classes supérieures supprimées dans les lycées est donné dans les Ecoles préparatoires des Universités.

IV. — Les études complètes dans l'enseignement secondaire durent six années. Elles sont divisés en six classes :

1° Sixième, cinquième, quatrième, troisième, seconde et première classe ou classe de révision des matières enseignées pendant les cinq années précédentes.

Il y aura autant de professeurs différents qu'il y aura de fois trente élèves inscrits pour un même cours d'une classe quelconque. Toutefois le nombre des élèves pour un même cours ne sera pas limité et les élèves pourront toujours choisir leur professeur.

Le professeur recevra une prime annuelle proportionnelle au nombre des élèves qui auront suivi le cours pendant toute l'année scolaire.

Les lycées recevront des élèves libres, des élèves externes et des élèves internes.

Les élèves libres pourront se faire inscrire pour un ou plusieurs cours avec l'autorisation préalable des professeurs chargés de ces cours.

Les élèves externes et les internes suivront tous les cours des professeurs dans l'ordre établi par le programme d'enseignement.

Ils suivront les études et les conférences confiées aux maîtres d'études.

L'ensemble des études de l'enseignement secondaire constitue la préparation à un baccalauréat unique. Les connaissances exigées pour obtenir le grade de bachelier correspondent à peu près à celles du baccalauréat ès-lettres réduit à ses parties les plus fondamentales.

L'examen du baccalauréat est scindé en deux parties :

1° *Partie littéraire ;*

2° *Partie scientifique.*

L'enseignement aura un caractère plus pratique; les professeurs s'adresseront moins à la mémoire et davantage à l'intelligence.

Les applications des connaissances théoriques seront multipliées. Les professeurs s'attacheront surtout à rendre les cours attrayants par tous les procédés employés par les *vulgarisateurs.*

Les candidats devront posséder les éléments de quatre langues étrangères : allemand, anglais, italien, espagnol ou de deux langues étrangères et de deux langues mortes; allemand, anglais, latin et grec.

Des notions élémentaires d'hygiène, de gymnastique, de médecine usuelle, de droit, d'industrie, de commerce, d'économie domestique, sociale et politique seront obligatoires.

L'examen comportera des épreuves pratiques : dessin, reconnaissance d'animaux, de végétaux, de minéraux, de substances usuelles; maniement des appareils et des instruments les plus usuels; microscope, baromètre, aréomètre, appareils photographiques, appareils électriques, téléphones, appareils d'arpentage, instruments d'agriculture, armes à feu, etc; mesures de surfaces, de volumes; épreuves de comptabilité et en général toutes les connaissances pratiques les plus usuelles.

L'examen du baccalauréat sera subi devant un jury mixte composé de professeurs de lycées et d'agrégés des écoles préparatoires de l'université et présidé par un agrégé-répétiteur des écoles supérieures de l'Université.

Des certificats d'études pour les branches spéciales qu'ils auront étudiées seront délivrés pour les mêmes jurys aux élèves libres et à tous ceux qui justifieront de la connaissance des matières enseignées dans les cours correspondants des lycées.

Enseignement supérieur

V. — Sont supprimées : les écoles spéciales, les écoles normales de tous les degrés, les écoles polytechnique, centrale, forestière, des arts et métiers, des beaux-arts, agronomiques, vétérinaires; les écoles d'applications des mines, des ponts et chaussées, etc.; les facultés, les écoles secondaires de médecine et de pharmacie, les écoles de plein exercice de médecine et de pharmacie, etc..

VI. — Sont maintenues : les écoles spéciales et les écoles d'applications des armées de terre et de mer.

VII. — Sont conservés : le Muséum et le Collège de France dont les chaires seront réservées aux maîtres émérites de l'Université de Paris.

VIII — Les *Universités* sont des institutions publiques d'enseignement supérieur et de hautes études ayant pour objet l'enseignement et la culture de l'ensemble des sciences : elles sont personnes civiles.

IX. — Les Universités forment au point de vue administratif sept grandes circonscriptions universitaires : du centre, du nord, du nord-est, du sud-est, du sud, du sud-ouest et de l'ouest, dont les chefs-lieux sont Paris, Lille, Nancy, Lyon, Montpellier (ou Toulouse), Bordeaux, Rennes (ou Nantes).

X. — Une Université se compose : 1° d'écoles préparatoires; 2° d'écoles supérieures; 3° d'Instituts de l'Université.

XI. — Les *écoles préparatoires* ont leur siège dans le chef-lieu de chacun des départements dont se compose la circonscription universitaire. Elles préparent aux examens d'admissibilité pour les écoles supérieures et les Instituts, et délivrent des certificats d'aptitude pour l'enseignement primaire et des diplômes de bacheliers de l'enseignement secondaire.

Le personnel enseignant se compose d'*agrégés des écoles préparatoires de l'Université*, d'*agrégés répétiteurs de l'Université*, d'*aides des écoles préparatoires*.

Ils sont placés sous la direction administrative et pédagogique d'un *directeur d'école préparatoire*.

Les agrégés des écoles préparatoires donnent un enseignement public et un enseignement privé. L'enseignement public est gratuit. L'enseignement privé est donné à toute personne qui en fait la demande moyennant une faible rétribution versée à la caisse de l'école préparatoire et préalablement fixée par un tarif d'Etat.

Les écoles préparatoires ne reçoivent que des élèves externes qui pourront se faire inscrire à leur choix pour un ou plusieurs cours, sans qu'aucune condition particulière d'admissibilité puisse leur être imposée.

Les agrégés-répétiteurs des écoles préparatoires dirigent les élèves dans leurs études pour la préparation aux certificats d'aptitude pour l'enseignement primaire et l'admissibilité aux écoles supérieures : ils font des conférences publiques et privées sur les matières enseignées dans les cours. Les élèves des écoles préparatoires peuvent s'inscrire pour une ou plusieurs conférences privées en payant, comme pour les cours privés, un droit établi par le tarif d'Etat.

Les examens pour les certificats d'aptitude à l'enseignement primaire seront, comme ceux du baccalauréat, passés devant un jury présidé par un agrégé des écoles supérieures et composé, en nombre égal, d'agrégés et de répétiteurs agrégés des écoles préparatoires.

Les aides des écoles préparatoires secondent les agrégés dans la préparation des cours et des conférences.

XII. — Les *écoles supérieures de l'Université* ont pour objet de coordonner l'étude et l'enseignement des diverses connaissances exigées pour l'obtention des diplômes d'Etat permettant l'exercice des professions dites libérales et donnant accès aux fonctions de l'Etat, aux emplois dans les grandes compagnies pour lesquels ils peuvent être exigés, etc..

Le nombre des écoles supérieures n'est pas limité pour les diverses universités, mais il doit être égal pour chacune d'elles. La destination d'un nombre très limité de ces écoles supérieures pourra seule varier d'une université à l'autre. Toutes les universités comprendront entre autres : des écoles supérieures de médecine, de droit, des lettres, des sciences, d'agronomie, de l'industrie, du génie, des beaux-arts, vétérinaires, etc., et exceptionnellement des écoles supérieures spéciales pour les armées de terre et de mer : école de santé militaire, par exemple.

Les écoles supérieures délivrent des certificats d'études, des diplômes de licenciés, de docteurs et d'ingénieurs.

XIII. — Les *Instituts* sont des établissements où l'on enseigne une science ou un groupe de sciences connexes, depuis les éléments jusqu'aux parties les plus transcendantes. Ils enseignent également toutes les applications des sciences (1).

TYPES D'INSTITUTS MODÈLES (1).

Cours obligatoires pour les élèves des écoles supérieures

Institut de Chimie

Chimie élémentaire minérale : un cours semestriel.
    »   organique : un cours semestriel.
            (Cours complet en une année).

Chimie générale minérale : deux cours semestriels.
    »   organique : deux cours semestriels.
            (Cours complet en deux années).

Chimie philosophique : mécanique chimique, histoire des théories chimiques, etc.

Chimie analytique générale : analyse qualitative et quantitative : deux cours semestriels.
            (Cours complet en une année).

Chimie appliquée à la toxicologie et à l'hygiène : un cours semestriel.
            (Cours complet en un semestre).

Chimie pharmaceutique et médicale : deux cours semestriels.
            (Cours complet en une année).

Chimie appliquée aux arts et à l'industrie : deux cours annuels.
            (Cours complet en deux années).

Chimie appliquée à l'agronomie : deux cours semestriels.
            (Cours complet en une année).

Institut de physiologie

Physiologie élémentaire : un cours semestriel.
            (Cours complet en un semestre).

Physiologie générale, animale et végétale : deux cours semestriels.
            (Cours complet en deux années)

Physiologie comparée : deux cours semestriels.
            (Cours complet en deux années).

Physiologie expérimentale : enseignement pratique semestriel
            (Cours complet en deux années).

Physiologie appliquée à la médecine : deux cours semestriels.
            (Cours complet en deux années).

Physiologie appliquée à l'agronomie et à la vétérinaire : deux cours semestriels

XIV. — Les écoles supérieures ont leur siège au chef-lieu universitaire. Les Instituts peuvent avoir leur siège dans divers points de la circonscription universitaire (par exemple dans les villes possédant actuellement des facultés). Exceptionnellement, certains Instituts peuvent être établis en dehors de la circonscription universitaire dont ils relèvent (ex : Institut maritime de biologie).

XV. — Les élèves inscrits auprès des écoles préparatoires prennent le titre d'*élèves de l'Université*.

Les élèves inscrits auprès des écoles supérieures ou des Instituts prennent le titre d'*étudiants*.

Le titre d'*étudiant des écoles supérieures de l'Université* appartient exclusivement aux élèves admis dans ces écoles après avoir subi avec succès les épreuves obligatoires de l'examen d'admissibilité devant un jury composé des directeurs des écoles supérieures et des agrégés-répétiteurs des écoles supérieures. Les candidats à l'examen d'admissibilité aux écoles supérieures devront être bacheliers de l'enseignement secondaire, ou justifier de la possession de diplômes étrangers ayant une valeur analogue.

Le titre d'*étudiant libre de l'Université* sera accordé par les directeurs des Instituts dans des conditions déterminées par les règlements intérieurs de ces établissements.

L'*Association générale* des étudiants de l'Université est formée par l'ensemble des étudiants des écoles supérieures et des étudiants libres qui, réunis en assemblée générale, nomment chaque année le *comité général des étudiants de l'Université*.

Le comité général des étudiants se compose d'un président, de deux vice-présidents et d'autant de fois deux membres du comité qu'il y a de groupes scolaires distincts.

Le président, les vice-présidents et les membres du comité ne sont

---

(Cours complet en deux années).

Psycho-physiologie : deux cours semestriels.

(Cours complet en deux années),

En dehors des cours et enseignements théoriques et pratiques, dont la durée doit être fixée pour la préparation des étudiants des écoles supérieures aux examens pour les grades d'État, les Instituts pourront organiser tous les enseignements généraux ou particuliers qui répondront aux besoins locaux : cours spécial d'analyse spectrale, d'essayage des monnaies, optique physiologique, etc. *L'enseignement pratique devra être très développé*, très suivi ; le programme en sera établi par les Instituts. Les enseignements très spéciaux ou très généraux *ayant un caractère original*, pourront surtout être donnés par les Maîtres émérites de l'Université dans leurs laboratoires particuliers, etc. etc.

pas rééligibles plus de deux années de suite. Le Président doit appartenir, à tour de rôle, à tous les groupes scolaires représentés.

Le Comité général des étudiants est chargé de la défense des intérêts collectifs et particuliers des étudiants; il représente le corps des étudiants dans les solennités et a la garde du drapeau de l'Association générale des étudiants de l'Université.

Le Président et les deux vice-présidents du Comité général font de droit partie du Conseil général de l'Université.

XVI. — *Le corps enseignant de l'Université* se compose des *maîtres émérites*, des *directeurs*, des *professeurs honoraires*, des *professeurs*, des *agrégés* et des *aides des Instituts de l'Université*, ainsi que des *directeurs*, des *agrégés* et des *aides des écoles préparatoires*.

XVII. — *Le corps pédagogique de l'Université* se compose 1° de trois *inspecteurs généraux* détachés auprès de l'Université et résidant en son chef-lieu : *inspecteur général des sciences, inspecteur général des lettres, du droit et des beaux-arts, inspecteur général du commerce et de l'industrie*; 2° des *directeurs et des agrégés répétiteurs des écoles supérieures*.

Les inspecteurs généraux jouissent du droit de contrôle, sans aucune restriction, sur les écoles préparatoires, les écoles supérieures, les Instituts et les actes du Conseil général de l'Université. Ils font parvenir au Ministère de l'Instruction publique des rapports sur le mouvement universitaire, soumettent à la signature du ministre les certificats et les diplômes délivrés par les écoles supérieures accompagnés d'un rapport sur les examens passés par le candidat. Ils font des propositions pour les distinctions honorifiques à accorder aux membres de l'Université.

XVIII. — L'Université est administrée par le *recteur*, par le *chancelier de l'Université* et par le *conseil général de l'Université*.

Le *recteur* est de droit président du Conseil général de l'Université. Il est chargé d'assurer l'exécution des délibérations et des mesures adoptées par le conseil général de l'Université.

Le *chancelier* est chargé de la gérance des biens de l'Université.

XIX. — Le *Conseil général de l'Université* comprend un nombre égal de représentants pour chaque groupe de l'Université à savoir : 3 directeurs d'écoles supérieures, 3 directeurs d'écoles préparatoires, 3 directeurs d'instituts, 3 professeurs d'instituts, 3 agrégés d'institut, 3 agrégés des écoles préparatoires, 3 agrégés répétiteurs des écoles préparatoires, 3 aides des instituts, 3 aides des écoles préparatoires.

Les trente membres du Conseil général ci-dessus désignés sont élus chaque année par tout le corps universitaire réuni en assemblée générale. Ils ne sont pas rééligibles par plus de deux assemblées consécutives.

Le recteur et le chancelier sont élus chaque année par l'assemblée générale ; ils sont rééligibles chaque année.

XX. — Les maîtres émérites, les inspecteurs généraux, le président, les deux vice-présidents de l'Association générale des étudiants, font de droit partie du Conseil général de l'Université.

XXI. — Les Conseils généraux peuvent en outre, par délibération spéciale, s'adjoindre pour une année, un nombre indéterminé de membres pris en dehors de l'Université, choisis soit parmi les conseillers municipaux, soit parmi les conseillers généraux des villes ou départements de la circonscription universitaire, soit parmi les bienfaiteurs de l'Université.

XXII. — Le Conseil général prend toutes les mesures administratives qu'il juge utiles pour le bon fonctionnement et l'accroissement de l'Université. Il règle les rapports des instituts et des écoles, ainsi que la répartition des fonds alloués par l'État, ou l'Université, pour l'entretien des instituts et des écoles. Il nomme les membres du corps enseignant sauf les maîtres émérites, et désigne chaque année trois de ses membres pour le représenter au *Conseil supérieur des Universités*.

XXIII. — Le *Conseil supérieur des Universités* se compose des représentants des conseils généraux des diverses Universités et des inspecteurs généraux. Il comprend 42 membres, qui se réunissent deux fois par an à Paris, sous la présidence du Ministre de l'Instruction publique.

XXIV. — Le Conseil supérieur des Universités établit la répartition du budget général de l'enseignement (sauf les traitements des membres du corps enseignant qui ne varient pas) entre les diverses Universités proportionnellement à l'importance relative du mouvement scientifique et pédagogique de l'année scolaire précédente dans chaque université. Les documents nécessaires à ce travail de répartition sont fournis par les rapports des délégués des conseils généraux et par les rapports des inspecteurs généraux.

Le Conseil supérieur prépare le budget de l'enseignement supérieur, qui doit être voté chaque année par les Chambres. Il nomme les maîtres émérites, qui doivent être répartis en nombre égal dans chaque université. Il nomme les chefs d'écoles et les agrégés répétiteurs sur une liste présentée par les conseils généraux des universités. Il nomme les professeurs honoraires, il prononce ou refuse l'application des peines disciplinaires (retenue temporaire de traitement partielle ou totale, radiation définitive des cadres du corps universitaire) demandées pas les conseils généraux.

XXV. — Les inspecteurs généraux se réunissent aux mêmes époques que le conseil supérieur et forment une *commission technique* chargée d'éclairer le Ministre sur les actes des universités. Les inspecteurs généraux sont nommés par voie de décret par le Ministre de l'instruction publique. Ils doivent posséder les grades supérieurs délivrés par les diverses écoles qu'ils sont chargés d'inspecter.

XXVI. — Les recteurs de l'Université reçoivent de l'Etat un traitement annuel de 25 mille francs ; les inspecteurs généraux un traitement de 15 mille francs.

Le traitement du chancelier de l'Université est fixé par le Conseil général de chaque Université et prélevé sur ses ressources particulières.

Les membres de l'Université reçoivent de l'Etat les traitements suivants : Directeur d'école supérieure, 15,000 francs ; directeur d'école préparatoire, 10,000 fr., agrégés répétiteurs des écoles supérieures, 6,000 fr. ; agrégés répétiteurs des écoles préparatoires, 4,000 ; maîtres émérites, 20,000 fr. ; directeurs d'Instituts, 15,000 fr. ; professeurs d'Instituts et professeurs honoraires, 12,000 fr. ; agrégés d'Instituts, 6,000 fr. ; aides des Instituts, 3,600 fr. ; aides des écoles préparatoires, 2,400 fr.

Les membres du corps enseignant pourront en outre recevoir une majoration de traitement prélevée sur les ressources particulières des universités ou offertes par les municipalités, les conseils généraux ou les bienfaiteurs de l'Université.

La moitié des droits d'inscriptions prises aux écoles préparatoires et aux écoles supérieures sera répartie entre tous les membres du corps pédagogique proportionnellement à leur traitement d'Etat. L'autre moitié sera versée au trésor de l'Université.

La moitié des droits d'examens passés dans les écoles sera répartie entre les membres du corps enseignant, proportionnellement à leur traitement d'Etat. L'autre moitié sera versée au trésor de l'Université.

Outre les cours obligatoires pour la préparation aux examens des écoles supérieures, les membres du corps enseignant pourront ouvrir des cours particuliers d'Institut. La moitié des frais d'études, d'examens et de certificats versés par les étudiants libres aux instituts sera répartie entre tous les membres d'un même Institut, proportionnellement à leur traitement d'Etat. L'autre moitié sera versée dans la caisse de l'Institut.

XXVII. — Le titre de maître émérite est conféré par le Ministre de l'Instruction publique, sur la proposition du Conseil supérieur des Universités, aux savants qui ont illustré leur pays par leurs travaux ou leurs découvertes. Ils sont nommés à vie, ont leurs laboratoires particuliers, entretenus par moitié aux frais de l'Université et aux frais de l'Etat. Ils ne sont astreints à aucune obligation particulière, soit vis-à-vis de l'Etat, soit envers les Universités.

XXVIII. — Les directeurs d'Instituts sont choisis chaque année parmi les professeurs d'Institut par le Conseil général de l'Université.

XXIX. — Les professeurs et les agrégés d'Instituts, les agrégés des écoles préparatoires sont nommés à vie par le Conseil général de l'Université, après un concours sur titres.

XXX. — Sont admis au concours tous les candidats qui possèdent le titre d'*agrégés libres de l'Université.*

Le titre d'agrégé libre ne confère aucun droit. Il est accordé en nombre illimité à tous ceux qui justifient, devant un jury composé de savants spéciaux de toutes les universités, qu'ils possèdent les aptitudes générales pour l'enseignement de la branche scientifique à laquelle ils aspirent.

XXXI. — Les universités peuvent en outre entretenir à leurs frais auprès des divers instituts des *professeurs libres* en nombre illimité.

Ils ne reçoivent aucun traitement de l'Etat et exercent en vertu de conventions passées, soit avec le Conseil général de l'Université, soit directement avec les instituts.

XXXII. — Les aides de l'Université sont nommés par les directeurs d'Institut ou par les directeurs d'Ecole, pour une année, sur la proposition des professeurs d'instituts ou des agrégés des écoles préparatoires.

Des *aides libres* de l'Université peuvent être entretenus dans les écoles préparatoires, ou dans les instituts, aux mêmes conditions que les professeurs libres.

XXXIII. — Tous les membres des université sont nommés d'office professeurs honoraires à 60 ans. Ils reçoivent, comme membres honoraires, le même traitement de l'Etat que pendant la période d'activité. Sur la demande spéciale du Conseil général de l'Université et après avis favorable du Conseil supérieur, la période d'activité pourra être prolongée deux fois successivement de cinq années.

XXXIV. — Les membres de l'Université qui se trouveront, par suite de circonstances indépendantes de leur volonté, dans le cas d'insuffisance ou d'impossibilité pour l'exercice des fonctions qui leur auront été confiées, pourront être nommés d'office ou sur leur demande, membres honoraires, quels que soient d'ailleurs leurs états de service.

XXXV. — Le nombre des membres de chaque Université recevant un traitement d'état est le même pour toutes les Universités.

XXXVI. — Les jurys pour les examens exigés pour l'obtention des diplômes d'état sont présidés par les directeurs d'écoles ou par leurs mandataires.

Les juges assesseurs seront choisis en nombre égal parmi les professeurs ou agrégés d'Instituts et parmi les répétiteurs des écoles.

XXXVII. — Les instituts délivrent des *certificats d'études* et des *brevets* sous des conditions déterminées par le Conseil général de l'Université.

XXXVIII. — Les programmes des connaissances exigées des candidats aux *diplômes d'Etat* sont établis par le conseil supérieur.

XXXIX. — Les règlements relatifs au temps de scolarité, à son emploi et à l'organisation de l'enseignement sont établis par le Conseil général de l'Université.

XL. — Tout cumul dans les fonctions universitaires est interdit.

XLI. — En dehors des Universités, les départements, les villes, les particuliers ou les sociétés pourront ouvrir des cours d'enseignement secondaire et d'enseignement supérieur, des instituts et tous les établissements d'instruction secondaire et supérieure, répondant à un besoin quelconque, sans aucune autorisation préalable et sans aucun contrôle obligatoire.

XLII. — L'Etat seul peut ouvrir des écoles primaires, des écoles préparatoires et des écoles supérieures des universités.

XLIII. — Exceptionnellement, l'Etat ou les universités accorderont des subventions aux établissements libres susceptibles de rendre à titre auxiliaire, des services aux élèves de l'enseignement secondaire ainsi qu'aux élèves et aux étudiants des Universités.

Ces subventions seront inscrites à un chapitre spécial du budget de l'Etat, en ce qui concerne les subventions d'Etat.

Il est fondé, au chef-lieu de chaque Université, une Académie qui portera le nom de cette Université « *Académie de Lyon, de Bordeaux*, etc...

Les membres de ces Académies se recruteront comme ceux des Académies françaises, des inscriptions et belles-lettres, des beaux-arts et des sciences, dont les titres seront modifiés, et auxquels on ajoutera une cinquième section. L'ensemble de ces académies transformées en sections, formera l'*Académie de Paris*.

Les sept *Académies françaises* comprendront chacune cinq sections :

1° Sciences générales ;

2° Sciences appliquées au commerce, à l'industrie, à l'agriculture, aux arts, etc. ;

3° Sciences sociales et politiques ;

4° Beaux-arts ;

5° Inscriptions, linguistique et belles-lettres.

L'ensemble des sept Académies françaises formera l'*Institut de France* dont le siège est à Paris.

Les Académies ont pour mission de recueillir, de classer et de publier tous les travaux scientifiques, littéraires et artistiques, sociologiques et politiques et les documents relatifs au commerce, à l'industrie et à l'agriculture.

Elles présenteront un tableau aussi fidèle et aussi complet que possible du mouvement intellectuel intra et extra-universitaire en France.

Les Académies françaises se réuniront deux fois par an au siège de l'Institut de France, à Paris, pour faire l'inventaire général des productions intellectuelles recueillies sur tout le territoire de la République et dresser le tableau complet et méthodique des progrès réalisés pour l'humanité par notre génie national.

Elles décerneront les récompenses académiques françaises et les prix de l'Institut de France.

Nous avons la conviction que si l'on voulait se décider à percer dans nos broussailles universitaires les voies larges et droites que nous venons de tracer, on y respirerait mieux et surtout on s'y anémierait moins.

Peut-être préférera-t-on ajouter encore au dédale des lois, décrets, règlements, ordonnances, arrêtés, décisions, etc., etc., de tout âge et de toutes provenances, qui semblent nous régir, quelque combinaison bâtarde, quelque loi tortueuse destinée à tourner des obstacles que la République pourrait aplanir sans efforts, ou bien à côtoyer habilement des précipices, qui ne sont que des ruisseaux faciles à franchir ou à combler?

Peut-être aussi s'appliquera-t-on à ne rien faire tout en semblant agir.

On ne contentera personne.

La génération nouvelle est bien décidée à marcher résolument dans la voie des réformes pratiques, rationnelles et sincères, sans s'attarder à poursuivre des fantômes. *Elle ne veut pas se contenter de célébrer des centenaires, parce que l'expérience lui a cruellement appris qu'il est dangereux de dormir trop longtemps à l'ombre des tombeaux de notre Panthéon national.*

D'ailleurs, le mouvement de décentralisation universitaire n'est qu'une manifestation d'un besoin plus général. On ne le supprimera qu'en lui donnant pleine satisfaction et il faut qu'il en soit ainsi, car il est naturel, physiologique pourrait-on dire, étant le fruit de notre évolution sociale.

Toutefois ce mouvement pourra être ralenti ou involontairement dévié par des hommes éminents, sur l'appui desquels on avait fondé les plus légitimes espérances.

L'un des plus marquants et des plus écoutés, ne vient-il pas de déclarer *qu'il y a cent ans on exagérait déjà quelque peu l'importance qu'il convenait d'accorder à la Province.*

Le 12 décembre dernier, c'est-à-dire quelques mois après l'attrayante conférence, qu'il a bien voulu faire à Lyon pour seconder les efforts des partisans lyonnais de la résurrection provinciale, M. Jules Simon écrivait dans le *Temps :*

« On dit que l'Institut a été une idée de génie.

« Il y avait quatre Académies : l'Académie française, qui était un « salon et une ruelle; l'Académie des inscriptions et belles lettres, « qui était une arrière-boutique de libraire; l'Académie des sciences « qui était un laboratoire, et l'Académie des beaux-arts, qui était une « salle de vente. Les géants de la Convention ressuscitèrent les « quatre Académies qui étaient mortes. Ils y ajoutèrent les sciences « morales et politiques et réunirent tout cela en un faisceau qui « représentait tous les organes de la civilisation.

« Ils eurent, en effet, une idée de génie, les géants, et je les en « félicite de bon cœur.

« *Ils l'exagérèrent un peu.*

« *Sous prétexte d'égalité,* ils mirent la province sur le même pied
« que Paris... »

Je n'ai pas qualité, comme M. Jules Simon, pour féliciter cordialement les géants, mais il est bien permis à un provincial de penser qu'il n'y avait rien d'exagéré dans le sentiment de justice et d'équité qui les faisait placer la Province sur le même pied que Paris.

Parmi les sept cent quarante-neuf membres de la Convention, il n'y avait pas plus de deux douzaines de représentants parisiens et encore étaient-ils en grande partie originaires de la Province.

Peut-être les géants auraient-ils pu prétexter la supériorité au lieu de l'égalité, s'ils avaient eu besoin d'un prétexte, mais ils n'en avaient que faire, ayant pour justifier leurs actes de fort bonnes raisons.

La province était bien vivante alors et on devine dans l'idée des géants comme le secret pressentiment du mal que devait faire plus tard une centralisation générale, qui n'était pour ces fanatiques de la Justice et de la Liberté qu'un moyen héroïque de sauver la Patrie.

Eurent-il besoin de prétexter l'égalité, les géants, quand ils mirent la province et Paris sur le même pied de guerre devant l'ennemi commun?

Et qui donc oserait prétendre que la province n'a pas su se montrer l'égale de Paris?

Faudra-t-il donc toujours que la tête soit en danger pour que l'on se souvienne de l'importance du corps et des membres, et devrons-nous toujours attendre que des géants surgissent du sol national pour nous sauver des périls engendrés par notre indifférence routinière?

Quand les Conventionnels accourus de la province vinrent s'asseoir sur leur banc en face des rois coalisés, l'ennemi était à 30 lieues de Paris et la France enveloppée, assiégée comme une forteresse.

Regardez donc autour de vous, Français, et ordonnez sans plus tarder à vos législateurs de faire en sorte que la France n'ait pas à demander, pour la seconde fois, à une Convention de rendre en trois ans, pour la sauver et la régénérer, onze mille deux cent dix décrets! *L'évolution vaut mieux que la révolution,* et c'est pure folie que de toujours compter sur la bienheureuse intervention des hommes providentiels.

La cause véritable des révolutions violentes est dans le culte obstiné des abus et dans le mépris des besoins nouveaux nés de notre évolution sociale.

RAPHAEL DUBOIS

LES FACULTÉS DE DROIT DANS LES FUTURES UNIVERSITÉS

MON CHER SECRÉTAIRE,

On nous a distribué l'autre jour de votre part, au moment où M. Janssen s'apprêtait à nous faire cette charmante conférence dans laquelle nous avons retrouvé les qualités de cœur et de brio d'un savant, dont l'étonnante verdeur défie les lois de l'âge, la brochure dans laquelle vous exposez vos vues personnelles sur la réforme de l'enseignement supérieur.

J'ignore s'il est dans vos intentions d'insérer ce travail à la livraison du *Bulletin* qui va incessamment paraître. En tout cas c'est bien à dessein que je parle de « vues personnelles ». Il a été entendu entre nous dès le premier jour que ce *Bulletin* serait une tribune libre ouverte dans le cercle des quatre Facultés à toutes les thèses se rapportant à notre présent ou à notre avenir, et que le secrétaire, pas plus que ses collaborateurs, n'engagerait dans ses appréciations des choses et des hommes que son opinion propre.

Sous cette réserve, *mais sous cette réserve essentielle,* la pensée qui vous a fait agir n'est pas de celles qu'on doive combattre. Vous vous êtes dit que nous avions là une publication tout appropriée à l'expression de nos doléances et de nos vœux de réorganisation, et qu'il fallait absolument que l'un de nous se jetât le premier à l'eau, ne fût-ce que pour inviter ses collègues à profiter de cet organe collectif et à lui communiquer leurs propres *desiderata*. Vous aurez eu du moins le mérite de l'initiative.

Entre nous, sous votre flegme, je flaire quelque malice. Votre véhément programme n'a dû avoir d'autre but que de nous réveiller de notre impassibilité. Nous voici les uns ou les autres mis dans la nécessité d'écrire, afin de rassurer notre clientèle sur de sombres visées radicales. Du même coup nous nous trouvons en demeure d'opposer notre politique à la vôtre. Le plan n'est peut-être pas déjà si maladroit.

Vous voyez que je m'empresse de donner dans le piège. J'ai le très ferme espoir que les livraisons suivantes contiendront une série d'articles composés par les professeurs lyonnais de nos divers départements d'études, chacun de nous se croyant à bon droit tenu de dire son mot dans la réforme ; et ce ne sera de ma part qu'une réflexion toute naturelle, quand j'ajouterai que, dans cette consultation générale, nous aurons à prendre l'avis de compétences autrement autorisées que la mienne.

Nous n'avons même, à mon estime, déjà que trop attendu. Voilà plus de six mois que la question des Universités est posée devant une commission du Sénat. Il ne nous est pas permis de rester les spectateurs muets de ce qui se fait et délibère à Paris au sujet de nos intérêts. *De nostra re agitur.* Qui sait si, en continuant à nous enfermer dans un religieux silence, toute cette campagne ne risquerait point de se terminer par de fâcheuses déceptions ? Les coups qui s'échangent, et s'échangeront surtout, entre partisans et adversaires des Universités pourraient bien, en définitive, nous retomber sur le dos, si nous n'avions pas la conscience de concours individuels à prêter aux projets qui nous concernent.

Nous ne demandons, je crois, ni les uns ni les autres, que la réforme aboutisse d'ici à quelques mois. Que les Chambres mettent plusieurs années, s'il le faut, pour la résoudre ! Mais la pire des éventualités serait celle qui traînerait les délibérations et les espacerait, par suite d'une tactique facile à soupçonner, de manière à les faire tomber finalement dans l'oubli.

Nous avons au Sénat des personnalités marquantes, comme M. Jules Simon ou M. Berthelot, *que je tiens pour entièrement dévouées à notre cause.* Mais il faut que ces vaillants défenseurs nous voient constamment derrière eux : ils auront à lutter contre des coteries parlementaires dont on devine d'avance le caractère, et, s'ils ne se sentent pas appuyés par ceux qu'ils mènent à l'assaut, il est à craindre que leur courage ne faiblisse à la longue, et que le but ne leur semble dépasser les forces de généraux, même les mieux taillés pour la bataille.

Quant au fond du programme que vous esquissez, mon cher Collègue, vous me permettrez, pour aujourd'hui, de garder une attitude neutre : je ne désire ni m'y associer, ni le critiquer davantage. Vous exposez vos idées sous une forme entraînante, quoique bien un peu grave. J'imagine que votre intention, en employant ce plan abstrait, d'ailleurs harmonieux dans sa largeur, a été de jeter un premier jalon de discussion. C'est ainsi que nous avons tous interprété la pensée dominante de l'article. Vous nous avez assez montré, par vos remarquables travaux de laboratoire, que vous apparteniez à l'école évolutionniste, pour ne pas nous laisser soupçonner de votre part le désir d'une transformation *radicale* de l'enseignement. Du moins, nous accorderiez-vous bien une cinquantaine d'années pour mettre ce radicalisme à pleine exécution. Vous ne tenez probablement, pas plus qu'un autre d'entre nous, à être accusé de politique girondine, à une époque où sont, hélas ! bien perdues les traditions des Girondins (car c'est d'eux, ne vous en déplaise, et non des Conventionnels purs que vous procédez). Ce serait pourtant le reproche qu'on nous adresserait, si nous prétendions, de but en blanc, tailler le territoire de la France en six ou sept grands fiefs d'enseignement, n'ayant entre eux que les liens relâchés d'une sorte de fédéralisme. Le programme des Girondins avait certainement du bon ; mais il s'expliquait surtout trois ans après la réunion des Etats-Généraux. Nous sommes obligés de compter aujourd'hui avec cette centralisation absorbante qui a comprimé les esprits dans son étau de fer, qui a certainement contribué à l'essor de la France contemporaine, dont les hommes clairvoyants saisissent les dangers futurs, mais sur laquelle on ne peut maintenant revenir que graduellement et moyennant une extrême prudence.

Je vais donc me borner, dans cette communication, à montrer ce que réaliserait d'utile dans les Facultés de Droit, et dans celle de Lyon tout particulièrement, l'institution des Universités régionales. Chacun parle de ce que sa spécialité lui a fait connaître ; nous avons à côté de nous des collègues qui étudieront les avantages de la réforme au point de vue de leur propre enseignement. Cette distribution des rôles me parait la seule réellement praticable ; du moins n'est-ce guère qu'à cette condition que les documents insérés dans notre *Bulletin* pourront servir de contribution opportune au projet qui s'élabore en haut lieu.

J'ajoute que je ne parle qu'en mon nom propre, ce qui ressortirait d'ailleurs suffisamment et du début de ma communication et de toutes nos traditions. Je ne crois pas que ce que va contenir cette lettre soit, du fait de mes collègues, l'objet d'un démenti. De toute manière, je ne prétends aucunement engager leurs vues. Ce qui fait notre force dans l'enseignement supérieur, c'est l'indépendance d'appréciation de chacun.

Les aspirations que formule l'un ou l'autre d'entre nous ne vont pas sans une certaine critique de ce qui existe. Mais encore le sens de ces critiques doit-il être préalablement bien compris.

Nous nous considérons dans les Facultés de droit, et il me semble que ce n'est point là vaine gloriole, comme accomplissant le rôle qui nous est départi par la charte de fondation de nos écoles, d'une manière absolument satisfaisante. Vous comprenez la réserve qui m'empêche de rehausser la note laudative. Mon Molière m'est présent, et je sais trop qu'à se faire valoir soi-même, un individu ou un corps perdrait son temps, si l'opinion, le meilleur de tous les juges, ne venait rendre hommage à ses efforts. Je tiens cependant en passant à en consigner la remarque. Nous nous sommes parfois heurtés à certaines préventions que la plus simple équité aurait dû faire écarter. Il règne chez nous un grand esprit de corps, une discipline suivie de travail, un zèle de tous les jours et de tous les instants, et une régularité de service qui suggèrent à la jeunesse le sentiment fécond du devoir, en même temps qu'ils la préparent à la conscience de la probité professionnelle. C'est un point très important. Je ne crois pas trop m'avancer en affirmant qu'il n'existe pas un seul établissement d'enseignement où l'étudiant — je parle de l'étudiant laborieux, bien entendu — pris en novembre dans l'engrenage d'un programme, se sente mieux porté pendant toute l'année et par ce programme et par le cours des hommes qui le développent. Je n'en connais pas non plus, réunissant un corps de connaissances plus abondant dans un laps de temps aussi réduit que l'est le stage de la licence, ou arrivant à imprimer ces connaissances dans des examens mieux assortis à la fois aux leçons préparatoires et aux fins poursuivies.

C'est là, me direz-vous, un véritable dithyrambe, et si tout est au mieux, que réclamez-vous de plus? Il faut bien que certains hommes de la partie continuent à ne voir que ce beau côté de notre mission et la manière plus qu'honorable dont nous croyons l'accomplir, sans s'être demandés s'il n'existerait point quelque revers de médaille. Un fait qui s'est produit récemment dans nos Facultés le donnerait à penser. Je rappelle d'abord que la création d'Universités signifie, avant toutes choses, expansion de l'enseignement, par conséquent direction vers un but scientifique qui n'est pas encore atteint dans toutes ses parties. En d'autres termes, nous estimons que nous serions en mesure d'accomplir, à côté du bien que nous avons fait, de grandes et de nouvelles choses, mais que notre charte de fondation nous met dans l'impossibilité de les tenter, que c'est donc cette charte qu'il faut refaire ou remanier. Toutes nos revendications tiennent dans ces quelques mots.

Je viens de faire allusion à un malentendu qui a marqué la dernière période. Nous avions à pourvoir au remplacement au Conseil supérieur d'un de nos deux représentants. M. Beudant, ancien doyen de Paris, s'était mis sur les rangs. M. Beudant a déjà siégé autrefois au Conseil; il y a fait preuve de qualités administratives de premier ordre, il a su y défendre, avec une rare énergie, les Facultés de Droit en butte à des attaques inconsidérées. C'étaient là autant de titres à une réélection.

Malheureusement dans sa circulaire, loin de prendre fait et cause pour le projet des Universités, il a préféré choisir comme plateforme de son élection la sauvegarde des petites Facultés contre les grands centres. La question des Universités pour lui est plus une question d'opinion que de règlement : on peut travailler aussi efficacement dans telle ville ou dans telle autre ; s'il y a des foyers plus actifs, ils se révèleront d'eux-mêmes, c'est dans leur propre énergie et par la loi naturelle de la concurrence qu'ils arriveront à se mettre hors de pair. Que penserait donc M. Beudant, si on lui disait que les menottes que nous met aux mains l'organisation de la vieille Université de France, qui a ses préférences, font tout justement obstacle dans l'ordre scientifique à l'accomplissement de cette loi naturelle? C'est pourtant l'absolue vérité. Nous avions à protester sans retard contre la doctrine qu'on nous présentait, nous l'avons fait avec une unanimité significative, et c'est ainsi que nous nous sommes trouvés privés du plaisir de concourir à l'élection d'un délégué qui avait personnellement toutes nos sympathies.

Cet incident doit nous servir de leçon. Nous ne croyons pas qu'on se rende bien nettement compte à Paris de nos réclamations. Si pourtant nous n'avons pas les Parisiens pour nous, notre cause est, je ne dis pas compromise, mais condamnée à redoubler d'efforts. Ils tiennent dans les conseils du gouvernement une place qui réduit singulièrement la nôtre : ils seraient les avocats tout désignés de nos plaintes, il y aurait là pour eux un rôle très digne à tenir, et dont ils ne se soucient qu'à moitié. Quand nous autres villes de province, qui cherchons à devenir astres de seconde grandeur, — ce qui est à coup sûr une prétention bien discrète et bien modérée, — nous essayons de nous entendre pour défendre nos intérêts communs, nous nous heurtons à toutes les difficultés que l'espace nous crée.

Si Paris s'associe à la campagne sans grand enthousiasme, si quelques-uns de ses hommes refusent même de s'y associer, la raison en est simple. Ce n'est pas que l'on prenne ombrage dans la capitale des résultats qui nous rapprocheraient d'elle : la ville la plus courtoise et la plus athénienne du monde est au-dessus de ces vulgaires soupçons. Non, Paris continue dans son inconscience à se désintéresser d'une province qui n'existe pas pour lui : conséquence merveilleuse de cette centralisation à outrance qui fait cesser les grands hommes à la barrière du Trône. Venez à nous, nous vous communiquerons notre prestige et nos ressources. Paris est dans l'ordre scientifique bien outillé, il dispose de toutes les faveurs, il a l'abondance du personnel, il a l'argent sous forme de laboratoires, de traitements, de subventions de toute nature. Si l'organisation générale laisse à reprendre en France, il ne s'en aperçoit pas. Il voit nettement ce qu'il possède : ce qui manque aux autres le frappe beaucoup moins. Non pas que nous approuvions, sans réserve, la constitution de l'enseignement parisien, en nous plaçant au point de vue des réformes que nous souhaitons. Cet enseignement, quoique mieux doté que le nôtre, et susceptible à ce titre de combler certaines lacunes qui resteront chez nous jusqu'à nouvel ordre irréparables, laisse bien aussi à reprendre. La faute n'en est pas aux hommes, dont la notoriété est justifiée par le talent, mais au système. Et voilà pourquoi le fait par les savants de Paris de ne pas se joindre à nous, disons de ne pas prendre notre drapeau pour diriger le mouvement, de crainte de froisser des hommes plus habitués à précéder qu'à suivre, serait, même quant à eux, de mauvaise politique.

J'arrive au fait. Nous avons en France dans les Ecoles de droit un programme d'enseignement uniforme pour toutes les Facultés. Cette affirmation comporterait quelque tempérament pour le doctorat : de la licence, elle est strictement vraie. Les mêmes cours sont professés partout, sur la même trame de matières enseignées, j'allais dire presque à la même heure ! C'est un admirable unisson. Deux étudiants du nord et du midi se rencontrant au milieu de l'année constatent, en échangeant leurs impressions, que leurs professeurs respectifs sont parvenus sensiblement à la même date à dérouler devant eux les règles de la même institution. Un chronomètre n'agirait pas avec plus de régularité.

Ce programme de trois ans comprend un minimum irréductible de connaissances que l'État est en droit d'exiger de tout licencié. Aucun d'entre nous ne demande, à ce qu'il me semble, que la moindre atteinte soit apportée à cette distribution première, répartie dans douze ou treize centres par arrêté supérieur avec une remarquable égalité. Dessaisir les Facultés de droit de leur rôle professionnel serait faire un saut dans l'inconnu. On pourra discourir sur l'opportunité de réduire les proportions de tel cours, d'augmenter les proportions de tel autre, parce que la vie des faits aura donné à certaines matières un surcroît d'intérêt pratique ou à l'inverse fait sécher sur l'arbre des institutions un vieux rameau. Le système dans l'ensemble doit être conservé. L'enseignement de la chaire produit de grands effets : il initie, beaucoup mieux que le livre, surtout ces organisations d'une indolence relative qui ne trouvent pas dans la lecture de l'ouvrage un stimulant assez énergique.

Mais est-ce tout, et n'y a-t-il pas autre chose à attendre de notre action de tous les jours ? Nous avons à Lyon l'intime conviction du contraire. Ces cours, par cela même qu'ils ont pour but de préparer l'apprentissage professionnel de la jeunesse, se font remarquer par leur portée générale. Nous ne voyons pas ce que nous pourrions répondre à nos étudiants, s'il nous prenait la fantaisie, en appuyant sur certaines matières de notre programme, de sacrifier les autres, s'ils nous reprochaient en définitive de ne leur laisser voir qu'une partie du tout ? En toute sincérité, je ne crois pas que, dans l'état actuel des choses, cette manière de faire nous soit seulement permise.

C'est ici qu'entrent en ligne ces cours que les personnes uniquement préoccupées du sens utilitaire des choses qualifieront peut être cours de luxe, mais dont le maintien, dont l'extension surtout est absolument nécessaire à la manifestation de notre force et de notre vitalité. Un cours général laisse en friche les facultés inventives de l'homme ; par cela même qu'il faut parcourir un cycle étendu, on doit voir de haut et d'un peu loin : l'esprit de synthèse y gagne, mais on ne peut pas appliquer à l'examen de chaque institution dans son passé, dans sa fonction actuelle, dans son avenir, les moyens scientifiques dont dispose notre époque. On ne peut plus faire de science dans l'acception supérieure du mot, et c'est pourtant cette science désintéressée, comme le montre votre article, qui trouve en nous ses véritables adeptes, car elle jette le grain des idées généreuses et des découvertes utiles (oui, messieurs les utilitaires !) et sert de base à la composition du livre.

Je vais, si vous le voulez bien, choisir un exemple dans ma propre spécialité. Lyon a un passé commercial des plus glorieux. Sur ce terroir privilégié il s'est formé des rouages municipaux, des coutumes de droit qui se sont répandues par croisement avec d'autres coutumes et ont concouru puissamment à la marche de la civilisation. Si les archives communales sont parfois un peu sobres de renseignements, il y aurait moyen certainement, en multipliant et en combinant les recherches, de faire sortir des matériaux accumulés plus d'une révélation scientifique.

Qui donc est qualifié, sinon nous-mêmes, pour procéder à un pareil défrichement? Le pouvons-nous? Là est la question. J'affirme que les cadres d'acier de l'Université de France paralysent entièrement notre bonne volonté, et qu'il faudrait à l'homme, pour se lancer dans cette direction d'une manière suivie, une santé ou des loisirs que compromet et qu'absorbe ce que j'appellerai le courant de notre travail.

Trois leçons par semaine, et cela sans la moindre interruption, de novembre à juillet, trois séances d'une heure un quart ou d'une heure et demie chacune, et trois séances revenant chaque année non pas sans doute les mêmes, mais sur les mêmes sujets, trois leçons qu'on ne peut songer à présenter chez nous selon la méthode allemande, en les lisant, car ce serait en émousser du coup la portée, trois leçons nécessitant une préparation toujours renouvelée, fatiguant beaucoup par l'action inévitable de l'improvisation, dans la mesure très réelle où le professeur improvise, et condamnant l'homme à un repos de plusieurs heures! Comment veut-on que la personne la moins soucieuse d'émoluments proportionnés à la tâche qu'elle donne, trouve le moyen d'organiser ses journées pour mener de front à ce labeur écrasant, fastidieux parfois dans sa monotonie, les recherches personnelles appliquées à une charte ou à une série de documents d'histoire? Et je ne parle pas ici de toute la besogne complémentaire consistant à faire passer des examens, à étudier des thèses, à vérifier des arrêts, à composer des articles pour nos revues (que les Ministères, soit dit en passant, sont hors d'état de subventionner, faute de fonds, tandis qu'ils prennent des abonnements aux périodiques dirigés par les avocats de Paris)?

Il me semble que la réforme est tout indiquée. Il est urgent d'abord d'augmenter sensiblement le personnel des Facultés qui se croient aptes à jouer ce rôle nouveau: par là seulement les professeurs titulaires seront en mesure de suspendre à certains intervalles leur cours réglementaire, en faisant appel au zèle des suppléants. Tandis qu'un autre tiendra provisoirement leur chaire, ils ouvriront des enseignement annexes sur certaines matières spéciales qu'ils envisageront à leur gré sous leur aspect pratique, historique ou social. Ils n'auront à ces leçons qu'un auditoire restreint ; mais peu leur importe, s'ils arrivent à inculquer leur méthode à trois ou quatre fidèles qui n'auront pas rebroussé chemin devant les aspérités inévitables de la science. Un cours, d'où ne sortirait qu'un livre ou une thèse de doctorat frappée à la bonne marque, a largement atteint son but.

Or aujourd'hui nous avons à Lyon trois agrégés. En réalité nous n'en possédons qu'un. Les deux premiers sont chargés d'enseignements généraux semblables à ceux des chaires, et par conséquent manquent de cet état de disponibilité sans lequel toute suppléance suivie devient impossible. Il nous faudrait au moins quatre ou cinq agrégés libres, qui ouvriraient des cours sur leurs sujets préférés dans le temps où les titulaires ne recourraient point à leur office (la science au total n'y perdrait rien) et qui seraient rétribués bien entendu à la fois comme agrégés, comme suppléants, comme professeurs de cours spéciaux, je devrais dire encore, et comme maîtres de conférences. Il est humiliant de voir aujourd'hui à quelle part, qui n'est même plus la portion congrue, la faiblesse des ressources fiscales réduit nos malheureux agrégés, nos collaborateurs si dévoués et à tous égards si méritants !

Voilà le premier point : voici maintenant le second. Ces cours nouveaux, dont il est absolument impossible d'arrêter d'avance le champ ou même le nombre (car ce serait aller contre la pensée inspiratrice du système lui même), doivent échapper à l'uniformité des cours réglementaires. L'ancienne Conservation des foires ou les dessins de fabrique nous intéressent à Lyon : il est probable qu'à Rennes on s'y attacherait beaucoup moins. Les armateurs de Bordeaux ont à recourir à l'avis de personnes très compétentes sur les procès d'avaries ou d'assurances : bien que nous devions, l'an prochain, à Lyon être pourvus, par la volonté des décrets, d'un cours de droit maritime, je ne vois pas dans la région de quoi même nous appliquer la plaisanterie de l'amiral suisse.

Pour ces adjonctions commandées aujourd'hui par le progrès une certaine autonomie s'impose. La rue de Grenelle ne connaît pas nos besoins scientifiques locaux : il faut qu'elle se dessaisisse au profit d'un Sénat universitaire de ses attributions concernant les cours spéciaux. Tant que le mot d'ordre viendra de Paris, nous aurons la certitude de voir se répercuter tout aussitôt une réforme, si petite soit-elle, avec cet automatisme que l'Europe nous envie, sur les treize Facultés de la République. La centralisation est condamnée par un vice implacable de naissance à découper tous les Français sur un patron commun, à exiger d'eux qu'ils boivent la science aux mêmes sources, et à assurer le service de l'enseignement supérieur comme celui des ponts et chaussées ou des contributions directes. Voilà une méthode bien capable, on en conviendra, d'enrichir la sève des citoyens de l'avenir !

Comment se fait-il que le Ministère, qui paraît depuis un certain temps être entré dans ces vues et qui l'a prouvé en déposant le projet des Universités, se soit — involontairement, cela va sans dire — déjugé d'autre part, en frappant toutes les Facultés de Droit il y a deux ans d'une adjonction *obligatoire* de cours, quelques-uns *facultatifs* pour les étudiants, qui doivent au Nord, à l'Est, à l'Ouest et au Midi, partout en un mot, battre leur plein dès l'année prochaine ? Autant ces enseignements auraient été pleins de promesses, si l'on avait laissé à chaque centre le soin de les instituer suivant ses besoins, autant ils perdent de leur vertu, et cela même avant de fonctionner, avec le régime de caserne qu'on leur inflige. Ils s'unifieront inévitablement dans leur méthode comme ils sont unifiés dans leur nombre, laisseront voir dans certains milieux leur parfaite inutilité, deviendront des cours généraux comme les autres, et ne feront en définitive que renforcer l'état-major de ces enseignements professionnels anciens qu'on nous reproche à tort, que nous ne voulons ni abolir ni diminuer, mais dont il ne faudrait pas cependant augmenter aujourd'hui le chiffre, si l'on entend demeurer entièrement d'accord avec soi-même.

Vous voyez, mon cher collègue, comment se relie intimement au projet des Universités la question de savoir si nous sommes ou non des établissements scientifiques. Les Facultés de Droit sont parfois en présence d'attaques bien peu réfléchies. Il est vrai que ces attaques disparaissent comme elles sont venues, et que, lorsque la bourrasque a passé, aux yeux de l'opinion générale et de la conscience de nos propres aptitudes, nous ne nous en portons pas plus mal. Nous avons l'esprit scientifique au même degré que n'importe quelle autre école supérieure. On a, dans une réorganisation récente du concours d'agrégation, à laquelle j'applaudis pour ma part hautement, en me réservant bien entendu de rétracter mon dire si l'essai ne réussit pas, ce qui est peu probable, fait une place aux spécialités et invité les candidats à se pénétrer du côté philosophique des institutions. C'est, je le répète, une heureuse pensée. Mais la pensée n'aboutira que si l'on nous donne l'autonomie relative du groupement des

Facultés délibérant dans les centres importants sur leurs programmes spéciaux.

La vérité est que la chaine qu'on nous a rivée jusqu'ici ne permet pas à cet esprit scientifique de se produire comme il le voudrait. On a beau jeu de nous reprocher un rôle *exclusivement* professionnel dans lequel on nous emprisonne de force. Lorsque l'on ouvrira des jours dans notre maison, l'air de la science y circulera en abondance, sans qu'il soit le moins du monde nécessaire de faire violence aux aptitudes et au tempérament des hommes. Nous en avons la preuve ici-même. Pour ne citer que le dernier exemple, il est sorti de nos cours du soir l'ouvrage de mon collègue Appleton sur la *Propriété prétorienne,* qui a eu un retentissement considérable en France et à l'étranger — et plus encore à l'étranger qu'en France. Ce livre ne passe pas pour un ouvrage de fausse érudition. Eh bien, nous en aurons d'autres encore, et beaucoup d'autres, le jour où l'on nous donnera les facilités de cultiver ici et là les coins et les recoins de la science.

Mais voyez en même temps que de contradictions de système !

Ces cours du soir sont presque tous subventionnés par la municipalité. L'appui qu'elle nous a prêté en leur assurant la subsistance, lui fait le plus grand honneur : c'était, de la part de nos édiles, très nettement comprendre que le prestige scientifique de Lyon en serait relevé, puisque, encore une fois, de cet enseignement-là sortiront les œuvres les plus flatteuses pour le maintien de notre renom. Il est pénétré de la note universitaire, telle que j'essayais tout à l'heure de la marquer. Mais ces cours vivront-ils ? Nous en sommes à nous demander pourquoi aux yeux de certaines personnes leur avenir serait compromis, et si cette crainte a seulement quelque fondement. Nous nous plaisons encore à croire à quelque malentendu. Ce que nous voyons bien, par contre, c'est l'avalanche d'autres cours complémentaires, d'institution d'État, ceux dont je parlais plus haut, qui cesseront de répondre à la même pensée, et pour lesquels, sans augmentation de personnel, l'administration supérieure, trouvant sans doute que chacun de nous n'est pas encore assez chargé, va nous demander quarante-cinq leçons annuelles de plus, à ajouter aux quatre-vingt-quinze actuelles, soit six séances publiques par semaine dans un semestre et trois dans l'autre, moyennant une indemnité minable dont je n'ai pas même le courage d'avouer ici le montant, par simple respect pour la tenue de la maison et de ses chefs aux yeux du public.

Au total, le problème des Universités implique, pour sa réus
site, chez nous comme ailleurs, un sérieux appoint d'argent. Si
l'Etat ne se voit pas en mesure de nous doter plus largement, nous
continuerons à traverser des phases précaires. Le titre d'Université pourra attirer à nous des dons ou legs. Mais il ne faudrait pas
que l'Etat se jugeât quitte en nous donnant le titre, même escorté
d'une décentralisation plus ou moins large. L'argent doit nous
venir du budget d'abord, les particuliers nous honoreront ensuite
de leurs largesses : on ne donne qu'aux riches, et le courant de
faveur qui doit amener dans nos caisses les libéralités privées
n'est pas encore formé.

Vous avez pu remarquer que je ne parlais pas d'une amélioration de traitement pour chacun d'entre nous. Il est sans doute
invraisemblable que nous soyons à Lyon mis sur le même pied
que dans une ville de quatrième ordre, où la vie est deux fois
moins chère et où les familles sont exemptes de tout souci du
lendemain. Il est invraisemblable qu'on nous relègue bien loin
derrière Paris, sans même la plus modeste indemnité de résidence.
Mais, si vous me le permettez, nous laisserons cette constatation
en dehors de nos vœux de premier plan. Pour que la réforme
trouve crédit, il est essentiel qu'elle se débarrasse de toute pensée
d'intérêt personnel. L'argent que nous demandons est réclamé pour
la collectivité, et rien que pour renforcer sa puissance agissante.
Il nous faut des fonds importants pour créer des cours nouveaux
et nous procurer des auxiliaires nouveaux. Et alors, nul ne pourra
plus nous écrire de Paris qu'on étudie aussi bien dans les petites
Facultés que dans les grandes. Car les petites Facultés ne seront
pas en état de prétendre à notre outillage, et nous arriverons à
former des disciples à des méthodes que ces enseignements
annexes seront seuls en mesure de dégager.

L'argent, ai-je dit, et un argent que le Ministère ne découpera
plus en tranches rigoureusement symétriques et égales, pour se
soustraire à la crainte de faire des envieux ! Un argent, qui ali-
mentera les grandes Universités plus copieusement que les petites
villes, parce que les Universités auront des fonctions propres qui
nécessiteront un apport supplémentaire de nutrition en échange
du travail dépensé ! L'argent, que l'état international des arme-
ments ne pourra laisser venir à nous que peu à peu et sans l'ouverture de grands canaux d'accès ! Que voulez-vous ? Il faut en
prendre notre parti. Je maudis la guerre comme vous, convaincu
que la science la fera un jour disparaître. Je la maudis aussi,

parce que c'est elle qui ne permet pas de nous accorder toutes les subventions dont nous serions dignes. Mais nous sommes en présence d'une situation où le patriotisme commande de s'incliner, avec l'espoir qu'une question, que nous Français n'avons pas créée, se liquidera sans effusion de sang, un jour ou l'autre, au mieux des intérêts de notre pays d'abord, et de l'enseignement supérieur en particulier.

Si cette lettre n'était déjà bien longue, je vous dirais en finissant comment j'entends le contre coup de la réforme sur les Facultés qui ne seraient pas élevées au rang d'Universités nouvelles. Pour moi, ce contre coup ne se produirait même pas. Elles sont ce qu'elles sont, et le resteront. Nous ne songeons pas à les amputer, encore moins à les anéantir. Après tout, aucune ville n'est marquée d'avance au sceau du destin. Le fait de posséder trois Facultés sur quatre ne devrait pas être un obstacle forcé à l'obtention des nouvelles prérogatives. Evidemment, dans le *quadrivium*, toutes les écoles se prêtent une mutuelle assistance et les sciences s'éclairent les unes par les autres. Mais il en manquerait une à l'appel, que je ne croirais pas opportun d'en faire une fin de non recevoir.

Pour en revenir aux Facultés isolées, il a été question d'abord de les dépouiller de la collation du doctorat. On a renoncé à cette idée et on a bien agi. Pourquoi vouloir les amoindrir ? Les villes ont fait de grands sacrifices pour l'établissement de leurs écoles, nous serions les premiers à Lyon à reconnaître que ces précédents valent comme droits acquis. Que nos adversaires, avoués ou non, cessent donc de se faire d'une menace de déchéance une arme de coalition contre nous ! Il est probable que, si nous pouvions correspondre de ville à ville et débattre nos intérêts respectifs en commun, tout malentendu finirait par s'évanouir. Nous ne demandons pas aux petites Facultés de subir une réduction de budget ; nous réclamons seulement un budget mieux fourni qu'elles, parce que nous aurons plus à faire et plus d'auxiliaires à rétribuer. Il me semble que c'est la seule bonne manière de comprendre la justice distributive. Libre à elles de montrer par l'initiative de leurs hommes, par leurs productions et par l'empressement de leurs élèves, qu'elles sont préparées à recevoir à leur tour le baptême universitaire. Nous n'entendons fermer aucune porte, nous nous mesurerons tous dans la lice des compétitions généreuses.

Que si maintenant ces centres qui, de petits qu'ils sont, peuvent devenir grands à leur tour, s'obstinent à faire acte de résistance et ne veulent pas entendre raison devant des vœux aussi légitimes, aussi courtois que les nôtres, il nous restera la ressource de leur rappeler la fable du chien du jardinier. Interdire au prochain de monter quand on ne se sent pas actuellement de force à tenter l'ascension ; vouloir, sans qu'on se sente autrement lésé, obliger les autres à garder le niveau qu'on occupe soi-même, serait une attitude étrange, dont nous continuerons jusqu'à nouvel ordre à croire incapables des hommes dont nous avons pu apprécier dans de nombreuses circonstances la parfaite urbanité.

Croyez, mon cher Secrétaire, à mes sentiments les plus affectueux.

E. THALLER.

Le Comité de publication, dans une réunion extraordinaire tenue le 26 janvier 1891, a déclaré, à l'unanimité, qu'il y avait lieu de publier dans la tribune du présent bulletin les deux articles de MM. Thaller et Dubois sur les réformes universitaires.

Il a pris, en outre, les résolutions suivantes :

1° La tribune du bulletin de l'Association des amis de l'Université sera à l'avenir ouverte de plein droit à tous les Universitaires qui voudront y publier des articles inédits sur des questions d'intérêt universitaire exclusivement. (1)

2° Ces articles ne devront contenir aucune *attaque* ayant un caractère personnel.

(1) Nous invitons très instamment nos collègues à nous adresser leurs communications, en les priant de bien vouloir se conformer à la décision suivante prise par le Comité de publication dans sa séance du 3 mars 1890 :

Il sera réservé aux auteurs des articles devant être publiés dans la *Tribune universitaire* de chaque fascicule, 32 pages de texte, à raison de 8 pages par faculté, à moins que tel ordre d'enseignement, n'utilisant pas la place qui lui était réservée, ne permette aux autres d'en profiter.

Ce n'est que par mesure exceptionnelle qu'il a été décidé que le nombre de pages réglementaire serait augmenté dans ce fascicule pour permettre d'insérer, en raison de son importance, le très intéressant article de M. le Président Thaller, présenté à la dernière heure.

* *
*

A mon excellent Collègue, M. le Professeur Thaller, président du Comité de publication du *Bulletin*.

MON CHER PRÉSIDENT,

J'ai peut-être battu la charge, tout en croyant sonner la diane : mais peu importe après tout, pourvu que nous marchions et surtout que nous avancions.

Depuis deux ou trois ans, il me semble que nous dansons une ronde, dont le refrain est bien monotone; « Décentralisons! décentralisons! » Puis c'est un temps de repos et..... la ronde recommence! Elle tourne bien un peu à la « danse des œufs » depuis quelque temps, ce qui n'est guère plus gai, étant donné que nous n'avons pas généralement, nous autres gens de science, la jeunesse et la grâce de Mignon.

Je ne sais si cela durera un demi-siècle, comme vous le demandez, trouvant sans doute quelque malin plaisir à la chose, mais je vous avoue, mon cher Président, que j'aimerais mieux sauter une bonne fois que de danser ainsi toute ma vie..... et peut-être même après..... qui sait? une fois l'habitude prise.

Tandis que, si l'on adoptait, dès maintenant, le principe de ma réforme, en 1940 les Universités seraient déjà riches et capables de se suffire à elles-mêmes. Il faudrait alors faire une loi nouvelle. Cette perspective vaut bien la peine qu'on s'y arrête, je pense, et que l'on ne considère pas comme une simple boutade un projet qui est le résultat de mûres réflexions, d'une expérience déjà longue et qui, après tout, se tient parfaitement debout.

D'ailleurs vous voudrez bien m'accorder qu'il n'a pas fallu cinquante ans à la troisième République pour mener à bonne fin des réformes beaucoup plus considérables que celles que je propose et bien autrement *radicales* : je veux parler de la réorganisation de l'armée et de celle de l'enseignement primaire, que je considère comme les deux plus beaux fleurons de sa couronne. Vous voyez bien que je suis Montagnard quand il s'agit de l'unité et de la défense nationales, et vous me pardonnerez bien, je pense, d'être Girondin *en matière d'enseignement supérieur*, c'est-à-dire décentralisateur.

Enfin, pour vous prouver qu'en somme je suis conventionnel, je vous avouerai confidentiellement que je me complais parfois dans le « marais »... et qu'il en existe à Tamaris-sur-mer, où notre déplorable centralisation m'empêche de faire, pour notre future Université, ce que MM. les Parisiens font depuis longtemps pour leurs laboratoires particuliers.

Veuillez agréer, mon cher Président, l'expression de mon très affectueux dévoûment.

R. Dubois

INSTITUTIONS LYONNAISES

LA DÉCENTRALISATION UNIVERSITAIRE ET LA STATION MARITIME
ET TERRESTRE DE L'UNIVERSITÉ LYONNAISE, PAR RAPHAEL DUBOIS

Pour répondre aux demandes de renseignements qui me sont
adressée de divers côtés au sujet de la station maritime de
Tamaris-sur-Mer, je crois n'avoir rien de mieux à faire que de
publier dans ce *Bulletin* la réponse que je viens d'envoyer à
M. le Dr de Varigny, à Paris

LYON, 16 décembre, 1890.

MON CHER AMI,

Vous me demandez « Qu'est-ce que le laboratoire de la Seyne-sur-mer ?
Qu'y a-t-il de fait ? Que pensez-vous faire ? »

Le Laboratoire ou plutôt la station maritime de l'Université de Lyon,
à Tamaris-sur-Mer (commune de la Seyne-sur-mer) est un essai expérimental de décentralisation universitaire.

Nous avons beaucoup fait, car nous avons fondé un établissement
scientifique annexe d'une Faculté de l'Etat, par la seule force de l'initiative privée.

Il nous reste beaucoup à faire, car nous voulons intéresser à notre
œuvre l'Etat, c'est-à-dire le Ministère de l'Instruction publique, la
municipalité de Lyon et le Conseil général du département du Rhône.

En cherchant à doter la future Université Lyonnaise d'une station
maritime et terrestre de biologie, où les études de physiologie générale
et comparée tiendraient une large place, je n'ai pas essayé d'augmenter le nombre, déjà trop grand en France, des laboratoires de *Zoologie*,
ce qui ne pourrait que nuire au développement des plus importants, de
ceux qui, comme à Roscoff et à Banyuls, concourent si efficacement à
notre relèvement scientifique.

Mais j'ai toujours été et demeure convaincu que la décentralisation
scientifique, littéraire et artistique de la France est une question de vie
ou de mort pour notre prestige national. Si nous persévérons plus longtemps dans la voie funeste de la centralisation intellectuelle à outrance
nous périrons misérablement par la perte de toute originalité individuelle, collective ou locale, aplatis, polis, mais usés, par le jeu automa-
tique des laminoirs et des filières de nos écoles spéciales.

Que tous nos monuments se ressemblent déjà, ce n'est pas une chose bien réjouissante, mais ce que nous devons redouter le plus, c'est la perte de l'esprit critique en matière scientifique et de l'originalité en matière littéraire et artistique, car ce serait la condamnation irrévocable de tout progrès : ce serait la France copiste et plagiaire, après avoir été la grande créatrice, réduite à enregistrer les découvertes des peuples voisins et à payer leur gloire autrement peut-être que par des tributs d'admiration.

Si l'on ne fait pas un vigoureux et puissant effort pour le relèvement immédiat de l'activité intellectuelle en province, par une décentralisation *honnête* et *sincère*, c'est la perte, dans un avenir prochain, de toute émulation, la suppression de toute libre discussion, de toute critique indépendante et désintéressée. C'est le triomphe des dynasties scientifiques et du népotisme, et l'avènement de castes privilégiées de fonctionnaires pédagogues, fortement centralisés, exclusivement voués au culte de la forme et de la tradition, imbus de l'esprit de camaraderie et ne jugeant plus les hommes d'après leur mérite, mais seulement d'après leurs origines.

Le monopole de l'éducation et de l'instruction nationales ne tarderait pas à être livré à des mandarins sortis d'un même moule, sans caractère, dépourvus de toute idée « géniale » ou personnelle, fort capables pourtant d'écrire cinq cents pages pour expliquer aux autres ce qu'un auteur ancien aura dit en cinq mots, et régnant sans partage sur un aimable peuple de gobe-mouches.

Ce que j'avance n'est pas à prouver, les hommes les plus compétents sont d'accord sur la nécessité d'une décentralisation intellectuelle.

Dans une remarquable conférence faite l'année dernière à Lyon sous les auspices de l'Association des Amis de l'Université Lyonnaise, M Liard, l'éminent Directeur de l'enseignement supérieur, faisait un chaleureux appel à la générosité des Lyonnais pour assurer à leur Université l'indépendance, en lui donnant les ressources suffisantes : « Entre l'État et la Ville, disait-il, il ne saurait y avoir d'antagonisme, il n'y en aura jamais, parce que tous deux poursuivent le même but de décentralisation littéraire et scientifique qui fera la France grande et prospère ! Ayons confiance dans notre œuvre, dans ses résultats, et si nous la voyons aboutir, nous pourrons dire les uns et les autres, que nous avons bien mérité, vous de votre ville et nous du pays tout entier. »

De la parole le Ministère a passé à l'action et un projet de loi a été présenté aux Chambres pour la création de grandes Universités provinciales.

Mais pour que l'indépendance et l'autonomie de ces grands centres soient réelles, effectives, il est indispensable qu'ils puissent se suffire à eux-mêmes et possèdent tous les rouages nécessaires ou utiles à leur fonctionnement.

Il faut qu'ils jouissent au moins des mêmes avantages que possèdent déjà d'autres grands centres avec lesquels ils sont appelés à rivaliser d'ardeur pour le plus grand bien de la science.

Paris possède à lui seul au moins huit stations maritimes et plusieurs stations terrestres. Marseille, Bordeaux, Montpellier, Caen ont leurs laboratoires zoologiques. Pourquoi l'Université de Lyon serait-elle privée d'une station de Biologie où l'on pourrait étudier avec succès une foule de questions de physiologie, de zoologie, d'embryologie, d'anatomie, de botanique et les nombreuses applications de ces différentes sciences à l'agriculture, à la sériciculture, à l'ostréiculture, etc., etc., dans un climat essentiellement différent du nôtre ?

Et qui donc aujourd'hui oserait prétendre que la création de laboratoires de zoologie, poursuivie avec tant de succès et de dévouement par M. Lacaze-Duthier, n'a pas largement contribué à imprimer à l'enseignement des sciences naturelles à la Faculté de Paris la plus vive et la plus féconde impulsion et relevé d'autant le prestige fléchissant de notre vieille Sorbonne ?

N'est-il pas légitime que ceux qui ont si souvent entendu le Maître énumérer avec enthousiasme les avantages des études faites sur la nature elle-même, pour l'éducation des jeunes naturalistes et l'accroissement des découvertes, cherchent à leur tour à faire bénéficier des mêmes bienfaits, qu'ils ont reçus, ceux dont l'avenir scientifique leur est aujourd'hui confié et dont ils sont moralement responsables?

Pouvons-nous enfin être autonomes et indépendants, alors que chaque jour nous devons demander aux laboratoires parisiens des matériaux pour notre enseignement ou pour nos recherches?

Quelle serait la situation d'un biologiste qui aurait à combattre des idées soutenues dans les chaires dont ces laboratoires dépendent? Pourra-t-il demander à ses adversaires scientifiques des armes pour attaquer des opinions qu'il ne croit pas exactes ou repousser des attaques qui lui paraissent injustes? Et alors même qu'il pourrait compter sur leur désintéressement, sa liberté n'en sera-t-elle pas moins enchaînée?

Enfin qu'est-il arrivé, quand nous avons envoyé des élèves dans certain laboratoire parisien dont la clientèle n'est pas assez nombreuse pour justifier les sacrifices que l'État s'impose pour en assurer l'existence?

On les a engagés à abandonner l'école où ils avaient été formés et à faire profiter du fruit de leurs travaux et de leurs recherches des recueils qui ne peuvent donner aucune idée de l'activité de notre centre scientifique et tendraient plutôt à la masquer.

A quoi bon créer des *Annales de l'Université lyonnaise,* si nous ne pouvons donner à nos savants l'indépendance pour le choix des publications où figureront leurs découvertes et aussi les moyens d'action propres à en augmenter le nombre?

On ne devra voir dans la tentative que j'ai faite de créer à Tamaris-sur-Mer une station maritime lyonnaise qu'un essai pratique de décentralisation et l'affirmation du désir de voir refleurir en France la science illustrée par Claude Bernard et Paul Bert, la physiologie générale et comparée, si négligée dans nos diverses stations *zoologiques.*

Sans doute, ce n'est pas cette création qui, à elle seule, pourra donner à notre Université future un grand éclat au point de vue de la culture des sciences biologiques. Mais ce n'est pas non plus un élément de prospérité négligeable.

En tous cas, cette entreprise nous fournira un précieux réactif pour reconnaître s'il est possible de fonder quelque espérance sérieuse, au point de vue de l'avenir, sur les promesses et les discours, qui jusqu'à présent ont constitué le seul fond réel de la décentralisation universitaire.

Devons-nous croire à la possibilité de cette décentralisation universitaire que l'on a fait miroiter à nos yeux? Et n'est-il pas de notre devoir de tout tenter pour nous renseigner immédiatement et par là éviter peut-être le découragement profond, qui suit inévitablement le cruel évanouissement d'un rêve grandiose longtemps caressé?

Nous ne pouvions avoir de moyen plus efficace que celui qui consiste à faire, en petit, sur un point nettement circonscrit, un essai de décentralisation.

Je me souviens qu'un jour je faisais part à mon maître Paul Bert de certaines idées théoriques qui depuis longtemps déjà assiégeaient mon esprit : « Je crois ces idées justes, lui dis-je, qu'en pensez-vous ? » — « Je pense, me répondit-il, qu'il faut faire l'*expérience,* après cela vous pourrez songer librement à autre chose. »

La méthode expérimentale est là tout entière et c'est elle que j'ai employée, convaincu d'ailleurs que je rendrais à mes contemporains un plus grand service qu'en écrivant un volume sur les choses du temps passé.

Mais avant de vous faire connaître les résultats de l'expérience, je veux vous dire en quoi elle a consisté. J'ai d'abord réclamé l'annexion à l'une de nos Facultés, en attendant que nous soyons Université de par la loi, d'un des trop nombreux laboratoires *zoologiques* maritimes entretenus par le Ministère de l'Instruction publique.

La combinaison était simple, équitable, économique. Elle était en outre intéressante à un autre point de vue.

L'établissement, dont je demandais l'annexion (avec le personnel qui le dirige, s'il l'eût fallu), est entretenu au moyen de crédits alloués par les Chambres pour les « Hautes études ». Cette demande était d'autant plus légitime que ces fonds sont en totalité absorbés par la Capitale, comme si les hautes études étaient tout à fait étrangères à la province, en général, et à Lyon, en particulier, qui n'a jamais pu obtenir le moindre subside de ce côté.

Le principe de la décentralisation s'est heurté de suite à des questions de personnes.

Alors, pendant longtemps, j'ai erré sur les bords de la Méditerranée, cherchant un morceau de terre au fond d'une baie assez riche en animaux et en végétaux pour tenter les pêcheurs de découvertes biologiques. Dans le département du Var, à Saint-Tropez et à Sainte-Maxime, entre autres localités, j'ai rencontré des municipalités éclairées, amoureuses de la science et du progrès, qui n'ont pas hésité à nous offrir des moyens d'action, du terrain et de l'argent, du gaz et de l'eau, tout ce dont elles pouvaient disposer en notre faveur, pensant bien d'ailleurs que les Lyonnais ne laisseraient pas péricliter une entreprise qui avait si bien réussi sur d'autres points du littoral.

Mais aucun emplacement ne nous a paru comparable à la jolie station d'hiver et d'été de Tamaris-sur-Mer, où se trouvent réunis tous les avantages que doit présenter une station scientifique.

Tamaris, dont Georges Sand a fait pendant longtemps sa résidence favorite, est situé sur le territoire de la commune de la Seyne-sur-Mer, dans la rade du Lazaret, sur la rive opposée à celle de la presqu'île de Saint-Mandrier, où s'élève notre plus bel hôpital de la marine.

En face, à l'est, s'ouvre la grande rade de Toulon, dont le large goulet laisse voir au loin les îles d'Hyères et la presqu'île de Giens, où la proverbiale bienfaisance des Lyonnais vient de fonder, dans un site charmant, un beau Sanatorium que les enfants pauvres de notre cité doivent à la généreuse initiative de M. Sabran.

Vers le sud, la baie du Lazaret n'est séparée de la haute mer que par une mince bande de sable, l'isthme des Sablettes, qui relie au continent la presqu'île de Saint-Mandrier.

Je ne connais, sur notre littoral, aucun point présentant plus de variété sous le rapport de la constitution géologique du sol et de la qualité des eaux. On y rencontre des plages schisteuses, granitiques et calcaires, des fonds vaseux, rocheux ou sableux de toutes profondeurs. Les études les plus diverses peuvent y être entreprises tant au point de vue pratique et économique, qu'au point de vue scientifique.

La richesse et la variété des éléments qui composent la faune et la flore marine, ainsi que l'abondance des animaux et des végétaux indigènes ou exotiques, qui vivent sur le littoral, ou peuvent y être acclimatés, offrent des ressources inépuisables aux zoologistes, aux embryologistes, aux anatomistes, aux physiologistes et aux botanistes.

Il est certain que si l'Allemagne eût possédé un semblable territoire, elle n'eût pas encouragé la fondation à Naples du magnifique Institut zoologique pour l'entretien duquel le gouvernement impérial donne annuellement une subvention de *cinquante mille francs.*

C'est dans le bassin de Toulon que l'on rencontre encore aujourd'hui le plus grand nombre d'espèces de coquillages comestibles, qui malheureusement tendent à disparaitre les unes après les autres et ne peuvent devenir un objet d'exportation, faute de culture. Il y aurait à tenter de ce côté, pour des amateurs d'applications scientifiques, bien des essais pleins de promesses pour notre richesse nationale.

Est-il nécessaire de faire ressortir tous les avantages que présente pour une station scientifique la proximité d'une grande ville comme Toulon et de notre plus grand port militaire?

Tout ce qui constitue l'élément instruit de la marine : officiers, ingénieurs, médecins, pharmaciens deviendraient volontiers des missionnaires scientifiques zélés et éclairés, susceptibles de mettre notre centre universitaire en rapport avec tous les points du monde et d'apporter à notre établissement maritime des échantillons de toutes les richesses de nos vastes colonies, pour être distribués à nos musées et aux savants spéciaux de notre Université, qui en détermineraient la nature, la valeur, les applications possibles au commerce et à l'industrie.

Les étudiants de première année de la médecine navale et les stagiaires pourraient recevoir à la station l'enseignement technique nécessaire pour ce genre de recherches.

L'un de nos collègues a vu à l'Institut de Naples des officiers de la marine envoyés par le gouvernement allemand, précisément dans le but que nous venons de signaler et qu'il nous serait si facile d'atteindre sans avoir à nous déranger. Quand serons-nous pratiques ?

Il serait superflu d'insister plus longuement sur les avantages multiples que nous avons eu l'occasion de faire déjà ressortir dans divers articles publiés dans le Bulletin de l'Université.

J'ajouterai seulement que la station lyonnaise est à la fois terrestre et maritime et que cet *organisme amphibie* peut rendre autant de services à l'agriculture, à l'horticulture, à l'élevage du ver-à-soie, etc. etc., qu'à la pisciculture et à l'ostréiculture.

Chaque jour surgissent des problèmes nouveaux, dont la solution nécessite la connaissance des sciences biologiques, l'intervention des savants de profession et des études faites sur le terrain même.

Il me reste maintenant à vous faire connaître les résultats de l'expérience.

La station maritime de l'Université de Lyon est fondée, elle existe, mais ne fonctionne pas; vous verrez bientôt pourquoi.

On ne doit pas aller à Tamaris, comme certains l'ont fait, dans l'espoir d'y rencontrer un établissement en rapport avec l'importance de notre corps savant, ou avec celle de la seconde ville de France, dont il porte le nom. On éprouverait une véritable déception; c'est un nouveau-né, presque un embryon, il est inférieur au dernier des laboratoires de la France et de l'étranger : il est vrai qu'il n'est âgé que de quelques mois.

Son importance ne dépasse pas celle d'un laboratoire d'amateur. Il se compose de trois pièces au rez-de-chaussée. Une pièce au sud servant de bibliothèque et de cabinet de travail. La bibliothèque renferme une vingtaine d'ouvrages importants, les plus indispensables : on y trouve de quoi lire et... et tout ce qu'il faut pour écrire.

A l'est, une chambre transformée en laboratoire de chimie et de bactériologie, renfermant la verrerie, quelques appareils et les produits chimiques les plus usuels.

A l'ouest, est un petit cabinet pour les instruments de pêche.

Au rez-de-chaussée, se trouve également une cuisine qui constitue, avec une chambre située au premier étage, le logement du gardien, qui, ne recevant aucun traitement de l'Université, ne l'occupe que la nuit.

Au premier étage, en face de la mer, une belle chambre éclairée par une vaste baie au nord a été transformée en laboratoire d'histologie et d'anatomie très suffisant pour deux ou trois travailleurs. Elle renferme tous les menus objets et les réactifs employés pour l'anatomie et l'histologie.

Derrière cette salle d'anatomie, se trouve une pièce réservée aux expériences de physiologie et un petit atelier-magasin.

Cette installation *provisoire* a pu être organisée, grâce à la générosité de M. Michel Pacha, administrateur général des phares ottomans, qui a bien voulu prêter à l'Université *pour deux années*, la villa Val-mercoquette habitation, qui n'est séparée de la mer que par un jardin et un boulevard.

L'Université de Lyon possède donc déjà une station maritime, où l'on pourrait travailler dès maintenant, *si les règlements administratifs appliqués à l'enseignement supérieur en province ne mettaient pas les professeurs de nos facultés dans l'impossibilité absolue de bénéficier des avantages dont jouissent leurs collègues de Paris.*

Il est admis, en effet, et avec raison, à Paris, que le rôle d'un professeur de la Sorbonne par exemple, n'est pas purement pédagogique, et qu'il doit consacrer une partie de son temps soit à enrichir la science de ses découvertes, et par là assurer le prestige de nos institutions nationales, soit à former des maîtres ou des savants pour l'avenir, en associant aux travaux de son laboratoire ceux de ses élèves qu'il croit aptes à cultiver avec le plus de succès la branche scientifique qu'il représente.

À Paris, les cours publics ont lieu pendant un semestre et, pendant l'autre, le professeur peut en toute liberté poursuivre des recherches originales, aussi bien dans les laboratoires de la Faculté que sur d'autres points où il pourra rencontrer des matériaux plus appropriés : à Roscoff, à Banyuls, à Fontainebleau, par exemple.

Dans les Facultés de province il n'existe rien de semblable, sauf pour la Faculté de médecine, et le professeur de sciences naturelles est mis dans l'impossibilité de faire des recherches là où il le juge convenable, excepté pendant la période des vacances, c'est-à-dire pendant le temps de repos jugé nécessaire au bon équilibre intellectuel et à l'hygiène des ouvriers qui travaillent surtout avec leur cerveau.

Il y a lieu de noter, en passant, que cette période de loisirs est plus courte en France qu'en Allemagne, où elle est de cinq mois environ; il existe même en Suède et en Amérique, par exemple, des Universités où les professeurs ne font des cours que pendant une année sur deux et, en Angleterre, des laboratoires dont les directeurs ne professent que s'ils le veulent bien, parce qu'on estime que leur temps peut être employé d'une manière plus fructueuse. Il en résulte que le rendement scientifique tend chaque jour à devenir supérieur à l'étranger et que les recherches présentent un esprit de suite qui devient de plus en plus rare en France, où tous les professeurs de sciences sont indistinctement soumis à la même règle (en province), qu'ils aient ou non à supporter les charges matérielles d'un laboratoire. « La Science, a dit Dutrochet, est fille des loisirs ». Qui veut la fin veut les moyens.

Pour ces motifs, et pour d'autres encore, le fonctionnement des laboratoires provisoires de notre station maritime se trouve paralysé par les mesures d'exception qui régissent les Facultés de province.

Ces considérations ne m'ont pas arrêté dans la mise en pratique de mon plan d'expérience, parce que je suis convaincu que ces règlements étroits, établis à une époque où les besoins n'étaient pas les mêmes qu'aujourd'hui, seront prochainement modifiés par la déclaration de *l'égalité des diverses Universités dans le domaine des devoirs et des droits*, seul principe rationnel d'une décentralisation universitaire durable.

A l'installation provisoire, dont j'ai donné plus haut la description, succèdera bientôt un établissement définitif, un véritable Institut appartenant en propre à la Faculté des sciences, si, comme nous l'espérons, *l'administration supérieure n'y met aucun obstacle.*

L'Institut sera construit sur un terrain de deux mille sept cents mètres carrés et avec les matériaux offerts par M. Michel Pacha, à la Faculté des sciences de Lyon. Dans sa séance du 25 janvier 1890, le Conseil de la Faculté des sciences a accepté en principe et à l'unanimité la donation de M. Michel Pacha ; toutes les formalités nécessaires ont été immédiatement remplies et des démarches ont été faites aussitôt par notre administration locale auprès du Ministère de l'instruction publique pour obtenir le décret obligatoire autorisant la Faculté des sciences à accepter le don de M. Michel Pacha.

Six mois plus tard, le 16 juillet 1890, le décret d'autorisation était rendu, mais dans une forme telle qu'il annule ou rend attaquable l'acte de donation accepté par la Faculté des sciences.

Cet acte notarié et enregistré porte, en effet, que le terrain concédé doit être affecté à *l'établissement d'une station maritime annexe de la chaire de physiologie générale et comparée de la Faculté des sciences de Lyon,* tandis que le décret, contrairement au désir du donateur, autorise la Faculté des sciences à accepter la donation pour l'installation d'un laboratoire de *zoologie.*

La notification de ce décret aux parties intéressées est d'ailleurs accompagnée de réserves des plus instructives. Monsieur le Ministre fait remarquer que cette autorisation n'implique en rien la participation de l'État aux dépenses soit d'organisation, soit d'entretien du laboratoire projeté. Les laboratoires maritimes, dont les dépenses incombent à l'État, sont déjà trop nombreux pour qu'il paraisse possible d'en créer d'autres.

L'établissement projeté n'aura donc à compter que sur les ressources particulières qui pourront être données à cet effet à la Faculté des sciences ou sur celles dont elle pourra disposer sur ses biens propres.

Ces réserves indiquent nettement qu'en haut lieu on est résolu à entrer franchement dans la voie de la décentralisation. Seulement, *cette décentralisation serait purement financière*, et elle consisterait principalement à engager les Facultés de province à chercher en dehors du budget de l'instruction publique les fonds qui leur seront nécessaires pour augmenter l'importance de leurs services ou pour en créer de nouveaux.

Mais nous croyons que ce n'est pas de cette façon que l'on comprend, à Lyon, la décentralisation, qui, envisagée de cette manière, n'aurait d'autre effet que de permettre de reporter, dans une plus large mesure encore, les fonds votés par les Chambres pour l'enseignement supérieur de France sur la Capitale, déjà si absorbante et dont les appétits ne semblent pas diminuer.

Un mois avant la notification du décret accompagné des réserves dont j'ai parlé plus haut, paraissait dans le journal le *Jeune naturaliste* un article fort instructif intitulé : « Le nouveau laboratoire de Biologie végétale de la Sorbonne, à Fontainebleau. »

« Le laboratoire de Biologie végétale de Fontainebleau, dirigé par M. Gaston Bonnier, professeur à la Faculté des sciences de Paris, vient d'être ouvert aux travailleurs.

Tandis que de nombreux laboratoires spéciaux étaient consacrés à l'étude de la vie des animaux, il n'en existait pas pour la biologie végétale. C'est ainsi que *la Sorbonne* possédait déjà les laboratoires zoologiques de Roscoff, de Banyuls et de Wimereux ; elle aura maintenant le laboratoire de Fontainebleau destiné aux recherches sur les végétaux.

On sait combien les poussières de Paris et l'air de la capitale rempli de germes nuisibles empêchent d'y établir des cultures normales ; d'ailleurs, aucun emplacement n'était prévu pour les terrains destinés à la botanique expérimentale dans la Nouvelle-Sorbonne. C'est pour cela que la création d'un laboratoire de biologie végétale en dehors de Paris a été décidée en principe. Aucune localité pour l'établir ne pouvait être plus favorable que le voisinage de la forêt, dont la flore est si remarquable aussi bien pour les plantes supérieures que pour les végétaux cryptogames. Aussi, est-ce Fontainebleau qui a été choisi par M. G. Bonnier, pour l'emplacement de la nouvelle création du ministère de l'Instruction publique.

Grâce à l'initiative de M. Liard, directeur de l'Enseignement supérieur, les fonds nécessaires ont été votés par les Chambres pour la construction du laboratoire, tandis que de son côté, l'Administration des forêts a mis le plus grand empressement à faciliter l'affectation de deux hectares et demi au service de la nouvelle station botanique.

Dès que le terrain, affecté à ce service par le décret du 22 février 1889, s'est trouvé disponible, on a commencé la construction aujourd'hui terminée et qui représente la moitié du laboratoire total. Cette partie déjà construite est aménagée pour permettre d'utiliser les ressources que l'anatomie, la chimie et la physiologie peuvent offrir aux études de Biologie végétale. Elle renferme en outre le logement du chef de culture, du sous-directeur et un certain nombre de chambres pour les travailleurs qui demeureront au laboratoire.

Les terrains annexés au laboratoire et la serre, dont la construction est commencée, permettront d'établir les expériences de culture nécessaires.

On sait que toutes les questions scientifiques, même celles qui sont les plus abstraites, sont susceptibles de fournir d'importantes applications pratiques.

C'est là un point de vue qui ne doit pas être négligé au laboratoire de Fontainebleau et l'on y étudiera spécialement les questions scientifiques qui se rapportent à la culture agricole et forestière ainsi qu'à l'horticulture. »

On nous a affirmé que cette création parisienne avait coûté beaucoup à l'Etat. Je la crois fort utile, et nous ne regrettons qu'une chose, c'est que les biologistes lyonnais n'aient pas même le loisir d'aller demander l'hospitalité à leur collègue parisien.

Mais revenons à nos moutons... et à propos de moutons, je me souviens qu'un jour, en Allemagne, dans une petite ville universitaire, où j'étais allé passer quelques mois, mon hôte, un ancien officier allemand, qui avait eu le tympan crevé par un obus français et qui n'était point du tout gallophobe, peut-être à cause de cela (il avait été réformé avec pension), me dit, je ne sais plus à quel propos : « Pour nous autres Allemands, la France est bornée par les fortifications de Paris et en dehors il y a une vaste plaine remplie de moutons destinés à alimenter la Capitale. Vous en arriverez-là, répondis-je à mon Badois, avec votre manie aiguë de centralisation prussienne. » Et, tout dernièrement en effet il était fort question de supprimer au profit de Berlin, la vieille et célèbre Université d'Heidelberg, qui depuis cinq cents ans a fourni au monde entier tant de savants et de lettrés.

En dépit de ces constatations, quelque peu inquiétantes pour la résurrection provinciale, nous n'en avons pas moins continué notre expérience et tous comptes faits, voici ce que nous avons recueilli, sans le concours de la municipalité lyonnaise et du département du

Rhône, qui attendent que l'État veuille bien manifester le premier ses sympathies pour notre œuvre, afin d'éviter sans doute tout conflit avec lui.

2,715 mètres carrés de terrains à 10 fr. le m...........	27.150
Matériaux de construction.....	6.000
Location du laboratoire provisoire pour 2 années.....	1.600
Divers travaux d'aménagement...................... .	300
Subvention de l'Association Française pour l'avancement des sciences...	1.000
Subvention de la commune de la Seyne-s.-Mer........	15.000
Subvention votée par le Conseil général du Var.... ..	8.000
Don généreux d'un lyonnais universitaire............	500
D'un universitaire lyonnais environ..................	2.000
Association des Amis de l'Université lyonnaise.......	300
TOTAL................ Fr.	61.850

Sauf les vingt-trois mille francs votés par la Commune de la Seyne et le département du Var, qui sont destinés à la construction de l'Institut Michel Pacha, les sommes que nous avons reçues ont été affectées à l'organisation du laboratoire provisoire, existant bien actuellement, mais absolument *momifié par nos règlements administratifs*, et aux frais généraux de l'expérience.

Que reste-t-il à faire pour que le résultat de cette expérience soit concluant en faveur de la décentralisation universitaire?

Il est indispensable que le Conseil général des Facultés de Lyon, qui est appelé, si le projet ministériel aboutit, à devenir le Conseil de l'Université lyonnaise, obtienne de l'État, de la Municipalité de Lyon et du département du Rhône environ vingt-cinq mille francs, d'une part, pour aider à la construction de l'Institut, c'est-à-dire une somme à peu près équivalente à celle qui a été votée par la petite ville de la Seyne et par le Conseil général du département du Var, et d'autre part une subvention à peu près égale pour l'aménagement et l'outillage des laboratoires définitifs.

Mais il ne faut pas oublier que ce n'est pas avec des pierres seulement que l'on fonde un établissement scientifique, et la station maritime et terrestre lyonnaise devra être dotée en outre d'une subvention annuelle assurant son fonctionnement régulier.

Cette subvention annuelle, allouée actuellement par l'État aux laboratoires maritimes de zoologie existant déjà, devrait atteindre un chiffre

minimum de 10.000 francs environ, dont l'emploi peut se décomposer
de la façon suivante :

Indemnité de séjour et de déplacement pour le Directeur.. 3.000
—   pour deux sous-directeurs à 1.500........ 3.000
Traitement d'un préparateur............................ 1 200
—   d'un garçon de laboratoire gardien 800
—   d'un pêcheur......... 800
Frais de Laboratoire, achat de produits, d'instruments...... 1.500

Total...... 10.300

Les crédits étant obtenus, il est bien évident que les pouvoirs publics
ne s'opposeront plus à l'exploitation des biens acquis par l'Université.
La direction de l'établissement serait confiée au professeur occupant la
chaire à laquelle il sera annexé pour éviter les complications administratives.

L'un des sous-directeurs sera pris parmi les agrégés de la Faculté de
médecine, et l'autre parmi les maîtres de conférences de la Faculté des
Sciences. MM. Vialleton et Kœhler, bien connus pour leurs beaux travaux
sur les animaux marins, ont accepté, en principe, la charge de ces nouvelles fonctions.

Tour à tour le directeur et les sous-directeurs pourraient se rendre à
la station maritime pour diriger les élèves ou se livrer à des recherches
originales.

Un préparateur spécial, ou deux préparateurs de Facultés, pendant
un semestre chacun, seraient chargés, à tour de rôle, de la surveillance,
de l'entretien des laboratoires ainsi que de l'expédition des objets nécessaires pour les collections, les cours ou les travaux pratiques des
Facultés de Lyon.

Avec une semblable organisation, l'avenir et le succès de notre station
maritime seraient pour toujours assurés. J'ai l'espoir que le Conseil général des Facultés de Lyon saura démontrer, avec beaucoup plus d'autorité
que je ne saurais le faire moi-même, combien il serait préjudiciable aux
intérêts de la future Université, pour la fortune de laquelle M. le directeur de l'enseignement supérieur nous a apporté des vœux si sincères
et si chaleureux, d'avoir à renoncer dès le début de son existence aux
ressources qui lui sont généreusement offertes par l'initiative privée, pour
une institution dont l'utilité n'est pas plus discutable pour Lyon que
pour Paris, Marseille ou Bordeaux.

. . . .

Après l'inoculation du vaccin s'écoule une période d'incubation pendant laquelle l'expérimentateur est purement expectant et devient un simple observateur. J'attendrai avec calme, étant donnée l'innocuité de mon vaccin, le résultat de l'inoculation, satisfait de m'être mis en règle avec ma conscience de décentralisateur et d'avoir rempli mon devoir d'universitaire lyonnais, et si, d'aventure, aucune réaction ne se produisait dans notre organisme, *je pourrais alors penser librement à autre chose.*

Toutefois, je ne pourrai jamais me promener au bord de la mer et considérer ces milliers de villas et de palais, qui forment sur le littoral français une ligne presque continue de la mer du Nord jusqu'aux Pyrénées et des Pyrénées jusqu'aux Alpes–Maritimes, sans songer mélancoliquement aux difficultés que les savants d'aujourd'hui ont eues pour arracher une dizaine de ces établissements... et quels établissements ! au peuple le plus éclairé du monde.

Voilà ce qu'est le laboratoire de la Seyne-sur-Mer ou mieux la station *maritime et terrestre* de biologie de l'Université de Lyon, voilà ce qui a été fait et ce qui reste à faire.

Tout ceci, mon cher ami, prouve surtout, qu'en province comme à Paris les hommes de science tendent, par des voies peut-être différentes, vers un même but, vers un idéal commun : la grandeur et la prospérité de la France ; nous nous devons un mutuel appui, Paris étant la tête et la Province le cœur ; mais n'oublions jamais que l'on peut mourir aussi bien de congestion que de syncope, ce qu'il importe avant tout d'éviter.

R. DUBOIS.

UN NOUVEAU LABORATOIRE MARITIME

La Faculté des sciences de Poitiers va être prochainement dotée d'un laboratoire maritime.

La municipalité de la ville de Poitiers, qui réclame une Université, fera les frais du nouvel établissement maritime, lequel sera construit à La Rochelle.

La Faculté des sciences (?) payera annuellement à la ville de Poitiers une redevance de quinze cents francs pour location de l'immeuble en question.

Poitiers en avance sur Lyon !

A propos des Laboratoires maritimes, voici un entrefilet, cueilli dans un grand journal politique, qui ne manque pas d'à-propos.

Le Français né malin et... les huitres d'Ostende.

Encore une contrefaçon belge ! Les fameuses huitres d'Ostende ne sont pas du tout d'Ostende ; en effet, dans un rapport sur l'ostréiculture, adressé au Ministre de la marine par M. Bouchon-Brandely, inspecteur des pêches maritimes de France, nous trouvons les constatations suivantes :

En fait de parcs, il n'y a à Ostende que des bassins de dépôt assez mal alimentés en eau de mer et dans lesquels on se borne à conserver les huitres quelques jours ou quelques semaines ; passé ce temps, celles-ci se mettent à périr ; il importe de s'en défaire au plus vite ; elles n'acquièrent donc dans ces dépôts aucune des qualités auxquelles elles doivent leur réputation européenne.

D'ailleurs, les huitres immergées dans les bassins d'Ostende proviennent non des eaux belges, mais bien d'Angleterre ou de France. Les Sables d'Olonne fournissent aux parqueurs de la Belgique des huitres que ces industriels parent du titre d'huitres d'Ostende et *qu'ils revendent ensuite jusque sur les marchés français au prix que l'on sait* et sous ce nom d'emprunt.

Ajoutons que M. Bouchon-Brandely *invite d'une façon très pressante les ostréiculteurs français à réaliser dans leur outillage des améliorations indispensables ; il faut arriver à fournir à meilleur marché les précieux mollusques, si l'on veut lutter contre la concurrence étrangère qui devient chaque année plus menaçante.*

Il ne suffit pas de faire des rapports au Ministère et de signaler aux producteurs français les dangers de la concurrence étrangère, qu'ils connaissent fort bien, pour empêcher celle-ci d'enlever, chaque année, des millions à la France.

Aucun pays n'est aussi favorisé que le nôtre au point de vue de l'étendue des côtes et de la multiplicité des endroits favorables à l'élevage des animaux marins, et malgré tous les avantages, qui nous sont offerts par la nature, nous trouvons le moyen de demander annuellement à la Hollande, pour le seul marché de Paris, cinq millions de kilogrammes de moules.

Et l'on prétend qu'il y a beaucoup de gens sans travail sur nos côtes !

Les ostréiculteurs ne demandent pas mieux que de perfectionner leur outillage, mais outre qu'ils ont trop souvent à souffrir mille tracasseries administratives, ils ne possèdent pas les données théoriques générales, qui seules permettent de perfectionner les moyens employés aujourd'hui.

De l'aveu même de beaucoup de grands industriels, ce qui nous nuit le plus, c'est l'esprit de routine, qui vient de ce qu'en France les connaissances scientifiques générales sont très négligées par ceux qui veulent en faire des applications.

Ceux qui font des essais sont pour la plupart ignorants de la méthode scientifique. Ils procèdent par tâtonnements empiriques, sans se rendre exactement compte de ce qu'ils font, et cherchent à lutter dans des conditions manifestement défavorables contre des concurrents étrangers beaucoup mieux préparés par un enseignement technique et une éducation scientifique générale. D'où notre insuffisance croissante, à laquelle on cherche à remédier par des tarifs protecteurs qui auront pour effet principal de favoriser l'inertie des producteurs au grand détriment des consommateurs.

Nos grands industriels ne savent pas se servir des savants comme on s'en sert à l'étranger et sont très surpris de voir résoudre facilement au dehors une foule de problèmes dont ils ont vainement cherché la solution.

Pour remédier aux dangers signalés par M. Bouchon-Brandely, il faut encourager l'installation des Instituts maritimes de biologie, et surtout faire en sorte que les ostréiculteurs viennent faire des études générales dans nos Universités et des études techniques spéciales dans des Instituts maritimes aménagés à cet effet.

A propos de Laboratoires terrestres, voici un second article également emprunté à la presse quotidienne et sur lequel nous croyons utile d'attirer l'attention des amis de l'Université lyonnaise.

Les encouragements à la Sériciculture

Le Ministre de l'agriculture déposera sur le bureau de la Chambre un projet de loi tendant à encourager la sériciculture.

Pour la première année, 1891, l'adoption de ce projet entraînerait une dépense de 2.890.000 francs qui se répartirait de la manière suivante : pépinières de mûrier et distribution de plants. 1.400.000 fr. ; *établissements de stations séricicoles*, 210.000 fr. ; création d'un enseignement spécial dans les écoles primaires, 300.000 fr. ; distribution de graines de vers à soie, primes, 780.000 fr. ; pour venir en aide aux comités de mouliniers, aux syndicats séricicoles. 200.000 fr.

Pour les années suivantes, ce total de 2.890.000 fr. se réduirait à 1.138.000 fr. dans lequel entreraient : *les frais de personnel des stations et les recherches pour 90.000 fr. ; l'enseignement et son personnel pour 48.000 fr.;* les distributions de graines et les primes pour 800.000 fr. ; enfin les subventions aux syndicats et associations pour 200.000 fr.

Le Conseil général du Var a voté, pour aider à l'établissement d'une station maritime et terrestre de biologie de l'Université de Lyon, à Tamaris-sur-mer, une somme de 8,000 francs.

Or, dans la demande de crédit adressée au Conseil général du Var, il a été spécifié que l'on étudierait, dans les Laboratoires de la station, toutes les questions scientifiques relatives à la production régionale et en particulier les problèmes intéressant la sériciculture. Le terrain concédé par M. Michel Pacha pour la construction de l'Institut est entouré de mûriers et le territoire de la commune de la Seyne peut se prêter admirablement à tous les essais d'acclimatation, de multiplication, de croisement, etc., que l'on peut imaginer.

Il est du devoir des Amis de l'Université lyonnaise d'insister auprès de nos représentants pour que l'État réponde aux sacrifices consentis par le département du Var, en notre faveur, par une allocation prélevée sur les deux cent dix mille francs qui seront demandés pour l'établissement des stations séricicoles.

Ce serait en outre le meilleur moyen de montrer que la confiance des habitants du Var dans le succès de notre entreprise lyonnaise est justifiée et que si, à Lyon, on réclame l'entrée en franchise des soies étrangères, on n'en est pas moins disposé à favoriser la production française, qui, mieux comprise, pourrait peut-être fournir à notre industrie des soies meilleures, au même prix que l'étranger.

Une demande tendant à faire accorder par le Ministère de l'Agriculture à la station biologique de l'Université lyonnaise une somme de trente mille francs, dans le cas où les crédits demandés seraient votés, a été adressée à M. Burdeau, député du Rhône.

RAPHAEL DUBOIS

LE SANATORIUM RENÉE SABRAN

L'appel fait il y a quelques mois par M. Sabran, président du Conseil général des hospices de Lyon, à la charité proverbiale de ses compatriotes a été entendu, des sommes importantes ont été versées dans la caisse du Sanatorium de Giens, et bientôt, grâce à elles, on pourra installer cent malades dans les deux premiers pavillons.

Le Sanatorium est situé sur le versant méridional de la presqu'île de Giens, vers le milieu de la magnifique donation de 27 hectares faite par Madame et par Monsieur Sabran, à quelques mètres du rivage et au-dessus d'une jolie plage en pente très douce dont le sable et les algues protégeront les ébats de nos jeunes baigneurs; non loin de là, une épaisse forêt d'arbres résineux abritera leurs jeux et les garantira des ardeurs du soleil. Tout semble donc réuni dans ce charmant petit coin de la terre de Provence, si bien décrit dans le *Lyon-médical* par M. le docteur Aubert de l'Antiquaille, pour justifier le choix du Conseil d'administration des hospices lyonnais et pour donner les plus grandes espérances dans le succès du traitement des enfants scrofuleux par le climat marin.

Dans une communication que nous venons de faire à la Société nationale de médecine de Lyon, nous avons donné à nos confrères les plus amples détails sur les dispositions particulières du Sanatorium, sur son fonctionnement et sur son avenir. Cela pourrait paraître suffisant; mais dans toutes ces questions d'assistance publique il faut aussi que le public sache bien quel est l'usage que l'on veut faire de ses deniers, il faut qu'il connaisse le but que l'on se propose d'atteindre, il faut surtout qu'on le mette en garde contre les idées préconçues qui causeraient plus tard bien des mécomptes. Aussi sommes-nous très heureux de pouvoir revenir, dans cette publication si essentiellement lyonnaise, sur la question de l'affectation spéciale du Sanatorium de Giens à une catégorie de malades bien nettement définie.

C'est, d'après nous, le seul moyen d'éviter les fâcheuses conséquences du malentendu que nous voyons exister pour des établissements congénères et dont M. le docteur Iscovesko est venu récemment se faire l'écho à la tribune de l'Académie de médecine. Ne serait-il pas, en effet, regrettable de laisser croire au public que le climat marin guérit tous les scrofuleux, quel que soit le degré de leur maladie, et, après quelques échecs, faciles à prévoir, la confiance des premiers jours ne disparaîtrait-elle pas pour faire place au scepticisme le plus absolu?

Déjà quelques voix se sont élevées pour dire : prenez garde ; nous ne saurions trop les en remercier, car nous ne doutons pas de leurs bienveillantes intentions, et nous sommes absolument de leur avis, quand elles disent que considérer le climat marin comme une panacée universelle, c'est compromettre l'avenir; nous ajouterons que c'est risquer de priver plus tard la population lyonnaise d'un puissant moyen de régénération.

Que peuvent, en effet, le climat marin, le grand air ensoleillé, les bains, plus ou moins additionnés d'eau mère et les soins les plus éclairés, pour ces malheureux arrivés aux périodes ultimes de la scrofule? Leur organisme est trop profondément atteint, pour qu'il soit permis d'espérer leur complète guérison, et si quelques-uns d'entre eux, grâce à l'incomparable talent des chirurgiens de nos hôpitaux, échappent à la mort qui les guette, ils seront toujours des non-valeurs pour la collectivité.

Profitons donc, dès à présent, des exemples que nous avons sous les yeux pour ne pas tomber dans les mêmes errements : nous éviterons ainsi dans l'avenir des critiques dans le genre de celle que M. le Dr Iscovesko vient de faire sur l'établissement de Berck. Nous n'avons pas ici la mission de défendre ce Sanatorium et son habile chirurgien, M. Casin : des voix plus autorisées que la nôtre réduiront probablement ces attaques à leur juste valeur, et montreront le danger d'une situation mal définie par un règlement défectueux. Mais nous ne pouvons nous empêcher de faire remarquer que, si Berck ne guérit pas sans opérations, c'est parce qu'on a le tort de l'encombrer de malades qui ne peuvent guérir sans cela; on y opère par ce qu'il faut opérer.

C'est là le fond de la question; elle se résume en cette proposition : ne diriger sur les plages que les malades qui peuvent et doivent y trouver un grand profit, sinon la guérison assurée.

Nous les diviserons en trois catégories bien distinctes :

1° Les opérés sortant des services hospitaliers, ou autres, et venant guérir d'autant plus rapidement qu'ils se trouveront dans un milieu plus reconstituant;

2° Les malades à opérer dont l'état général ne permet pas une intervention chirurgicale immédiate;

3° Enfin, et c'est là, selon nous, le but principal du Sanatorium maritime, les enfants qui vont fatalement devenir inguérissables, si leur constitution qui chancelle ne reçoit pas un vigoureux coup de fouet. Voilà par exemple un enfant empâté, bouffi, aux paupières rougies, aux lèvres épaisses : sera-t-il rachitique, tuberculeux, scrofuleux ? Vous ne pouvez encore le savoir, mais vous constatez qu'il souffre et qu'un danger de mort est suspendu sur sa tête; il est encore temps de venir à son secours, de le reconstituer et de lui faire traverser victorieusement cette épreuve décisive; si vous l'envoyez à la plage il doit guérir, mais si vous l'abandonnez, si vous attendez, il viendra certainement à bref délai encombrer vos salles d'hôpital, occasionner de fortes dépenses et, même en cas de guérison, sera toujours un lourd fardeau tant pour sa famille que pour l'assistance publique.

Quel est en pareil cas le devoir social ?

Nous laissons au bon sens des lecteurs le soin de répondre.

Pour nous, c'est à cette catégorie de malades que doit être réservé le plus grand nombre de lits du Sanatorium maritime, car il est toujours plus facile de prévenir que de guérir. Quant aux autres, qu'on les soigne, qu'on adoucisse le plus possible leur malheureuse existence, mais en principe qu'on se garde bien de les envoyer à la plage : nous ne pourrions rien pour eux, et ils y occuperaient inutilement la place de ceux qui peuvent guérir.

Dr E. VIDAL

— · ———

LE LABORATOIRE DE L'ÉCOLE DE CHIMIE INDUSTRIELLE
DE LA FACULTÉ DES SCIENCES DE LYON

Il s'agit ici d'un nouvel enseignement inauguré en 1883 à la Faculté des Sciences de Lyon ; en voici l'esprit et le but :

La prééminence scientifique dans l'industrie appartient aujourd'hui, sans conteste, à la chimie : en face de la concurrence des Allemands, dont tel établissement industriel possède plus de vingt docteurs en chimie sortis des Universités, on comprend qu'une foule d'usines françaises soient obligées, sous peine de périr, d'avoir à leur tête des chimistes très forts sur la théorie, très exercés aux travaux de laboratoire.

Depuis longtemps, ce ne sont ni les cours de chimie, ni les laboratoires de chimie qui manquent dans notre pays : on y fait beaucoup de chimie, il en sort des œuvres remarquables, des maîtres éminents s'y forment par leur travail, mais je ne crois pas trop m'avancer en disant qu'il y a une dizaine d'années encore il n'y avait pas en France de laboratoire ayant pour but de faire des chimistes, c'est-à-dire recrutant des élèves par un concours régulier, les astreignant à un ensemble d'études pratiques coordonnées, méthodiques, progressives, de façon à parfaire leur éducation de chimistes, par les moyens les plus sûrs et les plus rapides. A l'École Centrale, à l'École polytechnique, à la Sorbonne, au Muséum, on étudie la chimie avec les autres sciences, mais les élèves en général n'en sortent pas chimistes.

Aussi, dans la patrie de Lavoisier, voyait-on cette erreur allant en s'accréditant dans le monde industriel, que la terre allemande était seule assez fertile pour produire des chimistes de profession.

Pourquoi donc ne chercherions-nous pas à former de jeunes chimistes aussi instruits que les chimistes allemands, plus ingénieux peut-être, et inspirant aux directeurs d'usines plus de confiance, sans nul doute, s'intéressant davantage au succès de notre industrie? Pourquoi n'implanterions-nous pas cet enseignement dans nos Facultés des Sciences, dont les ressources en personnel, en matériel, en laboratoires, ont été considérablement augmentées depuis quinze ans? Pourquoi continuerions-nous, dans ces établissements d'enseignement supérieur, à réserver l'enseignement chimique aux seuls candidats à la licence, alors qu'à la porte se pressent des jeunes gens qui ont besoin d'un enseignement chimique aussi élevé, aussi approfondi que possible et qui ne le trouvent nulle part ?

Telle est la pensée qui a présidé à la création d'un enseignement auquel la Chambre de Commerce, la Ville et le Département ont tenu à honneur de s'associer.

L'enseignement de l'Ecole de Chimie se compose de deux parties :

L'enseignement de l'amphithéâtre (chimie générale et chimie industrielle) qui n'est autre que celui de la Faculté;

L'enseignement des laboratoires dont voici les caractères :

1° Le nombre des places étant limité, les élèves sont recrutés par un concours très large : il y a les matières obligatoires élémentaires; il y a les matières facultatives qui sont toutes celles que désigne le candidat; il y a enfin les diplômes qui sont la sanction des études antérieures; on tient compte de tous ces éléments dans une juste mesure.

2° Les élèves — j'allais dire les élèves de la Faculté, oubliant que certains règlements leur interdisent de prendre ce titre — vivent à la Faculté, c'est-à-dire dans les laboratoires de la Faculté, tous les jours, de huit heures et demie du matin à midi moins un quart et de deux heures à six heures; l'assiduité est absolument obligatoire;

3° Les deux rouages essentiels sont : l'étude pratique de la chimie minérale en première année, et l'étude pratique de la chimie organique en deuxième année (analyses et préparations).

A la tête de ces deux enseignements sont : en première année,
M. Morel, licencié ès sciences physiques et mathématiques, dont
la thèse pour le doctorat est achevée, et en deuxième année,
M. Léo Vignon, docteur ès sciences, auteur de mémoires de
chimie qui se distinguent autant par la variété des sujets que par
l'originalité des découvertes.

4° L'enseignement se compose d'opérations coordonnées,
graduées convenablement par ordre de difficultés, que l'on dicte
aux élèves avec tous les détails, et qu'ils doivent exécuter sous
la direction des maîtres; on leur apprend à travailler avec ordre
et avec soin, à conduire les opérations selon les règles, à bien
observer, à élucider les difficultés imprévues ; en un mot, on les
suit pas à pas, en leur inspirant le goût des observations exactes
et des résultats précis.

5° Un système bien agencé de notes et de contrôles permet
d'apprécier leurs progrès, et ils n'entrent en seconde année que
lorsqu'ils possèdent les matières de la première année. Au sortir
de la deuxième année, ils reçoivent un certificat d'études ou un
diplôme d'honneur.

6° Ceux de ces jeunes gens qui se sont distingués peuvent passer
deux autres années à l'Ecole, pour apprendre, en aidant les
maîtres dans leurs travaux, l'art si difficile des recherches originales; on leur donne ensuite un sujet d'étude scientifique.

La meilleure preuve que cet enseignement répond à un but, la
voici : le nombre des candidats excède beaucoup le nombre des
places, et tous les jeunes gens sortis à ce jour ont facilement trouvé
des positions dans l'industrie.

Quant aux laboratoires eux-mêmes, ils se composent :

1° D'un rez-de-chaussée, d'une superficie de 400 mètres carrés
environ, comprenant le laboratoire de première année, le laboratoire de deuxième année, de petits laboratoires pour les élèves
de troisième et de quatrième année, des laboratoires des maîtres,
chacun avec ses dépendances : cabinet des balances, cabinet pour
l'analyse des gaz, cabinet noir pour la spectroscopie, etc. ;

2° D'un petit laboratoire de préparation des cours annexé à
l'amphithéâtre ;

3° De galeries pour les collections des cours de chimie industrielle ;

4° D'une cour et d'un demi sous-sol, bien éclairé, de 500 mètres
carrés pour les grosses opérations.

La lumière abonde dans les laboratoires qui sont parquetés, et ont 5 mètres 50 de hauteur. On a remplacé les hottes ordinaires des laboratoires de chimie par des gaines avec aspirateurs d'air chaud, et des cages vitrées dans lesquelles on envoie les gaz odorants; les tables sont en fonte émaillée, matière qui supporte la chaleur et se maintient facilement dans un état convenable de propreté, et qui nous paraît préférable à tout autre pour des laboratoires de chimie soignés.

Chaque élève dispose d'une table de 2 mètres 50 à 3 mètres de longueur sur 70 centimètres de largeur.

Un préparateur est spécialement chargé de tout ce qui concerne le matériel qui est enfermé dans une grande galerie de 60 mètres de longueur; les objets ne sont délivrés aux élèves et aux maîtres que sur la présentation du registre où chacun inscrit à son nom, avec la date, les objets qu'il demande ou qu'il rend.

En résumé, plus de trente personnes travaillent *journellement* dans ces laboratoires; je doute qu'on en trouve beaucoup en province qui présentent une activité aussi caractéristique.

J. RAULIN.

LE CONGRÈS D'ANVERS

LE PATRONAGE DES LIBÉRÉS ET LE SAUVETAGE DE L'ENFANCE A LYON

Il s'est réuni à Anvers, du 9 au 15 octobre 1890, un Congrès international dont on nous permettra de dire ici quelques mots, non seulement à cause de l'importance capitale des propositions qui y ont été faites, mais aussi parce que les discussions et les travaux de cette assemblée, qui comptait parmi ses membres un délégué lyonnais, professeur de notre Université, ont présenté pour Lyon un intérêt tout particulier.

Questions relatives au patronage des détenus et des libérés, à la protection de l'enfance abandonnée ou coupable, à la mendicité et au vagabondage : tel est le programme d'études soumis au Congrès. Il y a là tout un ensemble de questions connexes, qui intéressent à la fois les sentiments d'humanité, dans ce qu'ils ont de plus élevé, et la défense de l'ordre social, menacé par la nombreuse armée des malfaiteurs. Résoudre le problème de la criminalité par l'assistance; tendre une main secourable à ceux que la justice a déjà frappés et à qui l'on ne saurait, sans de graves dangers, enlever tout espoir de se relever par le travail; s'attaquer au mal dans sa source, en assurant le bienfait d'une éducation morale aux enfants qui, nés dans un milieu corrompu, semblent prédestinés à une dépravation précoce; ramener ainsi dans la voie du devoir ceux qui ont déjà failli, et en même temps préparer pour l'avenir des générations meilleures, soustraites à la contagion du vice : voilà le but, noble entre tous, que le Congrès d'Anvers a proposé aux efforts des gouvernements et de l'initiative privée. Il s'agit de lutter contre les progrès du mal, en lui apportant ce qu'il y a de meilleur au monde : la bonté.

Cette pensée généreuse a suscité, il y a quelques années déjà, dans notre ville, si féconde en institutions philanthropiques, une Société bien connue des Amis de l'Université; car nous voyons figurer parmi ses membres et dans son Comité bon nombre de ceux qui ont bien voulu s'unir à nous pour hâter la reconnaissance légale de l'Université lyonnaise. Nous voulons parler de la *Société de patronage des prisonniers libérés*, présidée par M. Edmond VERNEY avec tant d'autorité et de dévouement. Notre collègue M. BERTHÉLEMY, professeur agrégé à la Faculté de droit, est l'un des vice-présidents de cette Société, en même temps que secrétaire de la Commission de surveillance des prisons, et c'est à ce double titre qu'il a été délégué au Congrès d'Anvers.

Le Congrès s'est divisé en trois sections, dont la première était chargée d'étudier les questions relatives au patronage de l'enfance abandonnée ou coupable. M. Berthélemy s'est consacré spécialement à cet ordre d'études, et la part très active qu'il a prise aux travaux de sa section l'a fait désigner comme rapporteur chargé de défendre en séance générale les propositions qu'il avait fait prévaloir. Il a signalé les efforts accomplis à Lyon par les institutions si nombreuses qui luttent par la bienfaisance contre l'extension de la criminalité, et la communication qu'il a faite à ce sujet, sur la *Société de patronage des libérés*, sur la commission de surveillance des prisons, sur l'hospitalité de nuit, sur l'hospitalité par le travail, sur les asiles de Couzon, du Sauzet et de la Solitude, a valu à ces œuvres lyonnaises les félicitations et les encouragements de l'assemblée. Notre distingué collègue est intervenu aussi dans le débat qu'a soulevé la question des écoles d'apprentissage ; il a pris la défense de ces écoles, critiquées par un autre membre français du Congrès, M. Bruyere, et il a établi qu'elles constituent

pour les enfants moralement abandonnés le seul mode d'éducation rationnel. M. Prinz, inspecteur général du service pénitentiaire en Belgique, a émis le vœu que toute compétence fût retirée
aux tribunaux pour les délits commis par des mineurs de seize
ans ; M. Berthélemy s'est associé à ce vœu et l'a soutenu de sa
parole. Il a enfin proposé, dans un rapport qui a été très remar-
qué, la suppression de l'emprisonnement par voie de correction
paternelle, tel que l'admet notre Code civil, et l'assemblée ne s'est
pas contentée d'applaudir aux paroles du rapporteur, elle a adopté
ses conclusions, d'un accord presque unanime.

Cette brillante participation aux discussions scientifiques du
Congrès d'Anvers n'a été que le moindre des services que notre
zélé collègue a rendus à la cause des enfants abandonnés. Avec le
concours de quelques hommes de bien dont la générosité est sans
bornes, et sous la haute direction de M. le président Edmond
Verney, il a consacré ses efforts à la constitution d'une œuvre nouvelle dont on peut dire déjà qu'elle vit et que son avenir parait
assuré. A côté de la *Société de patronage des libérés*, il existe
maintenant à Lyon, grâce à tant d'activité et de dévouement, une
Société de sauvetage de l'enfance, issue de la première, et tendant
en somme au même but qu'elle, bien que par des voies différentes.
Toutes deux luttent contre la criminalité et le vice. L'une prévient
le danger des récidives, par l'aide réparatrice qu'elle donne aux
libérés. Pour l'autre, c'est la première faute qu'il faut avant tout
empêcher ; ce sont les enfants, innocents encore, mais exposés à
l'influence corruptrice d'un milieu dépravé, qu'il faut protéger et
sauver. A défaut de la famille, dont ils ont le malheur d'être
privés, il faut les recueillir, les mettre à l'abri de la contagion,
leur donner l'éducation physique, morale et professionnelle, faire
germer dans leurs jeunes âmes le sentiment du devoir, le goût et
l'habitude du travail, leur mettre en mains l'outil qui sera plus
tard leur gagne-pain, faire d'eux enfin des hommes honnêtes,
d'utiles travailleurs, de bons citoyens. Est-il une œuvre plus
belle, plus digne de susciter non seulement les sympathies, mais
l'adhésion enthousiaste de tous ceux qui ont au cœur des sentiments d'humanité et de patriotisme ? Nous sommes convaincus
que la *Société de patronage de l'enfance* rencontrera partout l'accueil auquel elle a droit. Non seulement à Lyon, mais dans toute la
région de l'Est sur laquelle elle se propose d'étendre ses bienfaits,
le concours généreux de nos compatriotes ne lui fera pas défaut.

En ce moment elle s'organise et elle a trouvé une heureuse

combinaison qui lui permet de commencer immédiatement, dans les conditions les plus favorables, sa mission éducatrice. Nous ne pouvons l'exposer ici dans ses détails (1), mais qu'il nous suffise de dire qu'un ancien établissement pénitentiaire, fermé il y a quelques années dans des circonstances qu'on n'a pas oubliées, l'établissement de Brignais, merveilleusement installé et outillé pour donner l'instruction professionnelle la plus variée et la plus complète, est, dès maintenant, ouvert aux pupilles de la Société nouvelle. L'œuvre fonctionne, elle vit. Il grandira dans la maison de Brignais toute une population d'enfants qui, nés sous de tristes auspices, semblaient d'avance voués au mal, et qu'une éducation moralisatrice aura véritablement sauvés.

A. AUDIBERT.

COMPTE RENDU DES TRAVAUX DE LA CHAMBRE DE COMMERCE DE LYON (année 1889). 316 pages, in-4.

Nous avons l'habitude de signaler chaque année le volume dans lequel la Chambre de Commerce fait le relevé de ses travaux et de la situation industrielle et commerciale de la place. La nouvelle brochure n'est pas moins intéressante à feuilleter que celles dont nous avons précédemment rendu compte. Les notices concernant la participation de notre fabrique à l'Exposition universelle, la publication des listes des exposants et des récompenses n'ont pas fait oublier au secrétariat de la Chambre, qui dispose toujours avec beaucoup de conscience et de talent les éléments de l'ouvrage, la place due aux questions courantes d'affaires. Les délibérations restent pénétrées de ce tact qui leur donne tant de crédit en haut lieu. Il est bon de lire les pages où le rédacteur nous montre la Chambre intervenant dans le conflit du lieu du marché des grains, et mettant son indépendance au service d'une catégorie de négociants qui doivent avoir, comme les autres, leur place au soleil... de la Bourse. Ici la Chambre émet le vœu que rien ne soit changé à la réglementation des courtiers officiels, les restrictions portées à leur privilège empêchant les écarts qu'ils pourraient commettre en s'engageant dans des opérations

---

(1) On trouvera l'exposé des mesures d'organisation qui ont été prises ou qui vont l'être, dans le rapport présenté par M. Berthélemy à l'assemblée générale de la *Société de sauvetage de l'enfance*. Voir le *Moniteur judiciaire de Lyon*, 18 novembre 1890.

étrangères à l'intérêt public confié à leur intervention. Là, elle entend les rapports que lui fait M. Jacquand sur les travaux des Congrès internationaux de la propriété industrielle et des Sociétés par actions.

Il y aurait vraiment trop à dire que de vouloir tout citer.

C'est l'exposé de la situation de la place dans l'annéequi continue à représenter la partie dominante du recueil. Les renseignements qu'il nous donne sont des plus encourageants.

La condition des soies a enregistré, en 1889, près de 6 millions de kilog. de soies, 700 mille de plus que l'année précédente. Grâce à l'impulsion donnée aux affaires par l'Exposition, l'année a été active pour le commerce, et cette activité s'est maintenue avec une rare constance du premier au dernier mois. D'un décembre à l'autre on constate une plus-value de 18 fr. sur les grèges Cévennes et d'Italie, et de 12 fr. sur les filatures de Japon. Le déficit concernant les soies italiennes, qui tombent de 100.000 kil. en un an, a été largement comblé par les apports des autres provenances.

Quant aux soieries, l'essor imprimé à la fabrique dès 1888 par un retour de faveur de la mode aux étoffes façonnées s'est développé pendant les trois premiers trimestres de 1889. 13.000 métiers à la main ont travaillé en ville en activité normale; il y en a 50.000 autres dans la banlieue, sans parler d'une vingtaine de mille métiers mécaniques. Si l'année s'est terminée sur des perspectives de chômage dues à une constatation de surproduction, il n'en est pas moins vrai que le total de la fabrication s'élève à plus de 400 millions, c'est-à-dire à 19 millions de plus qu'en 1888.

Qu'une ascension de même nature soit relevée pour l'exercice en cours, et le prochain fascicule de la Chambre sera le bien venu !

———

ACADÉMIE DES LETTRES, SCIENCES ET ARTS DE LYON

L'Académie de Lyon, dans sa séance du 1er juillet dernier, a entendu les discours de réception de deux de ses nouveaux membres que leurs titres de représentants de l'enseignement supérieur lyonnais et les relations que nous entretenons avec eux nous rendent doublement chers.

M. Sicard, doyen de la Faculté des sciences, après avoir adressé ses remerciements à ses collègues, pour l'avoir admis à prendre la place du Dr Chauveau, s'est attaché à faire ressortir les nouvelles méthodes scientifiques suivies par la zoologie. Il a fait l'histoire de Linné, véritable chef d'école par l'ordre et la clarté de ses recherches, créateur de la nomenclature, dont les idées ont mis du temps à s'imposer. La division naturelle des animaux doit être établie d'après leur structure, telle est la réforme de Linné. C'est aussi ce qu'a dit depuis notre grand Cuvier. Mais Cuvier comme Linné croyait en même temps à la fixité de l'espèce, sur laquelle en revanche Buffon avait des doutes. Et, pour que cette méthode portât tous ses fruits, il a fallu qu'un autre savant, Lamarck, un Français, précurseur de Darwin, vînt émettre l'assertion contraire, que l'espèce est variable et évolue sous l'empire de deux causes : les circonstances extérieures engendrant de nouveaux besoins, et l'hérédité agissant avec le temps comme élément de transformation.

M. Sicard parle de la polémique engagée entre M. Geoffroy Saint-Hilaire et Cuvier, ces deux amis, dont le premier seul souscrivait au plan général de Lamarck, et signale la discussion engagée à ce propos en 1830 à l'Académie des sciences, discussion dans laquelle Goëthe intervint. Les idées marchaient, mais lentement, car en 1841, au témoignage de M. Flourens, les idées de Lamarck étonnaient encore beaucoup.

C'est sur ces entrefaites en 1859, que parut le grand ouvrage de Darwin sur l'origine des espèces. L'orateur raconte la vie du célèbre naturaliste et ses voyages dans lesquels il a recueilli un nombre extraordinaire de faits. Il montre le principe nouveau de la sélection naturelle affirmé par ce grand chercheur. Mais Darwin n'a pas tenu compte de tous les éléments concourant à la démonstration de sa thèse L'embryologie a fourni de nouveaux arguments et éclairé bien des points de classification douteux, et c'est d'elle qu'on doit attendre une réponse aux questions, en grand nombre, qui restent à résoudre.

Avec Cuvier, à la période purement systématique, avait succédé la période anatomique ; celle-ci a fait place maintenant à la période embryogénique.

Les progrès de l'embryogénie conduiront-ils à une classification des animaux basée sur leur véritable filiation ? Ce serait peut-être se faire illusion que d'y compter et, quelque confiance qu'on ait dans les résultats promis par cet ordre de recherches, on ne peut se défendre de penser avec Hœckel que jamais l'ordre généalogique du monde ne sera parfait.

Actuellement, les vieux cadres sont brisés, et les essais tentés jusqu'ici pour en dresser de nouveaux n'ont que partiellement réussi ; le tableau d'ensemble réunissant les groupes d'ordre divers, mis à leur vraie place selon leurs rapports de parenté, n'est pas encore fait. Pour accomplir cette œuvre, l'orateur souhaite qu'un autre Linné vienne avec un égal génie et avec les ressources de la science « interpréter aux hommes le livre de la nature » selon les paroles de Jean-Jacques Rousseau à l'illustre Suédois. « Ce livre merveilleux, dit M. Sicard, est ouvert à nous ; la science nous apprend à le déchiffrer, bien lentement à la vérité, mais en nous mettant à même d'en comprendre quelques pages, elle nous procure une des plus grandes jouissances qu'il nous soit permis de goûter. »

M. CLÉDAT, qui a parlé ensuite, a entretenu l'Académie d'un sujet mis à l'ordre du jour des conversations, sur lequel le Président, en l'accueillant au nom de ses collègues, l'avait aimablement mis en demeure d'exprimer ses idées : c'est-à-dire de la réforme de l'orthographe. Novateurs hardis et dévots de l'orthographe officielle, dit M. Clédat, ne seront probablement ni les uns ni les autres entièrement satisfaits de ces vues de simplification.

Nous sommes vis-à-vis des Italiens et des Espagnols dans une infériorité regrettable. Du XVIe siècle jusqu'à nos jours un grand nombre de lettres ne sont pas prononcées

Qu'on ne s'arrête pas à cette objection de certains publicistes, qu'il sera dur de rapprendre avec nos enfants une autre orthographe que celle qui nous a été enseignée à nous-mêmes ! Il s'agit d'une réforme très limitée, consistant dans la suppression du redoublement des consonnes, quand ce redoublement est vraiment anormal, dans le droit de faire accorder les participes ou de les laisser invariables. Dans Corneille et dans Racine cet accord est faible, il a fallu plus tard des grammairiens pointilleux pour l'imposer. N'est-ce pas dans sa séance du 3 juin 1669 que l'Académie a décidé que les participes actifs ne se déclineraient point, et pourquoi ne pas en faire autant aujourd'hui pour les autres ? Pourquoi « je les ai *vus* venir » et « je les ai *vu* arriver » ?

Maintenant comment faire passer ces réformes dans la pratique ? L'orateur entre dans des considérations intéressantes, d'où il résulte qu'à son gré une pression devrait être exercée sur l'Académie française afin d'obtenir d'elle une simplification par voie de décrets délibérés. Les écrivains feront bien de prendre le devant et de se concerter pour débarrasser dès à présent l'orthographe de certaines absurdités.

Si l'on s'inspire de la pensée, que l'on peut tout à la fois suivre à l'égard des étrangers et pour nos colonies un système rigoureusement phonétique, et réformer pour nous-mêmes la manière d'écrire d'une manière modeste, la campagne a des chances d'aboutir. Le Conseil supérieur de l'instruction publique peut aussi exercer une action des plus efficaces. En tous cas, on n'attentera à la liberté de personne, et les anciens, façonnés à l'orthographe antérieure, seront autorisés à la garder.

Ces discours ont été écoutés avec le plus vif intérêt, et les applaudissements par lesquels la salle de l'Académie y a répondu, ont dû témoigner aux orateurs la part que le public tenait à prendre dans cette double élection.

APERÇU SUR LES TRAVAUX DE LA SOCIÉTÉ D'ÉCONOMIE POLITIQUE

DE LYON PENDANT LES ANNÉES 1889 ET 1890

Il s'agit ici de donner un aperçu succinct de travaux et de discussions qui font l'objet de deux volumes in-8°. C'est donc presque une nomenclature à laquelle il faut se résigner.

Les deux sessions de la Société d'Economie politique de Lyon, pendant les années 1889 et 1890 ont compris, comme à l'ordinaire, chacune douze séances, terminées par le banquet annuel avec les discours d'usage.

Chaque session a été inaugurée par une *Revue générale des faits économiques contemporains* qu'a présentée le Président de la Société, M. Ed. Aynard, avec la hauteur de vues dont il a l'habitude. L'idée qui se dégage des faits économiques généraux de l'année 1888 analysés au début de 1889, c'est qu'on a le droit de se demander « si les hommes politiques de notre temps soupçonnent l'existence de lois économiques ».

En ouvrant la session de 1890, M. Aynard a signalé trois traits principaux parmi les faits économiques de l'année écoulée. La reprise d'affaires assez générale qui a débuté par l'Angleterre et s'est étendue à tout le continent; — la recrudescence du protectionnisme, remarquable par la part active qu'y prend l'agriculture et la force que le mouvement en a reçue; — enfin, la recrudescence des mouvements grévistes en Angleterre, en Allemagne, et en France. Les faits d'ordre secondaire ont aussi leur importance;

ils se réfèrent au projet d'union douanière mis à l'ordre du jour du Congrès de Washington, aux traités de commerce, aux tarifs douaniers, au rétablissement de l'ordre dans nos finances, au renouvellement du privilège de la Banque de France et à plusieurs questions de caractère plutôt social qu'économique, dont la solution pourrait améliorer les rapports des différentes classes, assurer la paix intérieure, et par là même, affirmer à l'extérieur la force et la dignité du pays.

Une question qui, à la fin de 1888, s'agitait devant la Chambre, a déterminé la Société d'Economie politique à porter, au début de son ordre du jour (1889), l'étude de l'*impôt sur le revenu*. En suite d'un rapport présenté par M. P. ROUGIER, la discussion a fait ressortir le caractère inquisitorial de ce mode de contribution, les résultats critiquables qu'il a donnés en pays étrangers, et la préférence à accorder, en fait de ressources nouvelles, à l'établissement d'impôts sur quelques revenus non encore grevés d'impôt.

Un autre sujet d'actualité fut traité par M. ABEL WALDMAN, sous ce titre : *Le marché de la Bourse et le monopole des agents de change*. La discussion a mis en lumière les avantages qui justifient le privilège des agents de change, et les obligations qui leur incombent.

Les questions coloniales sont en permanence à l'ordre du jour, chez nous comme ailleurs. Le mode d'organisation de *nos colonies de l'Indo-Chine* a permis à M. TERNISIEN, ancien député et à M. ULYSSE PILA de faire connaître leurs vues sur nos possessions de l'extrême Orient.

Ce même ordre d'idées a appelé l'attention sur les Etats de l'Amérique du nord et du sud. M. A. GOURD, du barreau de Lyon, auteur de l'ouvrage intitulé : *Les chartes coloniales et les constitutions des Etats-Unis de l'Amérique du nord*, au retour d'un long voyage où il avait étudié de près l'organisation des Mormons, en a entretenu la Société, et a fait pressentir la disparition prochaine et simultanée de la théocratie et de la polygamie qui caractérisent cette singulière communauté.

Dans l'Amérique du sud, les derniers évènements survenus au Brésil ont donné lieu à une communication de M. LECLERC, rédacteur du journal *Les Débats* qui, à son retour d'Amérique, a examiné dans l'une des séances de la Société, les questions suivantes : quelles sont les *ressources du Brésil*, son organisation, ses relations possibles avec l'Europe et particulièrement avec la France au point de vue économique?

Le commerce international, à raison des oscillations qu'il présente dans le mouvement des exportations et des importations, fait de temps en temps reparaître certaines prédilections pour le système d'entraves et de réglementations surannées préconisées jadis par la doctrine dite de la *Balance du commerce*. La Société a jugé à propos d'en faire un nouvel examen qui, en suite d'un rapport présenté par M. P. ROUGIER, a abouti à sa condamnation réitérée et, espérons-le, définitive.

Au commerce intérieur se rattachent trois questions qui ont été successivement examinées ; celle 1° des *grands et des petits magasins ;* 2° des *syndicats d'entente sur les prix et les accaparements ;* 3° de *l'utilité des intermédiaires.*

Les grands magasins, ainsi que cela est ressorti de la discussion précédée d'un rapport de M. AUG. ISAAC, correspondent aux mouvements de la grande industrie. Ils ont amélioré, même moralisé le petit commerce, auquel ils ont fait prendre l'habitude de vendre à prix fixe, habitude précieuse pour le consommateur ; ils l'ont, en outre, obligé à se réformer au point de vue de la science commerciale et de la comptabilité. Mais le commerce de détail maintient l'indépendance et assure l'existence de bon nombre de familles. Il aura toujours pour lui la clientèle personnelle, la nécessité du crédit et la spécialité de la vente des articles riches et de qualité supérieure. Il lui reste donc un ample champ d'action.

Sur la question des syndicats d'entente relativement au prix des marchandises et aux accaparements qui peuvent en être la suite, M. ED. AYNARD résumait la discussion ouverte sur son rapport, et faisait remarquer que l'on est en présence d'une forme d'association qui en elle-même, doit être respectée ; que le Syndicat doit être réputé nuisible et abusif, lorsqu'il tend à fausser profondément la loi de l'offre et de la demande et à supprimer la concurrence ; que toutefois, il n'y aurait lieu de frapper comme délictueux que, ceux-là qui auraient un caractère dolosif ; et que la liberté commerciale est en réalité la plus forte entrave aux syndicats, et semble être autrement efficace qu'une répression légale qui est des plus délicates à exercer en cette matière.

En ce qui concerne les intermédiaires, la question n'est pas de celles qui puissent s'exposer en quelques lignes ; leurs avantages, leurs inconvénients, ont été très nettement examinés par le rapporteur, M. DEVAY, et il en est ressorti, ainsi que de la discussion qui a suivi, que si l'intermédiaire irresponsable est un parasite, l'intermédiaire responsable est très utile, son concours subsistera toujours en vertu de la loi de la division du travail, et en proportion des services qu'il rendra au producteur et au consommateur.

Aux questions commerciales se rattache le problème si difficile de l'emploi simultané de deux étalons monétaires or et argent dont la valeur respective est si mobile. Un rapport de M. BLETON sur *le congrès monétaire* de 1889 a de nouveau mis en relief la controverse toujours pendante entre les monométallistes et les bi-métallistes, dont il est difficile de prévoir une solution à l'abri de toute surprise et de tout danger.

La réforme de l'*impôt sur les boissons* a été étudiée par M. FERRAND, rapporteur, qui a demandé la suppression des formalités connues sous le nom d'exercice, la liberté de la circulation des boissons, un impôt très modéré sur le vin à la production, et une surtaxe à la fabrication de l'alcool avec la suppression du privilège des bouilleurs de crû. Ce dernier vœu est particulièrement combattu par les Syndicats agricoles ; on peut pressentir que la discussion sur cette matière délicate n'est pas définitivement close.

Les accidents dans le travail industriel peuvent être étudiés sous trois aspects : 1° les moyens préventifs; 2° la réparation du dommage par les auteurs directs ou indirects; 3° la réparation du dommage par l'assurance.

Ces divers points de vue ont été examinés dans deux séances consécutives par M. BURELLE, rapporteur, et par plusieurs membres de la Société, ainsi que les solutions très divergentes en ce qui concerne l'assurance des ouvriers et la responsabilité des patrons dans les législations étrangères, et suivant les projets de loi dont est saisi le Parlement français depuis près de dix années.

Le pouvoir législatif est également saisi d'un projet de loi sur les *Sociétés par actions*. Il donne lieu à de nombreuses et sérieuses controverses sur les garanties à fournir aux actionnaires et aux créanciers relativement à la sincérité des souscriptions et des versements en espèces ou en valeurs de crédit. Deux tendances se manifestent : le recours à une intervention du Législateur et à un contrôle par la juridiction consulaire, et en sens inverse la pensée qu'il faut laisser aux actionnaires eux-mêmes le soin de faire les vérifications nécessaires.

On voit, par ces seules indications, les divergences sur lesquelles le législateur aura à se prononcer.

Nombre d'autres questions économiques correspondent plus ou

moins à des projets de loi; il suffit ici de les mentionner: *L'éco-nomie des exploitations de banlieue sur les grands chemins de fer* pourrait avoir pour base, suivant M. l'Ingénieur René Tavernier, un système de décentralisation et de groupes autonomes qu'il s'agi-rait de créer sur les grands réseaux de chemins de fer avec des trains-tramways, pour les petits parcours à l'intérieur des villes.

Le Congrès intéressant du repos hebdomadaire a conclu à la nécessité d'établir dans les mœurs, et au besoin par l'intervention de la loi, l'observation générale d'un jour de repos tous les sept jours. M. de Saint-Charles a présenté sur la question un intéres-sant rapport qui a abouti à la formation à Lyon, d'un comité adhé-rent à la *ligue populaire pour le repos du dimanche* créée à Paris.

La *diminution de la population* en France préoccupe, on le sait, les économistes, les législateurs, les physiologistes. Mais ce n'est ni par des lois successorales nouvelles, ni par aucune intervention du législateur qu'on pourra relever le niveau de la population. Ainsi s'est absolument trompée, dans le but qu'elle voulait atteindre, la loi du 17 juillet 1889, dite loi Javal du nom de son auteur, dans la faveur qu'elle a cru devoir accorder aux pères de sept enfants en les exemptant de la cote personnelle et mobilière, c'est ce qu'a très bien démontré M. Alexandre Bérard.

L'état de la population dépend encore de l'hygiène, aussi la société a-t-elle été vivement intéressée par la démonstration qu'a faite M. le docteur Bard de *l'importance sociale de l'hygiène publique;* c'est par l'hygiène qu'on peut largement réduire le nombre des décès prématurés, et obtenir une sérieuse atténuation de la rage, de la variole, de la fièvre thyphoïde, de la dypthérie, etc.: quel est en cette situation le devoir du législateur? Les lacunes de la loi ont été signalées dans la discussion qui a suivi le rapport de M. le docteur Bard.

L'organisation de *l'assistance médicale dans les campagnes,* touche au sujet précédent, M. Sabran en a exposé le projet. Il s'agirait de remédier à l'inertie et à l'indifférence d'un trop grand nombre de communes en inspirant à toutes l'obligation d'assurer l'assistance aux nécessiteux malades qui y ont leur domicile de secours. Le budget de cette assistance se composerait d'un contin-gent communal obligatoire, d'une subvention du département, d'une subvention de l'État.

A ce projet on fait des objections : ne s'écarte-t-on pas des principes admis jusqu'ici : l'assistance par l'initiative privée, ou par le libre concours des communes ? — A-t-on fait suffisamment appel aux ressources privées pour l'organisation de secours mutuels dans les campagnes, ou de Dispensaires, ou de Bureaux de bienfaisance alimentés par des dons, des legs, des subventions? L'assistance obligatoire ne tarira-t-elle pas les dons de la charité privée, et n'aura-t-elle pas les inconvénients et les abus de la charité légale en Angleterre et en Allemagne ?

On peut enfin considérer comme se rattachant aux questions de population, d'assistance et d'intervention des pouvoirs publics, celles que M. GARRAUD a traitées dans une conférence sur le *budget du crime ?* Nous la résumerons, en disant que les progrès de la civilisation donnent à la criminalité une double impulsion et une double allure ; tandis qn'ils diminuent le *crime-accident,* ils multiplient le *crime-profession,*et l'on est dès lors peu surpris que les pays les plus civilisés soient précisément ceux où la récidive est la plus forte. L'existence de criminels irréductibles sur lesquels les mesures soit préventives, soit repressives, sont sans effet, justifie leur élimination du milieu social par la relégation. Pour les autres criminels le « lendemain de la peine » doit être la préoccupation de tous les criminalistes et de tous les moralistes philanthropes.

Il ne nous reste plus à signaler qu'un dernier fait. La Société d'Economie politique de Lyon, arrivée à la vingt-cinquième année révolue depuis sa fondation, a ajouté à son titre celui de Société d'Economie sociale,et quelles que soient les différences réelles ou subtiles qui, suivant des opinions diverses, distinguent l'économie politique proprement dite de l'économie sociale, la Société de Lyon a voulu affirmer, par la modification apportée à son titre, son intention d'ouvrir plus largement ses séances aux questions d'actualité et à celles qui se réfèrent plus directement au sort des masses ouvrières. L'ensemble de ses travaux depuis sa fondation jusqu'à ce jour a fait l'objet d'une revue rétrospective publiée à la fin du dernier volume; nous espérons que la nouvelle période de vingt-cinq années qui vient de s'ouvrir pour la Société d'économie politique et d'économie sociale de Lyon, ne sera pas moins féconde que la première.

P. ROUGIER.

HYGIÈNE PUBLIQUE

Le service de l'hygiène publique de la Ville de Lyon a été complètement réorganisé dans le courant des années 1889-1890.

Une commission consultative d'hygiène a été constituée par arrêté de M. le Maire de Lyon du 20 juin 1889.

ARTICLE 1er. — Une commission consultative est instituée à l'effet de s'occuper spécialement des questions d'hygiène et de salubrité se rattachant à la Ville de Lyon.

ARTICLE 2. — Sont nommés membres de cette Commission :

MM. Lortet, doyen de la Faculté de médecine ;
    Sicard, doyen de la Faculté des sciences ;
    Fochier, professeur à la Faculté de médecine ;
    Barbier, professeur à la Faculté des sciences ;
    Dubois, professeur à la Faculté des sciences ;
    Augagneur, agrégé à la Faculté de médecine ;
    Levrat, ancien agrégé à la Faculté de médecine ;
    Léo Vignon, maître de conférences à la Faculté des sciences, sous-directeur de l'École de chimie industrielle ;
    Lamante, pharmacien de première classe ;
    Clavenad, ingénieur en chef, directeur du service de la voirie municipale ;
    Hirsch, architecte en chef de la Ville ;
    Leclerc, inspecteur principal des viandes de boucherie ;
    Bellier, directeur du laboratoire municipal.

ARTICLE 3. — M. le docteur Boyer chargé du service municipal de la vaccination est nommé secrétaire de cette commission qui sera présidée par nous ou notre délégué, M. l'adjoint chargé du service d'hygiène et de salubrité.

La commission nommera un vice-président.

Un bureau d'hygiène de la ville de Lyon a été créé par arrêté de M. le Maire de Lyon du 20 décembre 1890, dans les conditions suivantes :

ARTICLE PREMIER. — Le bureau d'hygiène de la Ville de Lyon comprend dans ses attributions les objets suivants :

Commission municipale d'hygiène; maladies endémiques et épidémiques; vaccination; établissements insalubres et incommodes; logements insalubres; service de la désinfection; inspection des écoles au point de vue médical et de l'hygiène; étude bactériologique et microbiologique des eaux.

Service de la statistique. (Naissances, mariages, décès, certificats médicaux de décès).

Recensement de la population au point de vue du dépouillement des résultats et de l'établissement des statistiques.

Centralisation des rapports administratifs et documents annuels à présenter au Conseil municipal à l'appui du projet de budget.

Art. 2. — Ces différentes attributions sont centralisées par le directeur du bureau d'hygiène qui en fait la répartition au personnel attaché à son bureau, au mieux des intérêts du service et d'une prompte expédition des affaires.

Art. 3. — En outre des attributions générales du bureau, telles qu'elles sont déterminées par l'article premier, le chef de bureau sera spécialement chargé de remplir les fonctions d'économe en ce qui concerne les recettes et menues dépenses des services installés dans l'hôtel de police municipale. Il sera également chargé de la surveillance du garçon de bureau et du concierge de l'hôtel municipal.

Art. 4. — MM. les Adjoints sont chargés d'assurer, chacun en ce qui le concerne, l'exécution du présent arrêté dont les copies seront transmises aux services intéressés.

———

Par un arrêté du 20 décembre 1890 et à la suite d'un concours ouvert à cet effet, M. le docteur Roux Gabriel, a été nommé directeur du bureau d'hygiène de la Ville de Lyon.

———

Par un arrêté du 31 décembre 1890 et à la suite d'un concours ouvert à cet effet, M. le docteur, Vallas a été nommé sous-directeur du bureau d'hygiène de la Ville de Lyon.

———

Par un arrêté du 31 décembre 1890, MM. les docteurs Roux et Vallas, directeurs et sous-directeurs du bureau d'hygiène, ont été nommés membres de la Commission municipale d'hygiène.

M. le docteur Boyer, qui remplissait les fonctions de secrétaire auprès de cette Commission, cesse d'en faire partie.

—

Service de l'hygiène publique du département de la Seine. — Par arrêté préfectoral et à la suite d'un concours public ouvert à cet effet, M. le docteur RAPHAEL DUBOIS, professeur à la Faculté des Sciences de Lyon, membre de la Commission municipale d'hygiène de la Ville de Lyon, vient d'être nommé inspecteur d'hygiène des établissements classés du département de la Seine.

En raison des fonctions qu'il remplit auprès de la Faculté des Sciences de Lyon, M. le docteur R. Dubois a demandé sa mise en disponibilité comme inspecteur d'hygiène du département de la Seine, qui vient de lui être accordée.

—

VARIÉTÉS LITTÉRAIRES ET SCIENTIFIQUES

—

BIBLIOGRAPHIE

EMILE BOURGEOIS, professeur d'histoire à la Faculté des Lettres. — *M. Fustel de Coulanges*, dans la *Revue internationale d'enseignement supérieur*, 15 février 1889.

M. Fustel de Coulanges, qui a été enlevé prématurément à la science française et à l'affection de ses élèves, à la fin de l'année 1888, était un professeur incomparable. Ses leçons étaient à la fois des modèles d'érudition et de forme, sans qu'il ait jamais sacrifié l'étude complète du fond à l'élégance de l'exposition. Ses démonstrations historiques avaient les qualités d'une démonstration mathématique, rigoureuse et élégante. Il a été un vrai maître, au sens exact du mot : il a formé des élèves et reconstitué l'école historique française, par la méthode qu'il pratiqua et leur apprit à pratiquer sans cesse, dans ses chaires de Strasbourg, de l'Ecole Normale et de la Sorbonne, et dans ses livres.

Sa vie a tout entière été consacrée à la science, à la science pure. Il regretta dès la première heure que l'histoire eût trop

longtemps servi à des querelles politiques en France, qu'elle eût
été comme un champ clos où se combattaient les partis qui la
divisaient, qu'elle servit encore en Allemagne à l'enseignement
d'un patriotisme étroit ou bien encore chez nous à des développements dramatiques ou oratoires. Il la voulut dégagée de toutes
ces influences qui la faussaient ou l'entravaient : ce n'est pas qu'il
ne fût un patriote ardent et prévoyant. Les pages remarquables
qu'il a insérées dans la *Revue de Deux-Mondes* sur M. de Bismarck
en témoignent. Mais il crut mieux servir la patrie en retirant par
une étude désintéressée de l'histoire, aux partis qui la divisaient
leurs armes de combat, aux Allemands les prétendus arguments
historiques qu'ils invoquaient contre elle. Ce n'est pas non plus
qu'il n'eût le souci de la forme française : mais il pensa avec raison
que la forme la plus belle était celle qui reproduisait de plus près
la vérité. Et pénétré de ces idées, il se mit sans relâche à cette
œuvre d'émancipation de la vérité historique qui fit l'unité de sa
vie.

Dans ses deux thèses, il prépara et annonça la *Cité Antique*,
le premier et le plus connu de ses livres. Il étudia dans l'une les
origines des cités anciennes fondées sur le culte du foyer et des
ancêtres, le *culte de Vesta*; il étudia, dans l'autre, *Polybe ou la
Grèce conquise par les Romains*, la révolution des cités grecques
et les causes de la décadence. C'étaient déjà les deux parties
essentielles de son beau livre, très solide à la fois et très élégant,
la *Cité Antique*. Dans cette œuvre magistrale, il démontra que
les Français depuis 1789 se trompaient, en cherchant dans les cités
anciennes l'idéal de la liberté ; et que la liberté, au vrai sens du
mot, n'existait pas dans ces États, où tout était subordonné à la
religion, et les citoyens à l'autorité publique. Il fit plus encore ;
il expliqua leur erreur, par l'étude des révolutions antiques qui
substituèrent une certaine vie politique à la vie religieuse des
cités primitives, sans détruire pourtant l'omnipotence de l'État.
Il conclut en exposant les conséquences de cette erreur foncière,
qui trop longtemps a dénaturé l'histoire de l'antiquité, et a poussé
bien des fois nos contemporains à vouloir restaurer dans nos
sociétés modernes un état social et politique, dont les vrais principes leur échappaient et n'étaient plus applicables ni profitables
à notre temps.

L'histoire des *Institutions de l'ancienne France* fut inspirée à
M. Fustel de Coulanges par le même désir de ruiner des erreurs
également nuisibles à la vérité historique, et à notre société

moderne. On s'était longtemps habitué en France à considérer les Gaulois et les Germains comme des peuples vraiment libres qui, au début du moyen âge, s'étaient opposés au despotisme romain : l'Eglise qui avait combattu cet empire, avait répandu cette idée. On croyait aussi que ces peuples, forcés d'attaquer l'empire, y avaient installé à la suite et par les nécessités de la conquête, le régime féodal, véritable chaos de lois et d'habitudes barbares et violentes : les philosophes du XVIII° siècle, choqués des abus de la féodalité, avaient prêché cette idée, la haine et l'ignorance de la féodalité, le retour à la prétendue liberté des Germains et des Celtes primitifs.

M. Fustel s'attacha, pendant quinze années, à détruire cette double erreur, avec une méthode scrupuleuse, patiente et sûre. Il étudia dans son premier volume, la nature des sociétés formées par les Celtes et les Barbares, peuples ariens comme les Grecs et les Romains, mais venus plus tard à la civilisation, avec les mêmes principes religieux à l'origine. Il montra ensuite, dans le même volume, après Littré qui avait déjà fait magistralement cette démonstration, que la conquête barbare n'a point été violente, et que, si l'Empire romain n'eût pas été en décadence, les Barbares se fussent laissé assimiler par lui. Enfin il se proposait de dégager les véritables origines de la féodalité, entre le V° et le X° siècle, quand la mort est venue interrompre son œuvre : par les morceaux détachés que nous avons de cette vaste synthèse, *la Monarchie franque, Recherches sur quelques problèmes d'histoire* 1885, *l'Alleu et le domaine rural* 1889, et le cours professé par M. Fustel à la Sorbonne en 1878 sur la *féodalité*, on peut, avec une certitude presque absolue, prévoir la solution que l'éminent historien aurait donnée de ce grand problème. Il eût montré la féodalité naissant, non de la violence et de la conquête, mais de contrats lentement et légalement établis entre les hommes, suivant leurs intérêts et leurs besoins. C'est seulement quand la féodalité est entrée en décadence, que les contrats ont cessé d'être observés, que ce régime a paru un régime despotique, arbitraire et brutal, comme les cités antiques ont paru libres, lorsqu'elles ont perdu leurs principes religieux, et que leur décadence à commencé.

Comme on le voit, l'œuvre de M. Fustel de Coulanges embrasse une période immense de l'histoire de l'humanité, depuis le moment où les Ariens se sont séparés pour former les sociétés grecque, latine et barbare, jusqu'à celui où ils se sont à peu près tous réunis dans l'empire de Charlemagne. Des critiques maladroits et injustes ont reproché à M. Fustel de Coulanges cette vaste synthèse, comme s'il n'avait pas eu le soin, selon une méthode scrupuleuse, de l'appuyer sur des *années d'analyse*, et d'une analyse rigoureuse et minutieuse, comme si la synthèse, l'hypothèse n'étaient pas la condition du progrès de l'histoire, comme de toutes les sciences, autant et plus que l'analyse.

C'est à la fois par sa patiente étude du détail, et la largeur de ses conceptions, que M. Fustel de Coulanges a été un grand historien, et surtout un grand savant en histoire. Il a repris les vraies méthodes historiques, et constitué l'histoire scientifique, la sociologie, si l'on veut — le mot lui répugnait, non la chose — sur des assises définitives, comme Darwin l'évolution des êtres, et Lyell l'évolution des couches terrestres.

Émile Bourgeois.

Recueil des Instructions données aux ambassadeurs et ministres de France depuis les traités de Westphalie jusqu'à la Révolution Française. — T. VIII, Russie, avec une introduction et des notes, par Alfred Rambaud. 1 vol. in-8°, Paris, Alcan — 1890.

Bien que notre Bulletin doive être avant tout consacré aux choses lyonnaises, il n'est pas mauvais d'y introduire de temps à autre le compte-rendu d'un des plus importants ouvrages parus au dehors. C'est pour cette raison que je tiens à dire quelques mots de la publication de M. Alfred Rambaud, bien connu à la fois comme professeur à l'Université de Paris et comme historien des tsars, et dont, pour mon compte, j'ai eu le double plaisir d'entendre les leçons et de lire les œuvres.

Les « *Instructions aux ambassadeurs et ministres de France* » forment un recueil de premier ordre, indispensable à tous ceux qui s'occupent d'histoire diplomatique et qui veulent arriver à connaître exactement la politique traditionnelle de l'ancienne France dans les divers pays d'Europe. Sept volumes se sont succédé de 1884 à 1889, relatifs à l'Autriche, à la Suède, au Portugal, à la Pologne, à Rome et aux territoires de la maison de Wittelsbach (Bavière, Palatinat, Deux-Ponts). Le huitième vient de paraître et je suis d'autant plus heureux d'en faire ici l'éloge, qu'il réalise sur les précédents un sensible progrès. Les sept premiers volumes, en effet, tout en fournissant une foule de renseignements précieux, avaient tous plus ou moins le même défaut : ils donnaient des documents isolés, insuffisamment reliés les uns aux autres par de courtes notices, et étaient loin, par conséquent, de présenter un exposé complet des relations diplomatiques. Il y a souvent des agents sans caractère, auxquels on ne remet pas d'instructions et dont la mission pourtant est capitale ; il est nécessaire de les connaître et d'indiquer tout au moins le sens et la portée de leur négociation. M. Rambaud l'a compris, et, avec une conscience scrupuleuse, il a parcouru d'un bout à l'autre les documents du Ministère des affaires étrangères concernant la Russie ; il a, entre les ambassades proprement dites, étudié toute la *correspondance* des envoyés français, et, quand il n'a pas trouvé d'*Instructions*, il a publié les dépêches les plus intéressantes. De la sorte il a du même coup élucidé des points obscurs, comblé des lacunes regrettables, et fait pour la première fois l'histoire des rapports franco-russes, depuis les origines jusqu'à la Révolution. On retrouve, de plus, dans sa publication, la clarté, l'érudition savante, la forme élégante et facile, auxquelles il nous a habitués de longue date.

Les « Instructions » concernant la Russie rempliront deux volumes : le premier s'étend jusqu'à la paix d'Aix-la-Chapelle en 1748 ; le second doit traiter de l'époque suivante jusqu'en 1793. Une longue introduction, bien ordonnée et parsemée de détails piquants, embrasse l'ensemble du sujet et le divise en cinq parties : 1° les origines des relations entre la France et la Russie jusqu'au milieu du XVIIᵉ siècle ; 2° les années comprises entre 1651 et 1726, où ces relations deviennent de plus en plus fréquentes, puis régulières ; 3° la période de 1726 à 1756, où la Russie est l'alliée de notre ennemie séculaire, l'Autriche ; 4° un temps de rapprochement indirect de 1756 à 1775, par le fait des alliances austro-française et austro-russe ; 5° enfin une dernière époque où le gouvernement de Louis XVI et celui de Catherine II s'unissent à plusieurs reprises pour agir d'un commun accord.

On peut se demander avec étonnement comment, dans sa lutte contre les Habsbourgs, la France de l'ancien régime n'a pas cherché à s'allier à la Russie. Il y a bien des raisons de ce fait. D'abord la *Moscovie*, comme on disait en France au XVIIᵉ siècle, est restée longtemps isolée du reste de l'Europe, conservant un caractère tout oriental, n'ayant pour trait commun avec l'Occident que le christianisme, et encore un christianisme schismatique; ce n'est qu'au milieu du xvii° siècle qu'on commença à soupçonner son importance, tout en continuant à être fort peu au courant de ce qui s'y passait: ne voit-on pas Louis XIV adresser une longue lettre au tsar Michel, alors que celui-ci était mort depuis douze ans! D'autre part, quand la Russie entra en scène, la France avait déjà un système politique traditionnel du nord et de l'est : la Suède, la Pologne et la Turquie formaient une sorte de *barrière*, destinée à résister à la Maison d'Autriche, avec l'appui de la France; or c'était aux dépens de cette barrière que la Russie devait grandir, et s'étendre jusqu'à ses deux mers européennes, la Baltique et la mer Noire. Sans le vouloir, et sans le savoir, les tsars nuisirent donc indirectement à la France. Celle-ci, de son côté, resta fidèle à ses anciennes alliances, malgré tous les désastres, et préféra même la Suède vaincue à Pierre le Grand vainqueur. L'hostilité de la France et de la Russie dura jusqu'au jour où, la Pologne étant démembrée, la Suède et la Turquie épuisées, le comte de Vergennes songea à leur substituer la Russie pour l'opposer à la fois aux ambitions de l'Autriche, aux intrigues de la Prusse, et à la tyrannie maritime de l'Angleterre. Ce rapprochement qui eut pour conséquences la médiation commune de Teschen en 1779, la neutralité armée de 1780 et le traité de commerce de 1787, ne devait d'ailleurs pas survivre à l'explosion de la Révolution et aux antinomies naturelles de la Russie autocratique et de la France républicaine.

Une des parties des plus neuves de ce livre, où tout est neuf, c'est celle où M. Rambaud expose la genèse et les développements de la diplomatie moscovite; très instructif aussi est tout ce qui concerne les efforts de Pierre le Grand pour conclure une alliance avec le Régent en 1717 ; enfin les pages consacrées aux intrigues de La Chétardie et aux fameuses *palustrations* de Bestonjef en 1741, comptent parmi les plus curieuses et les plus attachantes.

On ne peut que féliciter M. Rambaud de ses trouvailles et de l'usage qu'il en a fait, en souhaitant que son second volume vienne bientôt compléter son œuvre et mettre en lumière tous les résultats de ses recherches aussi heureuses qu'érudites.

A. WADDINGTON.

*
* *

Résumé de la leçon d'ouverture du cours de géographie physique
(Géologie appliquée), professé à la Faculté des Lettres de Lyon
par M. Ch. DEPÉRET, professeur à la Faculté des sciences.

Le nouvel enseignement que j'ai l'honneur d'inaugurer aujour-
d'hui, grâce à l'initiative de la Faculté des lettres de Lyon, ne
constitue pas un fait entièrement nouveau pour l'Université lyonnaise. Il renoue une tradition interrompue depuis la mort de l'un
de mes plus savants prédécesseurs à la chaire de géologie de la
Faculté des sciences, le professeur Fournet, dont les leçons de
géographie physique eurent un grand retentissement à Lyon.

Il consacre aussi une tendance qui pousse de plus en plus la
géographie dans la voie scientifique. Trop longtemps, en France
surtout, cette science a été considérée et traitée comme une simple
annexe des sciences *historiques* ou *économiques*, tandis que l'étude
de la terre en elle-même dans le sens étymologique du mot géographie, était généralement délaissée. Ceux qui voudront bien
reporter leurs souvenirs de vingt ans en arrière se souviendront
des mauvaises cartes à l'aide desquelles se faisait alors l'enseignement géographique. On avait pris l'habitude de prendre pour
point de départ de la description physique d'une contrée, le *bassin
hydrographique*. C'est ainsi que le point capital de l'orographie
européenne par exemple, consistait en une ligne de partage des
eaux idéalement représentée par une sorte de longue arête de
poisson parcourant l'Europe depuis les monts Oural jusqu'au
détroit de Gilbratar. Cette arête, idéale, on la faisait passer bon
gré, mal gré, là même où elle n'existe pas, comme dans la grande
plaine russe ou dans les marécages de la Pologne. La description
d'un pays comme la France consistait dans le partage du sol en
un certain nombre de bassins, teintés chacun d'une couleur spéciale et rigoureusement entourés de la monotone ligne de partage
des eaux théorique. C'est ainsi que l'on pouvait voir se dresser sur
le plateau de la Beauce entre Paris et Orléans une véritable chaîne
de montagnes ; c'est de cette manière que les régions naturelles
les mieux délimitées par l'ensemble de leurs caractères orogra-
phiques, climatologiques, géologiques, comme le *Plateau Central
de la France*, perdaient leur caractère si remarquable d'unité,
grâce à sa décomposition en plusieurs bassins sous le prétexte que

les eaux ruisselant à sa surface s'écoulaient les unes vers la Loire, d'autres vers le Rhône, d'autres enfin vers la Dordogne.

J'aurai l'occasion de montrer plus d'une fois dans ces leçons que la méthode de description physique de la Terre, fondée sur la considération des bassins hydrographiques, conduit à des notions fausses ou incomplètes sur la véritable structure d'une contrée. J'ai hâte, il est vrai, de constater que l'enseignement de la géographie a fait en France des progrès considérables depuis une vingtaine d'années, et qu'il existe aujourd'hui, même dans l'enseignement primaire et secondaire, de bonnes cartes qui donnent un figuré plus exact du relief véritable d'un pays, comme la France par exemple. Dans l'enseignement supérieur, le développement des études de géographie physique a été plus important encore et ce n'est pas ici, dans cette Faculté des Lettres de Lyon, où l'enseignement de la géographie est si savamment représenté par l'un de mes meilleurs collègues et amis, que j'aurais le droit de venir faire aux géographes le reproche de ne pas tenir compte des données scientifiques de divers ordres qui aident à mieux comprendre une description physique de la Terre.

Aussi n'est-ce point dans le but de doubler l'enseignement de la géographie physique par une série de leçons parallèles à celles qui existent, que ce nouveau cours a été institué. Il répond à une nouvelle tendance qui pousse vers une union de plus en plus intime la Géographie et la Géologie. En Allemagne, cette union est depuis longtemps un fait accompli : en Amérique la fusion est plus intime encore, grâce à cette particularité que les relevés géographique et géologique, dans les lointaines régions du Far-West, marchent de pair, sous la direction de cette grande commission du *Geological survey*, qui a rendu déjà tant de services aux deux sciences.

En France, le mouvement a été plus lent à se propager : les premiers efforts sont dus à M. E. Reclus dans son grand ouvrage de *Géographie universelle*, et aussi aux géographes militaires tels que MM. Marga et Niox; enfin l'impulsion s'est propagée dans l'enseignement supérieur, notamment à l'École normale et à la Sorbonne, avec MM. Vidal-Lablache et Ch. Vélain.

La nécessité de cette union n'est plus à démontrer. L'état actuel de la surface terrestre n'est en somme que la résultante des états antérieurs par lesquels a passé la Terre dans le courant de sa longue histoire. Bien des fois, dans le cours des périodes géologiques, se sont produites des modifications parfois complètes dans le contour réciproque des continents et des mers : bien des chaînes de montagnes se sont dressées sous l'influence de la contraction incessante due au refroidissement graduel de notre globe; puis ont été démantelées et presque entièrement rasées sous les efforts de l'érosion. L'état actuel lui-même, que bien des personnes sont portées à considérer comme un état définitif d'équilibre, parce que nous n'avons pas de chronomètre assez lent pour mesurer la durée des phénomènes, n'est en réalité qu'un état instable et variable, et que l'avenir se réserve sans doute de modifier encore à plusieurs reprises.

Il n'est donc pas étonnant que les savants qui se préoccupent de l'état actuel de la surface terrestre aient beaucoup à apprendre de son histoire. Je voudrais essayer de montrer aujourd'hui par quelques exemples que nos connaissances sur le relief terrestre, aux détails parfois si compliqués, reçoivent une clarté nouvelle et une précision incomparable lorsqu'on les éclaire à la lumière de leur passé.

Etudions par exemple le relief si capricieux de notre vieille Europe : nous verrons partout des côtes découpées par de profondes échancrures, pénétrées par de véritables mers intérieures comme la Baltique et la Méditerranée; des péninsules allongées et contournées comme la Grèce, l'Italie, le Danemark, la Scandinavie, en un mot une structure en apparence tout à fait irrégulière. Son relief lui-même, en faisant abstraction du grand hémicycle des Alpes, et de quelques autres chaines bien distinctes, comme les Pyrénées, les Carpathes, le Caucase, se compose d'un enchevêtrement de plateaux et de collines qui rend difficile une description méthodique.

Examinons, d'après les données les plus récentes de la Géologie, la série des phénomènes qui ont présidé à la formation de ce relief.

En remontant aussi loin que possible dans l'histoire du globe, les premiers indices de ridement de l'écorce terrestre, ayant donné lieu à la formation de terres émergées du sein de l'Océan primitif, se sont manifestés après le dépôt des couches des *gneiss* et des *micaschistes*. En ce qui concerne l'hémisphère nord qui est seul bien connu, c'est dans les régions polaires qu'il faut aller chercher ces premières ébauches des continents futurs. En effet, en jetant les yeux sur une carte géologique du globe, un examen rapide montre que presque toutes les terres arctiques (Laponie, Suède, Nord de l'Ecosse, Hébrides, Groënland, Labrador, Canada, etc.) sont formées de gneiss et de micaschistes, et constituent par leur ensemble les débris d'une calotte polaire ancienne ou continent primitif aujourd'hui démantelé. Une première preuve de ce grand fait se tire de la discordance des sédiments primaires les plus anciens (précambrien et cambrien), qui, dans les régions du nord, comme au Canada, reposent horizontalement sur les gneiss plissés, et déjà émergés en partie au moment du dépôt des terrains cambriens. Une deuxième preuve résulte de la présence de formations littorales des époques précambriennes et cambriennes le long du bord de l'ancien continent primitif : en Suède, en Russie, aux Etats-Unis, ces couches cambriennes sont formées de grès, de conglomérats, indice du voisinage d'un rivage, tandis que dans les régions plus méridionales, comme le centre de l'Europe, ces mêmes terrains sont représentés par des schistes, anciennes vases déposées dans une mer plus profonde et plus éloignée des côtes.

Nous avons donc l'indice dans le nord de l'Europe d'une première chaîne ou zone de plissement très ancienne, dont le bord méridional rejoignait l'Amérique du Nord à l'Europe à travers l'Atlantique, et englobait le nord de l'Ecosse, la Suède et la Laponie, en dessinant un grand golfe correspondant à la Norwège actuelle.

Un peu plus tard, après l'époque silurienne, un nouveau plissement survenu dans la région septentrionale se manifeste surtout dans la Norvège, l'Irlande, le pays de Galles et détermine l'émersion de ces contrées, augmentant ainsi d'une manière seulement assez restreinte l'étendue du continent européen. Plus tard encore, un plissement ou mieux une série de plissements plus importants fait sentir ses effets dans la région de l'Europe centrale, dont elle détermine l'émersion progressive pendant le cours de la période carbonifère. Alors se forme en travers de l'Europe une vaste et puissante chaîne, la chaîne *hercynienne* actuellement démantelée, mais dont l'ancien trajet nous est attesté par les lambeaux que l'on doit rattacher à cette époque : la Bretagne, le Plateau-Central de la France, l'Ardenne, le massif Bohême ; plus à l'Est, les ridements hercyniens disparaissent sous la plaine russe pour aller ressortir dans la région des monts Oural.

Le bord septentrional de cette chaîne est marqué par la ligne des bassins houillers, attestant la formation d'une sorte de chenal aux eaux saumâtres dans lequel se sont déposées les houilles de l'Angleterre, de la Belgique, de la Sarre, de la Westphalie, de la Silésie, du Donetz. Cet alignement des bassins houillers est des plus remarquables et présente un grand intérêt au point de vue de la reconstitution des anciens rivages.

Plus au sud, dans la région méditerranéenne, se montrent d'importants massifs ou apophyses de la chaîne hercynienne, dans le plateau central de l'Espagne, la Corse, le massif des Maures en Provence, la Syrie et la Croatie.

La chaîne hercynienne est actuellement démantelée, mais ses massifs ont dû avoir à leur origine une hauteur considérable· Ainsi l'Ardenne actuelle est une sorte de plateau de schistes cambriens qui représente simplement l'intersection des anciens plis de la région par un plan horizontal d'érosion : les géologues belges ont calculé que le ridement du Hainaut, en tenant compte des terrains plus récents que le cambrien, qui ont dû autrefois former voûte au-dessus des schistes cambriens, devait atteindre une hauteur de 4600 mètres, c'est-à-dire la hauteur du Mont-Blanc. Les anciens plis du Plateau-Central du Lyonnais notamment ont pu atteindre des altitudes comparables à la précédente avant leur démantèlement.

Après une longue période de repos correspondant aux temps secondaires et une partie des temps tertiaires, les effets orogéniques recommencent pour donner lieu à la formation, au sud de la chaîne précédente, d'une nouvelle chaîne plus importante encore, la chaîne ou zône alpine, dont les plissements s'étendent de la région pyrénéenne, aux Alpes, aux Carpathes, à la Transylvanie, aux Balkans, au sud de la Crimée, au Caucase et à travers la Perse jusqu'à l'Himalaya. Plus au sud, la chaîne bétique, l'Atlas, la Sicile, les Alpes illyriennes, la Grèce, Chypre appartiennent à la même époque des plissements, qui a dû donner à la région méditerranéenne à peu près sa configuration actuelle. Cette chaîne est bien plus élevée que les précédentes, parce qu'elle est mieux conservée.

Dans l'ensemble de ces efforts de plissement de l'écorce terrestre dans nos régions européennes, se dessine une succession de poussées dont l'action principale s'échelonne régulièrement du nord vers le sud. Le résultat de chacun de ces efforts est la production de grandes rides ou chaînes qui viennent successivement s'appliquer, souvent même s'écraser l'une sur l'autre, pour augmenter d'une manière progressive l'étendue du continent européen.

Il reste encore dans la Méditerranée une place suffisante pour une zône de plissements ultérieure qui viendrait souder l'Europe avec les masses continentales de l'Afrique.

L'histoire géologique d'une grande vallée fluviale, comme celle du Rhône, éclairera aussi la structure de cette vallée, en nous montrant que son unité géographique est toute apparente et superficielle.

Le Rhône prend naissance au cœur des Alpes Centrales dans un glacier de l'extrémité orientale du massif de l'Oberland bernois. La haute vallée s'allonge d'abord parallèlement à la chaîne alpine, c'est-à-dire du N.-E. au S.-O. entre le massif de l'Oberland au Nord, et celui du mont Rose au Midi. De sa source jusqu'à Brieg, le Rhône coule dans le fond d'un grand pli synclinal des terrains primitif et cambrien. Le fond de la cuvette montre encore sur une certaine longueur une mince bande des terrains jurassiques qui ont dû autrefois recouvrir complètement les terrains anciens, et ont été en grande partie déblayés par les érosions.

A Brieg, le fleuve change un peu de direction pour tourner directement à l'Ouest. Dans ce nouveau trajet, il se rapproche du bord septentrional du massif de roches primitives des Alpes Centrales, en recoupant successivement, en aval de Sion, les bandes parallèles de schistes cambriens, de terrain houiller, de trias et de jurassique; puis il est venu se heurter avant Martigny, à l'extrémité septentrionale du massif de roches primitives du Mont-Blanc et des Aiguilles-Rouges, qui le force à se détourner brusquement vers le Nord, à angle droit. Il s'est néanmoins frayé un passage à travers ces roches anciennes dont un fort lambeau est resté sur sa rive droite. Il continue ensuite sa direction au N.-O., perpendiculaire aux crêtes des chaînes subalpines, qu'il recoupe en cluse jusqu'au lac de Genève, c'est-à-dire jusqu'à la *plaine suisse*. On donne ce nom de plaine ou de plateau suisse à une région relativement basse, mais passablement accidentée, qui constitue entre les Alpes et le Jura une sorte de fossé dont cette dernière chaîne peut être considérée comme la contre-escarpe. Le Jura n'est en effet à ce point de vue géologique qu'un contre-coup avancé, une sorte de vague de propagation de l'effet orogénique qui a formé les Alpes. La dépression de la plaine suisse est remplie par des terrains d'âge relativement jeune, affectés eux-mêmes par le plissement alpin. C'est au milieu de ces terrains tertiaires qu'est situé le creux profond, parallèle à l'hémicycle des Alpes et du Jura, qui constitue le lac de Genève.

En réalité, cette dépression lacustre comprend deux régions distinctes : la partie orientale est creusée en cluse à travers les chaînes subalpines; c'est là aussi que sont les plus grandes pro-

fondeurs (334ᵐ), atteignant presque le niveau de la mer. La partie
occidentale du lac, placée dans un pli de la mollasse est beaucoup
moins profonde, atteignant seulement quelques dizaines de mètres.

Il peut paraître étrange que ce creux profond n'ait pas été comblé
depuis longtemps par l'apport des alluvions du Rhône et des
autres affluents du lac. Etant donné le débit actuel de ces affluents,
il faudrait d'après M. Forel, seulement 300,000 ans pour que ce
comblement soit effectué.

Pourtant on observe sur le pourtour et en aval du lac, autour
de Genève par exemple, d'épaisses couches de cailloutis alpins
(alluvions anciennes) recouverts eux-mêmes par les moraines
d'origine glaciaire. Comment ces paquets d'alluvion ont-ils pu
franchir le lac sans qu'il y ait eu comblement ? Les géologues
suisses, en particulier Desor et Escher de la Linth, supposent que
ce résultat est dû à un remblaiement du lac par un énorme culot
de glace, pendant la période d'avancement des glaciers quaternaires, qui, on le sait, ont envahi à un moment donné la vallée du
Rhône jusqu'à Lyon. Par dessus cette énorme masse de glace
protectrice, les courants glaciaires ont dû s'avancer, charriant
avec eux les moraines profondes et superficielles qui ont ainsi
franchi le lac pour aller fournir en aval les éléments des alluvions
anciennes. Puis, la période de recul arrivée, le culot de glace a
dû mettre fort longtemps à fondre et on peut admettre que par
dessus lui, ont pu passer pendant un certain temps encore les
alluvions torrentielles pour se disposer en ceinture le long
du lac.

Après sa sortie du lac de Genève, le Rhône vient par sa direction
se heurter aux ridements du Jura. Il recoupe le plus oriental de
ces plis, en passant entre le Vuache et le Credo, puis reprend au
sud, parallèlement à la direction des crêtes jurassiennes de Belle-
garde à Culoz; il recoupe ensuite de nouveau plusieurs plis parallèles entre Culoz et Saint-Genis-d'Aoste. Arrivé à ce point de son
parcours, il semblait que le fleuve n'avait plus qu'à contourner
l'extrémité méridionale des chaînons du Jura pour déboucher
dans la plaine dauphinoise. C'est en effet le trajet qu'a suivi le
Rhône au début de la période quaternaire, et l'on peut suivre à
partir de Saint-Genis la traînée de ses cailloux par les marais
des Avenières, de la Verpilière et de la vallée de la Bourbre.
Actuellement, le fleuve remonte vers le Nord-Ouest, en s'insinuant
dans un trajet parallèle aux plis du Jura fortement infléchis au
sud en ce point. Il a trouvé un passage relativement facile entre

une région fortement plissée à l'Est, et le plateau jurassique presque horizontal de Crémieu, Morestel, qui, géologiquement parlant, doit être considéré comme une partie intégrante du Jura.

Après avoir franchi ainsi péniblement les plissements jurassiens, le Rhône débouche dans la grande cuvette bressane, et sa direction, aussi bien que son origine sur le versant nord des Alpes, semblaient devoir en faire un fleuve océanique. A la fin du pliocène, il semble presque avoir hésité sur la direction à suivre. On peut observer en effet les cailloux alpins du Rhône formant un vaste cône de déjection sur le point le plus élevé du plateau des Dombes, et divergeant à partir de ce point, aussi bien au Sud sur Lyon qu'à l'Ouest et même au Nord jusqu'auprès de Bourg. Il semble qu'à ce moment le fleuve n'aurait eu qu'un faible effort à faire pour s'écouler vers la vallée de la Loire par la dépression de Chagny et du canal du Centre.

En fait, le Rhône, après son débouché dans la Bresse, vient se heurter à l'obstacle formé par les plissements hercyniens du Plateau Central qui le détournent vers le Midi. A l'époque pliocène et même au début du quaternaire, le Rhône coulait à un niveau élevé de 100 mètres au moins au-dessus du thalweg actuel, et il se heurtait plus directement qu'aujourd'hui aux masses primitives du Plateau Central, comme en témoignent ses terrasses de cailloux alpins étalés sur les flancs du Mont d'Or ou du plateau lyonnais jusqu'auprès de Crapònne. Plus tard, le fleuve, en abaissant son niveau, a rongé les formations tertiaires de la Bresse, contre lesquelles il vient aujourd'hui se détourner vers le Sud auprès de Miribel.

A partir de ce brusque coude vers le Midi, il semblait que le Rhône n'eût plus qu'à suivre le bord du massif primitif du Plateau Central, en se creusant un chemin à travers les formations meubles du Bas-Dauphiné. En réalité, il ne s'est pas astreint absolument à ce trajet et il a coupé droit en plusieurs points, laissant sur sa rive gauche des lambeaux de terrain primitif, qui font géologiquement partie intégrante du Plateau Central, notamment entre Serezin et Vienne, et plus au Sud, entre Saint-Vallier et Tain.

Peu après ce dernier point, le Rhône, continuant à se diriger droit au Sud, commence à s'écarter du bord du Plateau Central, dont la direction s'infléchit fortement au Sud-Ouest, et il commence à entailler obliquement les plis et les bandes parallèles des terrains secondaires faisant suite du N.-E. au S.-O. aux plissements du Jura et du Dauphiné, et appliqués contre la bordure primitive du Plateau Central. A Chateaubourg, à Crussol, on voit de petits lambeaux de ces terrains adossés aux terrains granitiques; mais c'est seulement à partir de la Voulte que le fleuve entaille successivement les terrains jurassiques de la Voulte au Pouzin, ensuite les terrains infracrétacés dont la nature et la situation sont identiques de part et d'autre de la vallée.

L'obstacle le plus considérable lui était opposé par la barre massive des calcaires urgoniens, qu'il franchit en une cluse très étroite au sud de Montélimar dans le défilé de Donzère, véritable limite du Midi aux divers points de vue du climat, de la flore, de l'aspect du pays, etc.

A partir du défilé de Donzère, le Rhône débouche dans une cuvette plus largement ouverte, dont les bords sont constitués par les calcaires infracrétacés et le fond par les couches régulièrement emboîtées des terrains crétacés et tertiaires. Le fleuve suit le grand axe de cette cuvette connue des géologues sous le nom de bassin d'Uchaux.

Au Sud de ce grand bassin régulier qui se continue jusqu'à Orange, la vallée est de nouveau barrée par d'autres plissements qui ramènent les calcaires durs de l'infra-crétacé : c'est le prolongement au Sud-Ouest des plis subalpins du Ventoux, du Léberon, des Alpines, allant se souder aux terrains de même nature du Languedoc. Mais ici, l'action du fleuve devenu plus puissant a été plus énergique, et il a déblayé en grande partie la vallée de ses obstacles, dont il reste aujourd'hui seulement quelques rochers isolés, comme la barre de Roquemaure, le rocher des Doms à Avignon, la Montagnette, le rocher de Beaucaire. A partir de ce point, les plissements de la Provence n'atteignent plus le bord du Rhône dont le delta s'ouvre largement vers la Méditerranée, à travers des terrains relativement récents.

Ainsi cette grande vallée du Rhône, qui semble en apparence être une véritable unité géographique, n'est en réalité qu'un complexe d'accidents géologiques de diverse nature ajoutés bout à bout. C'est, pour ainsi dire, à grand peine que le fleuve, sur la marche duquel les obstacles étaient accumulés comme à plaisir, a réusi à se frayer une route et à constituer cette belle vallée du Rhône, véritable chemin des nations.

Ch. Depéret

Fʀᴀɴçᴏɪs Cʜᴀʀᴠᴇ́ʀɪᴀᴛ, professeur à l'École de droit d'Alger. — *Huit jours en Kabylie. A travers la Kabylie et les questions kabyles.* Paris, Plon, éditeur, 1889, X-290 pages, in-12.

Nous ne citons pas le livre posthume d'un collègue sorti de notre milieu, et qui devait incessamment nous revenir quand la mort l'a frappé, à seule fin de rendre un nouvel hommage à sa mémoire. Plus encore que les autres productions parues du vivant de ce travailleur d'élite, il nous montre ce que Charvériat aurait donné dans sa carrière, s'il ne nous avait, aussi prématurément quittés. En le lisant, les personnes qui s'intéressent aux coutumes des tribus ou des peuplades exotiques englobés aujourd'hui dans le mouvement de colonisation des Européens, se souviendront peut-être que dans ce siècle-ci plusieurs Anglais, appelés à exercer des fonctions administratives dans l'Inde, ont profité de leur séjour dans le pays des Hindous pour observer l'organisation, les manières de vivre et les croyances des communautés indigènes, et que c'est de ces études soumises à une méditation pénétrante que sortit ensuite l'enseignement sociologiste de Cambridge. Il est toujours téméraire de procéder par comparaison : mais Charvériat avait positivement entendu son stage d'Algérie comme Alfred Lyall l'avait fait de sa résidence en Orient. Il ne se passait pas de semaines qu'il ne réunît matériaux et informations sur les mœurs arabes en Kabylie, se réservant dans son âge mûr — qui ne devait hélas ! jamais venir — de les coordonner et d'en tirer sur la marche générale des civilisations des déductions de nature vraiment scientifique. Là est la marque indubitable du talent dont il nous laisse le souvenir, en même temps que des documents d'étude encadrés dans une première composition, dans celle de l'impression fraîche du voyageur qui voit, écoute, et consigne le fait sur ses notes, en y ajoutant parfois un mot, et parfois des considérations de plusieurs pages.

Il aimait beaucoup à circuler autour d'Alger. Dès que l'Ecole lui laissait quelques jours de vacances, il en profitait pour boucler sa valise et entreprenait sa petite excursion. C'est dans une de ces périodes de loisirs qu'il a traversé la Kabylie, tantôt à pied, tantôt à dos de mulet, en compagnie d'une société d'amis qui savait, comme lui, se consoler par le rire et l'échange familier des impressions, des menus déboires de la route. Il est revenu plus d'une fois dans cette région du Djurdjura, où à côté des richesses naissantes des pays chauds il retrouvait des sites de France.

L'ascension d'une cime, d'où se développaient au sud une seconde chaine, et devant lui toute la fertilité du Tell, l'arrivée le soir après huit heures de fatigue à un bordj ou à une maison forestière où il faudra camper un peu sous la protection des étoiles, tout cela le pénétrait d'un doux bien-être et donnait l'essor à ce que son cœur aurait toujours gardé de jeune et de bon.

Ce n'est pourtant pas le côté bucolique de ces trois cents pages qui en constitue le principal attrait. La note descriptive est sans recherche, constamment mesurée dans l'expression, et comme le trait destiné à rendre le paysage est bien rendu, on y prend goût, comme on aime tout ce qui est primesautier et naturel. Mais on sent la préoccupation incessante de l'auteur de se placer au milieu des populations conquises, de saisir exactement ce qu'elles font, comment elles vivent et ce qu'elles pensent de nous. Pénétrez à sa suite dans ce petit monde berbère, qui cultive la terre avec le même esprit d'économie que nos paysans de France, économie sans doute dont la molle indolence musulmane amortit l'âpreté, mais où la répartition des champs entre les individus, contrairement à l'appropriation collective des tribus arabes, semble devoir établir avec la métropole des liens d'affinité. Vous commencerez par suivre votre guide, confiant dans le spectacle des résultats que trente-cinq années d'annexion ont dû donner. Malheureusement, dès les premiers tournants de route, les désenchantements viendront, et vous fermerez le livre sur un sentiment profond de pessimisme.

C'est qu'on ne reprochera pas à Charvériat de voir la situation trop en beau. Ses idées, au contact des faits, il en convient lui-même, avaient beaucoup changé depuis le jour où, à la séance de rentrée qui suivait la prise de possession de son enseignement à Alger, il recommandait d'étendre la nationalité française aux indigènes. A chaque pas reviennent les mots de haine de la France, d'attente d'une prochaine insurrection. L'assimilation est mal comprise, tous les essais tentés pour faire entrer notre civilisation parmi ces réfractaires tournent contre l'attente de l'administration. Hâtons-nous de dire qu'il n'y a dans les appréciations de notre collègue aucun parti-pris et qu'il ne s'en tient pas à son opinion personnelle. Ce qui donne à ces critiques une portée considérable, c'est qu'elles s'accordent sur la plupart des points avec celles des journaux de la colonie et du Gouvernement général lui-même.

Les Kabyles restent absolument rebelles à notre action. Ils ne sont pas indisciplinables, en ce sens que nous les tenons en respect.

Ils n'ont qu'un prestige, celui de la force, qu'une crainte révérencielle, celle du pantalon rouge et au besoin de l'habit brodé. La visite d'un Ministre de l'instruction publique en costume de voyage les laisse loin de la pensée du pouvoir. A chaque fois qu'on a cherché à répandre parmi eux les croyances chrétiennes, on s'est aperçu d'une plus grande froideur à notre endroit. Ce fait n'est point particulier aux gens du Tell, et il faut que le Coran offre à l'imagination et probablement aussi aux sens de ceux qui le pratiquent de bien fortes tentations. Mais il n'en est pas moins étrange que des peuplades retranchées dans leurs montagnes contre un contact effectif avec les Arabes, qu'on a dû après les grandes guerres et la soumission d'Abd-el-Kader conquérir pied à pied comme si le bruit des batailles n'était pas venu jusqu'à elles, trouvent ainsi dans un mahométisme d'origine impossible à préciser et dont l'orthodoxie laisse fort à reprendre, les éléments d'une résistance sociale aussi prolongée.

On a cherché à élever leurs enfants dans les écoles suivant nos méthodes pédagogiques. Vice de système ou défaut d'aptitude de ces jeunes cervelles, on n'a fait que graver dans leur mémoire des mots dont ils saisissaient à peine le sens. Nul don de généralisation, nulle initiative individuelle sur le fond commun des connaissances : rentrés chez eux, les écoliers se sont empressés de perdre tout ce que l'instituteur leur avait inculqué par la voie des livres. Les filles, avec la situation dégradante de bêtes de somme que leur crée la vie familiale et agricole de ces milieux, ont même subi par le fait de cette instruction maladroitement distribuée un nouvel abaissement ; devenues impropres à leur rôle domestique, elles n'ont plus trouvé d'épouseurs. Les tirailleurs rentrent chez eux après leur congé de libération, et en peu de temps le profit de la vie de caserne est si bien effacé, que nous ne trouverions pas au douar de pires ennemis.

Nous en passons et des plus caractéristiques, parmi ces signes non équivoques du faible entraînement qu'éprouvent pour leurs maîtres ces fanatiques concentrés, gens de paix dans la mesure où le fatalisme de la race conseille de supporter le joug. Est-il sage et politique, dira-t-on, de dénoncer ces erreurs qui, suivant qu'on les interprète, pourraient suggérer des doutes sur notre talent de colonisation ? En toute sincérité, il ne nous semble pas que ces révélations soient de nature à compromettre notre dignité : le vrai patriotisme consiste à prêter plutôt l'attention à des défauts presque inséparables d'une première expérience.

D'autres colonisateurs mettent leur amour-propre à ne jamais convenir qu'ils ont tort, et ils persévèrent dans un système d'assimilation parfois plus maladroit que le nôtre, au risque de constater un jour que l'entêtement détermine de très fâcheux mécomptes. Ainsi nous ne jurerions pas que les précédents des Etats-Unis aient servi de leçon à nos voisins, les Anglais, pas plus que nous ne sommes édifiés sur le succès des procédés que les Allemands se disposent à appliquer à leur tour en Afrique.

Mais alors quel remède employer ? Il ne faut pas tenter de le chercher entre les lignes de l'ouvrage que nous analysons. En réalité la conviction de l'auteur n'était pas formée : les précédents de la conquête lui signalaient tant d'aventures fâcheuses, faites à contre sens de nos intérêts métropolitains, qu'il n'a pas voulu, se souvenant de ses propres rectifications, émettre dans un livre un avis formel que des réflexions plus mûres l'auraient amené peut-être à rétracter.

Serions-nous là en face de peuplades vraiment rétives à toute pénétration, et comme certaines tribus sauvages que les voyageurs mentionnent, hors d'état d'évoluer suivant un progrès de civilisation quelconque ? Ou bien le meilleur moyen de nous les concilier n'eût-il pas été, ainsi qu'on l'a fait depuis en Tunisie, de maintenir chez elles les cadres d'une hiérarchie de race qu'un protectorat d'ensemble aurait assouplie à nos fins de colonisation, tout en ménageant les susceptibilités et les apparences, et n'est-ce pas un tel système, à tout prendre, que réalise, partiellement il est vrai, l'organisation ce ces communes mixtes dont Charvériat nous parle en visitant Aïn-el-Hamman ? En tous cas, nous serons bien d'accord avec lui, lorsqu'il se prononce contre la politique de ces singuliers administrateurs qui, recevant pour instruction de ne pas molester les indigènes dans leurs croyances, et sans doute aussi pour faire du zèle, organisèrent jadis des pèlerinages à la Mecque aux frais de l'Etat. On juge de l'effet que de pareilles mesures durent avoir sur le rapprochement avec les *Roumis*.

E. THALLER.

ADRIEN STORCK et HENRI MARTIN. — *Lyon à l'Exposition Universelle de 1889.* 2 vol. in-4 : — 1ᵉʳ vol., groupes 1 à 3. (Œuvres d'art, éducation et enseignement, arts libéraux, mobilier, 310 p.; —

2ᵉ vol., groupes 5 à 8. Tissus, métallurgie et mines, mécanique, produits alimentaires, agriculture, 1ʳᵉ par. 120 p. — Storck édit.

C'est positivement ébloui, émerveillé par toutes les richesses qui viennent de me passer sous les yeux, que je referme cet ouvrage sur ma table. Je viens de m'y délecter deux heures durant, et j'espère bien que de nouveaux loisirs me seront donnés, pour me reposer à lire quelques-unes de ces notices, dont le style preste et gracieux captive l'attention, tout en servant harmonieusement de lien à des planches tirées dans de véritables conditions de luxe et semées soit dans le corps de la composition, soit la plupart hors texte, avec une rare prodigalité au cours de ces deux volumes.

Les procédés les plus récents et les plus perfectionnés de reproduction artistique ont été appelés à rehausser l'éclat du livre : taille douce, bois, héliogravure (et comment ne pas citer en passant le nom de la maison Lumière ?) se sont donné rendez-vous, chaque genre revendiquant l'œuvre qui rentrait le mieux dans ses moyens d'action et gardant à l'original, à côté de la fidélité de l'expression, ce qui est plus appréciable encore, la note personnelle du talent.

Y a-t-il rien qui rende mieux les seconds plans vaporeux d'Appian et ses effets de recul sur la nappe épandue de nos lacs, que cet encadrement de frontispice en tête du chapitre des beaux arts ?

Et lorsqu'on voit un peu plus loin le petit tambour de Roy, sa caisse au pied, et qui, nullement gêné par son fourniment, se carre bravement sur ses hanches, comme on sent que c'est toujours dans le crâne rendu de la plume qu'excelle le sujet militaire, avec tout ce qu'il évoque de jeunesse et d'espérance! Le sujet militaire des temps heureux...Car voici que, continuant à feuilleter, et dépassant le *Dante* de Flandrin, où je retrouve sous le burin du graveur la pureté des lignes et la sérénité de l'idéal du maître, j'arrive à la *Retraite de Russie* qui, soit dit en passant, suggère à M. Bleton une comparaison des plus heureuses entre le tableau de Charlet et les vers de l'*Expiation*; et je me dis que la colonne sombre de notre pauvre grande armée, dont les replis se perdent au loin sur l'estompe de la neige, ne pouvait trouver non plus une interprétation mieux d'accord avec le génie du peintre.

Je me crois autorisé à le répéter, des dilettantes qu'on peu croire sur parole l'ont déjà dit avant moi : c'est une œuvre de notre province, unique en son genre par la variété de belles choses qui y sont réunies, et, quant au fini d'exécution, comme il en sort peu de nos presses. Elle a été élevée tout à l'honneur de la place qui l'édite. Les Lyonnais qui aiment leur ville éprouveront un véritable orgueil à contrôler sur ces albums tout ce qui s'est fait de riche et de grand dans les diverses dépendances de l'art, à l'époque où nous sommes, du chef de leurs concitoyens.

L'esthétique décorative, avec ce carton superbe et bien connu de Chenavard qui nous donne en plan coupé le cortège bruyant du triomphe et la ferveur muette des catacombes ; — la peinture de genre avec le *Duel* de Sicard ; — la fleur représentée par Rivoire, la fleur pour laquelle depuis Saint-Jean l'école lyonnaise, tout en communiquant à son pinceau plus d'air et de transparence, a conservé comme une prédilection de mère, peut-être aussi, comme le dit M. Coste-Labaume, parce que pour tout Lyonnais la fleur, avec sa fraîcheur, sa grâce et ses tons innombrables, est encore le meilleur sourire fait pour attendrir les austérités de sa vie courante ;—le portrait avec Hirsch et Meissonier (Meissonier portraitiste, et, mieux encore, pourctraiturant lui-même sa face de fleuve que nous ne reverrons plus, hélas!) ; — plus loin l'art dans l'ameublement, dans la verrerie, dans l'orfèvrerie, Flachat, Bégule, Armand-Calliat, des hommes qui ont étudié la Renaissance et pour qui les précédents des grands maîtres n'ont aucun secret (quoi de plus édifiant par exemple que ce *sursum corda* qui donne au reliquaire de Saint-Louis de Carthage le style élancé des cathédrales!) ; — et dans le deuxième volume, ces échantillons merveilleux de lampas, de damas, de brocart, de satin, les uns sur papier, les autres sur étoffe, sortis de nos meilleures fabriques, les Bérard, les Brunet-Lecomte, les Emery, les Gourd, les Béraud, les Piotet — nous aurions vraiment trop à citer, — et qui confirment la pensée que, s'il existait jadis une frontière entre l'art industriel et l'autre, nos maisons de soieries ont joué au plus fin avec le public afin de le mettre dans l'impossibilité de la reconnaître ; — tout cela défile au feuilleté du livre, et sans heurt, sans effort de marqueterie, avec l'unisson que donne la composition à un ouvrage. Et, puisque je parle des spécimens de nos tissus, je prends la liberté de recommander deux planches de dentelles de la maison Dognin. Elles procurent une illusion telle, qu'on s'imagine pouvoir sortir ce vieil Alençon du carton et en palper la mousseline.

Je reviens à la publication, dans son expression typographique. Elle est tirée sur papier de Hollande, avec un encadrement de filet rose, genre missel, dans chacune de ses pages. Qui donc prétendait que l'imprimerie lyonnaise avait atteint son apogée sous la Renaissance du temps des Sébastien Gryphe et des Jean de Tournes ? Je ne voudrais pas trop insister sur la note admirative, de peur que le lecteur ne prît à faux mon appréciation. Il pourrait croire que je cherche aux éditeurs une simple réclame, ce qui, on en conviendra, serait de ma part un acte d'assez sotte banalité. Telle n'est à coup sûr pas mon intention. Nous nous sommes fait une règle de signaler dans ce *Bulletin* les témoignages qui, dans les divers ordres de mérite, viennent attester chaque jour les aptitudes, science ou art, de notre région. Le *Lyon à l'Exposition* est assurément digne qu'on lui fasse autre chose qu'un sort de prétérition.

Et, en dépit de son titre, ce n'est pas un ouvrage présentant un intérêt de pure actualité. Les galeries du Centenaire l'ont mis en mesure de recueillir des œuvres consacrées aujourd'hui par le suffrage de plusieurs générations. Pour dire toute ma pensée, sa place est marquée sur la table de tout Lyonnais qui a un salon et se pique à bon droit de réunir les documents rares et flatteurs du prestige de sa cité. Et ce n'est pas même en son état actuel qu'il demande à être exposé : il faut l'habiller en un maroquin aux riches nervures, comme au siècle dernier les belles dames de la cour faisaient ressortir leurs atours par la robe à traîne, au jeté de Philippe de la Salle. S'il fallait chercher sur la place quelque confectionneur, il est probable que le livre même se chargerait de nous procurer de bonnes adresses.

Je laisse au lecteur la surprise des notices. Le remarquable tableau de M. Aynard, auquel le *Bulletin* a déjà eu l'occasion de consacrer quelques pages, était naturellement appelé à ouvrir la publication : il ne s'est rien écrit de plus pénétrant sur Lyon, à l'époque contemporaine. Les articles de MM. Coste-Labaume et Bleton, sans s'être concertés, rendent cette même note mystique qui constitue décidément le fond du tempérament et du génie local. Notre collègue et ami Bourgeois montre le particularisme de l'esprit lyonnais dans les questions d'enseignement. Un autre de nos universitaires, André, tient un chapitre spécial où sont décrits les beaux instruments de son Observatoire. M. Morand, l'auteur anonyme des comptes rendus de l'industrie soyeuse qui sont toujours remarqués dans la publication annuelle de la Chambre de Commerce, s'ouvrant cette fois un horizon plus large rapproche dans une puissante synthèse le Lyon industriel de 1789 et celui d'aujourd'hui. Enfin, notre éditeur Storck marque, dans sa critique des productions textiles, un sens artistique servi par une plume très fine. Mais j'ai dit que je ne voulais pas entrer dans une relation, et j'aurais mieux fait de ne citer aucun article, car j'en oublie, et de parfaitement tournés.

Un fascicule complémentaire, auquel auront droit gratuitement tous les souscripteurs, comprendra les notices des classes non encore parues avec la liste intégrale des récompenses.

E. THALLER

CORRESPONDANCE ÉTRANGÈRE

Allemagne

Voici un document à joindre à tout ceux qui ont paru soit dans cette publication, soit ailleurs, et destinés à montrer l'accueil que font les étrangers au projet des Universités françaises. Le passage suivant est détaché d'un compte-rendu allemand très flatteur, consacré par le professeur H. ERMAN, de l'Académie de Lausanne, au récent ouvrage de M. Appleton sur l'*Histoire de la propriété prétorienne*. Ceux mêmes de nos lecteurs qui, se plaçant en dehors de la science, feront des réserves au sujet des conclusions qui terminent ces lignes, rendront hommage à la note généreuse qui les pénètre :

« Les voix françaises s'accordent à reconnaître le sens qu'homme et livre doivent prendre dans la formation en cours de l'Université de Lyon. Il y a là un développement de plus en plus puissant, un effort de concentration de ces Facultés réduites à l'isolement depuis Napoléon, afin d'arriver à opérer de haut le relèvement de la France par l'émancipation intellectuelle de la province et la renaissance de l'esprit municipal.

« Nous, Allemands, nous avons toute raison de souhaiter plein succès à cette entreprise de la « restauration de la nation par la voie des Universités » qui évoque à nos esprits les conceptions de Fichte. Plus les deux grandes nations voisines se développeront fortes et saines, plus elles s'abandonneront à leur destinée de culture commune, et d'autant pourront s'accroître pour elles les chances d'effacer et d'oublier ce qui les sépare. Puisse donc bientôt l'Université de Lyon s'ouvrir comme la première Université régionale française, et jeter son éclat pour le plus grand honneur de la France, par les sérieux efforts scientifiques de ses maîtres et de ses élèves, effort dont l'ouvrage de M. Appleton, que nous présentons ici, donne un beau témoignage ! Et puisse l'esprit du travail en commun et des échanges avec la science allemande animer la nouvelle Université comme il imprime déjà sa marque à l'ouvrage de ce romaniste ! » (1)

* *

Ecosse

Nous devons à la complaisance d'un « ami de notre Université », ancien titulaire d'une chaire à Dundee (Ecosse), la communication d'une très intéressante allocution prononcée le 1ᵉʳ juillet dernier à la séance de clôture de l'*University College* de cette même ville par le professeur Geddes. Ce collège est sorti d'une fusion entre l'Université elle-même et la vieille Institution de Saint-Andrew, et n'est véritablement en plein fonctionnement que depuis l'année dernière. Mais la ville de Dundee se développe rapidement et ses établissements d'enseignement supérieur, fondés par la munificence de nombreux particuliers, sont appelés à prendre par la suite des temps une très grande importance.

« L'allocution du professeur Geddes, nous écrit notre aimable correspondant, frappe surtout par la note de sympathie qui y domine à l'égard de la France. Le phénomène n'est pas constant dans les milieux universitaires britanniques. Ce que dit l'orateur de notre jeune Université lyonnaise ne peut que nous flatter ».

Il est fâcheux que l'étendue de l'allocution ne nous permette pas de la retranscrire intégralement. On y verrait, dans un curieux passage, les universitaires écossais émettre le vœu que l'ancien Collège des Ecossais qui existait à Paris avant la Révolution soit rétabli comme complément des Universités d'Ecosse. Cette idée, dont le succès intéresse d'une manière si évidente le prestige de notre pays et le rayonnement de notre influence, est déjà, dit M. Geddes, en voie de réalisation. Souhaitons-lui de réussir à

(1) *Zeitschrift der Savigny Stiftung für Rechtsgeschichte, Roman. Abth.*, 1890, p. 224.

bref délai : le pays dont on nous parle est un de ceux avec lesquels la France moderne serait heureuse de renouer les liens de l'histoire.

Voici la partie du discours dans lequel le sympathique professeur s'occupe du travail de nos Universités de province.

« Le visiteur universitaire étranger peut maintenant se rendre en France, un peuple, qu'il me soit permis de le dire, qu'on juge encore parfois trop communément d'après les souvenirs de l'Empire, et dans ces conditions bien mal compris. Un puissant effort de renaissance nationale dans presque toutes les parties de la pensée et de l'action s'est fait chez les hommes qui étaient assez jeunes pour concourir de leur personne à l'année terrible de 1870, et pour ressentir de ces désastres une impression profonde de moralisation qui devait leur rester pendant toute la vie; ces hommes ont travaillé comme rarement travaillaient les hommes de jadis, avec une unique ambition : il faut refaire la patrie (*sic*). L'élévation du niveau de l'éducation est maintenant au premier plan de leur politique intérieure, comme l'était il y a quelques années l'organisation de l'Exposition, ou le développement de l'Instruction primaire auparavant, et l'affermissement de leurs force militaires avant toutes choses.

Qu'a donc fait la France ? Les centres universitaires de province étaient bel et bien morts. On assiste maintenant à leur résurrection. Le budget de l'Université de ces dix dernières années fournit un total de quatre millions de livres. Lille et Nancy ont grandi en face de leur rivale, Strasbourg, citadelles intelligentes comparables aux défenses matérielles élevées dans le même temps. Les Facultés de Marseille ont vu jeter les pierres de leurs fondations, et celles de Bordeaux occupent des palais. Mais un succès étonnant (*phenomenal success*), particulièrement intéressant pour nous, à Dundee, est celui du centre académique entièrement neuf de la grande cité manufacturière de Lyon. Là, la municipalité à dépensé 400,000 livres dans la dernière période décennale pour son Université, et la plus grande part de ces subsides a été affectée aux bâtiments de la médecine et des sciences : un immense édifice avec six pavillons quadrangulaires, tandis que le terrain est actuellement dégagé pour construire les Facultés des lettres et de droit. Mieux que cela, ces édifices sont déjà remplis, et au comble. Le personnel enseignant dépasse actuellement celui d'Edimbourg, et a formé en sept ans 1,200 étudiants. La qualité des études médicales y est la plus haute de France (*the quality of the medi-*

cal studies is the highest in France), et la puissance de production des professeurs est telle qu'il ne faut pas moins d'un volume de dimensions respectables par an pour signaler et résumer toutes leurs publications ».

Suit un passage également sympathique à l'adresse de l'Université de Montpellier.

*

Suisse

A BALE

Nous avons reçu de nos correspondants bâlois les comptes rendus pour 1889 ou pour 1889-90 des opérations en recettes et en dépenses de ces divers établissements que nous avons déjà signalés l'an dernier : la Société académique, le Musée, la Bibliothèque publique, le cabinet de physique et la fondation d'antiquités ethnographiques. La Société académique continue à prospérer avec un avoir se chiffrant à la fin de 1889 par 353.002 fr. 72 et plus de 43,000 fr. de revenus et de cotisations annuelles. Elle a consacré à l'entretien des établissements d'enseignement supérieur une somme de 27,460 fr. 40. Le nombre de ses adhérents et de 730.

GENÈVE

LE MOUVEMENT MÉDICAL DE LA SUISSE ROMANDE PENDANT L'ÉTÉ 1890

C'est la chirurgie qui a eu chez nous pendant ces derniers mois tous les honneurs.

Elle compte non seulement de nombreux et excellents travaux publiés dans la *Revue médicale de la Suisse romande*, mais elle a aussi témoigné d'une telle vitalité, par le nombre et la valeur des jeunes chirurgiens qui collaborent à cette revue, qu'on a vu

M. le professeur REVILLIOD délaisser pour un temps la médecine interne, son champ journalier d'activité, pour donner ses *impressions sur la chirurgie nouvelle* dans la réunion annuelle des Sociétés médicales romandes, qui eut lieu à Martigny le 25 septembre dernier. Nous reviendrons sur ces impressions à la fin de cette correspondance.

Avant de donner la parole à nos chirurgiens, je tiens à rappeler trois deuils qui ont malheureusement frappé notre corps médical en la personne de praticiens distingués dont les noms étaient bien connus à l'étranger.

Le docteur F. RECORDON, de Lausanne, dont la vie a été si bien retracée par notre ami, M. MARC DUFOUR, son élève et son successeur comme médecin en chef de l'Hôpital ophtalmique de Lausanne (1); le docteur ALFRED BINET, dont la carrière fut si brillante à Genève, et enfin le docteur VICTOR GAUTIER, un des membres les plus actifs de notre Société médicale genevoise, enlevé à l'âge de soixante-six ans, en pleine activité professionnelle, après quelques jours de maladie, au plus fort de l'épidémie de grippe, le 11 janvier 1890. M. le docteur C. PICOT a donné de cet excellent confrère une biographie très complète et très intéressante, avec la liste chronologique considérable des publications du docteur V. Gautier (2).

Le fils du défunt, M. le docteur LÉON GAUTIER, médecin très apprécié à Genève, a publié un article posthume, retrouvé à l'état de brouillon dans les papiers de son père, sous le titre « Maturité précoce et mélanodermie chez un garçon de six ans et demi (3) ».

Ce travail est accompagné d'une photographie qui fait voir l'extraordinaire précocité de cet enfant. L'auteur a observé qu'il ne s'agit point ici d'une simple précocité sexuelle, mais bien d'une précocité totale intéressant le corps entier dans tous ses organes. A l'âge de six semaines le jeune garçon qui fait le sujet de cette observation avait déjà une voix de basse taille dont le timbre et la sonorité étaient ceux d'un adulte. Ce fut le premier symptôme qui attira l'attention des parents et du médecin sur ce cas extraordinaire. A l'âge de quatre ans la verge et les testicules avaient les dimensions des organes d'un homme adulte.

(1) *Revue médicale de la Suisse romande*, nº 1, 20 janvier 1890.

(2) Idem, nº 2, 20 février 1890, p. 122.

(3) Idem, nº 5, 20 mai 1890, p. 331.

*
* *

J'en reviens à nos chirurgiens et je signale d'abord à votre attention un intéressant travail de M. Roux, le jeune et distingué professeur de la nouvelle Université de Lausanne, sur le traitement chirurgical de la pérityphlite suppurée (1). L'auteur fait un parallèle instructif entre le traitement médical qui n'a aucune action contre la pérityphlite suppurée (pour suspendre le mouvement péristaltique qui favorise la perforation, l'opium seul est utile, bien qu'il ne puisse l'empêcher) et le traitement chirurgical, incision avec désinfection et drainage de la cavité de l'abcès, bien préférable, selon M. Roux, *même à la guérison spontanée* (même dans le cas où celle-ci pourrait être prévue). Il est vrai qu'il sépare nettement la simple typhlite stercorale (avec pérityphlite sans suppuration) de l'*appendicite* perforatrice (inflammation ou perforation de l'appendice vermiculaire). Après avoir donné avec beaucoup de détails 27 observations personnelles et discuté le diagnostic qui est facile, dit-il, chez la plupart des malades, l'auteur insiste sur le pronostic qui est fâcheux lorsqu'on ne se décide pas à intervenir en temps opportun. Il traite ensuite du mode opératoire et conclut par 12 thèses dont nous reproduisons les plus importantes.

1. Abstraction faite de l'opium dont la valeur quoique indiscutable est *très relative*, le traitement médical de la pérityphlite suppurée est l'*expectation sans armes*.

2. Il est dans la règle possible, facile même, de distinguer la pérityphlite suppurée (et surtout la pérityphlite perforatrice) des autres maladies de la fosse iliaque droite ; l'immense majorité des perforations appartient à l'appendicite, causée elle-même le plus souvent par la présence d'un corps étranger.

3. Le pronostic est douteux.

4. La *seule indication chirurgicale est l'évacuation du pus* (calcul, etc.), *pour prévenir la perforation dans le péritoine*, ou bien, si la perforation a eu lieu, sa neutralisation.

5. La *recherche du calcul stercoral n'est pas le but* que se propose l'opérateur ; la résection de l'*appendice vermiculaire*, trè

(1) *Revue médicale de la Suisse romande*, 20 avril et 27 mai 1890.

désirable et urgente dans de bonnes conditions, est subordonnée à l'état du malade.

6. La résection de l'appendice, entre deux crises, est indiquée toutes les fois qu'une appendicite récidive, car chacun des accès nouveaux peut être mortel.

7. L'incision oblique iliaque prolongée, l'opération la plus pratique, doit être substituée à la médication interne dans toutes les formes de pérityphlite suppurée.

Un second travail de M. Roux sur la *cholécystectomie* (1), préconise de nouveau l'intervention chirurgicale dans les maladies des voies biliaires qui avaient été jusqu'à ces dernières années uniquement réservées aux médications internes.

L'auteur met en relief la part considérable que les chirurgiens suisses ont prise au développement de ces opérations. C'est le Dr Kocher, de Berne, qui fit en effet le premier avec succès, la cholécystotomie dans un cas (diagnostiqué) d'empyème de la vésicule, avec lithiase; il put extraire ainsi, au milieu de flots de pus, 43 calculs de diverse grandeur.

Puis le Dr Kappeler, chirurgien en chef de l'hôpital cantonal de Thurgovie, à Munsterlingen, démontra les bienfaits et l'innocuité relative de la cholécyst-entérostomie, c'est-à-dire l'établissement d'une fistule entre l'intestin grêle et la vésicule, pour permettre à l'organisme d'utiliser la bile dans le cas d'occlusion définitive du canal cholédoque.

Enfin Courvoisier, de Bâle, qui suivit de près Langenbuch et qui a fait parmi les premiers des opérations variées sur les voies biliaires, spécialement la cholécystectomie ou excision de la vésicule.

M. Roux apporte trois nouveaux cas, l'un d'excision complète de la vésicule (pour une oblitération définitive du canal cystique) les deux autres de cholécystotomie *idéale*, sans aucun accident post-opératoire. On nomme ainsi l'opération qui consiste dans l'incision de la vésicule, évacuation de son contenu (calculs etc.), suture, réintroduction dans la cavité abdominale qu'on ferme, lorsque les conduits cystiques et cholédoques sont restés perméables. M. Roux pense, contrairement à ce qui a été dit, que la cholécystotomie idéale n'est pas dangereuse et offre l'avantage

(1) Cholécystotomies idéales : cholécystectomies. Plase et lithiase. *Revue méd. de la Suisse rom.* 20 octobre 1890, page 613.

de placer le malade en état de guérison intégrale, bien que la récidive soit probable.

L'auteur fait remarquer que ses trois malades sont des femmes ayant eu un nombre plus ou moins grand d'enfants, et souffrant de *ptose*. Il suppose qu'il existe une relation de cause à effet entre cette ptose des viscères et la lithiase biliaire. C'est pourquoi il a fait porter à ses opérées une sangle pelvienne de Glénard, comme moyen prophylactique contre la formation des calculs.

**
* **

Le professeur J. L. REVERDIN a présenté à la Société médicale de Genève plusieurs cas chirurgicaux intéressants. Un épithéliome du sein guéri radicalement par une extirpation totale de la glande, seule opération qui assure contre les récidives (1). — Une hernie inguinale qui offrait une particularité intéressante, la persistance à l'état de bandelette fibreuse du canal périnéo-vaginal oblitéré et formant un cordon plein. —La persistance d'une partie du canal périnéo-vaginal au-dessus de ce cordon a dû jouer un certain rôle dans la production de la hernie qui serait ainsi congénitale, d'après l'auteur. — Cure radicale par résection totale du sac et d'une partie de la bandelette fibreuse (2).

Un dernier cas enfin de hernie étranglée chez une femme de 52 ans, due à un pincement latéral de l'intestin (3). Ces cas qui avaient été niés à une certaine époque sont particulièrement graves, parce que l'absence de vomissements et de ballonnement, ainsi que la production d'une selle à la suite de l'administration d'une poudre purgative, font voir que la lumière de l'intestin n'est pas absolument oblitérée. L'atténuation des symptômes engage le médecin à temporiser, et voilà pourquoi on enregistre tant de morts dans les cas de ce genre. M. J. Reverdin a pour règle de ne jamais quitter un malade atteint d'étranglement herniaire avant que la hernie n'ait été réduite ou opérée. Dans le cas dont nous parlons il fit l'opération qui eut un plein succès. La guérison fut rapide.

(1) *Revue médicale de la Suisse Romande.* 20 juillet 1890, p. 464.

(2) *Revue médicale de la Suisse Romande.* 20 septembre 1890 p. 593.

(3) *Idem* p. 597.

*
* *

Le Dr Kummer, un jeune chirurgien fort distingué, a donné à la Société médicale de Genève plusieurs travaux intéressants.

Il a étudié d'abord les avantages de l'anesthésie locale par injection de cocaïne dans les opérations chirurgicales et recommande d'employer toujours, lorsqu'on pratique ces injections, la bande d'Esmarch qui empêche la résorption du poison et rend ainsi l'intoxication plus difficile (1). Non seulement l'anesthésie n'est pas affaiblie par l'application de la bande, mais elle est même beaucoup plus énergique que sans bande. Une autre recommandation de l'auteur, c'est de laisser saigner largement la plaie avant de faire le pansement, afin de permettre l'écoulement aussi complet que possible de la cocaïne injectée. Pour fixer la dose maximale il importe de distinguer entre les injections *perdues* et celles qui sont suivies d'opérations sanglantes. Les injections perdues, c'est-à-dire celles qui ne sont pas accompagnées d'opérations avec écoulement du sang, sont très dangereuses et provoquent souvent des symptômes graves d'intoxication. Ce danger est notablement diminué par la bande d'Esmarch et par une bonne saignée de la plaie après l'opération. D'après Kummer, on peut injecter sans danger, dans ces conditions, 0,05 gr. au maximum chez l'adulte, et 0,005 à 0,01 chez les enfants de 10 ans.

Dans une communication faite à la réunion d'automne à Martigny, M. Kummer discute la question de savoir quelle est actuellement la méthode la meilleure et la plus pratique d'asepsie opératoire. (2)

L'auteur, cherchant surtout un moyen qui soit à la portée de tout médecin praticien, recommande pour désinfecter les objets de pansement (tampons, linges, soie pour ligatures et sutures, etc.), de les immerger pendant dix minutes dans de l'eau salée à 0,6 %, mise en ébullition. Quant aux instruments, aisément détériorés par l'eau salée, il suffit de les plonger pendant le même temps dans l'eau bouilante ordinaire. Pour la désinfection des mains du chirurgien et de celles de ses aides, la solution de sublimé, d'après les règles connues. Mais il y a une précaution importante à prendre :

(1) *Revue médicale de la Suisse Romande* 20 mai 1890 p. 354.
(2) *Idem* 20 octobre 1890 p. 627.

après avoir plongé les mains dans la solution de sublimé, il faut les rincer dans de l'eau bouillie, pour éviter l'introduction de sublimé dans la plaie.

S'il s'agit d'une plaie infectée, les antiseptiques chimiques reprennent évidemment leurs droits. C'est ici que doit se montrer le tact du chirurgien pour choisir celui qui est le mieux approprié à chaque cas particulier.

Signalons enfin un cas intéressant d'extraction d'une aiguille à coudre, perdue dans un genou et localisée, par le procédé de l'aimantation (1). Le genou de la malade, qui renfermait l'aiguille, sans qu'il fût possible d'en trouver la place, était très enflé et douloureux. Il fut placé sur un électro-aimant chargé par un courant de 10 ampères. Un galvanomètre à miroir approché de la partie interne du genou indiqua immédiatement une déviation notable. On constata un point régulier d'attraction dans le genou, de ce côté, au moyen d'une aiguille fraîchement aimantée sur l'électro-aimant. On détermina de la même manière l'endroit des pôles nord et sud du corps étranger, dont on marqua sur la peau les deux points au nitrate d'argent. M. Kummer incisa entre les deux points et finit par découvrir l'aiguille profondément cachée dans l'épaisseur même de la capsule articulaire.

Un autre jeune chirurgien, de très grand mérite aussi, M. le docteur J.-R. Comte, chirurgien-adjoint de l'hôpital cantonal de Genève, fait le récit d'une opération extrêmement rare, la *jéjuno-jéjunostomie*, c'est-à-dire l'anastomose opératoire des anses de l'intestin grêle pour un cas de carcinome primitif du jéjunum (2). Il n'existe jusqu'ici, d'après l'auteur, dans la bibliographie chirurgicale, aucune observation analogue de carcinome de l'intestin grêle traité par l'entéro-anastomose. Les tumeurs carcinomateuses primitives de cette partie du tube digestif sont si rares qu'on a soutenu récemment (Mayde 1883) que leur étude n'avait aucune importance pratique, tandis qu'on en connaît plusieurs cas dans le gros intestin. Un des avantages de la nouvelle opération, c'est, en premier lieu, l'atténuation des douleurs qui succèdent à l'ingestion des aliments. On peut aussi espérer ralentir le dévelop-

(1) *Revue médicale de la Suisse romande*, 20 oct. 1890, p. 646.

(2) *Revue médicale de la Suisse romande*, 20 juin 1890, p. 402.

pement de ce néoplasme, par l'établissement d'une anastomose intestinale qui isole le carcinome (lorsque ce dernier ne peut être extirpé).

L'opération est d'autant plus justifiée que l'établissement d'un anus contre nature, seule ressource jusqu'ici dans les cas analogues, n'est indiquée que tout à fait exceptionnellement, dans les cas où, après l'extirpation de la tumeur, on ne peut pas opérer la réunion des deux bouts de l'intestin. En somme, le jéjuno-jéjunostomie est une opération paillative qui peut rendre de bons services dans les cas désespérés de tumeurs malignes du tube intestinal, comme le démontre l'intéressante observation publiée par M. Comte.

Nous rapprocherons de cette observation un autre cas du docteur HECTOR CHRISTIANI qui pratiqua la gastrostomie comme palliatif utile pour un cancer de l'œsophage avec rétrécissement de ce conduit, équivalant à une oblitération complète. Le malade vécut encore deux mois après son opération, très amélioré et jouissant parfois d'un bien-être remarquable.

*
* *

Est-ce peut-être cette abondance de travaux sur la chirurgie, témoignage du zèle de nos opérateurs, qui a inspiré les réflexions sur les « chirurgiens d'aujourd'hui », que M. le professeur RÉVILLIOD a communiquées à la réunion de Martigny (1)? Nous ne saurions le dire; toujours est-il que le savant professeur a eu pour but de jeter quelque peu de froid sur l'enthousiasme opératoire qui résulte des merveilleux progrès de la médecine moderne. M. Révilliod attaque surtout la spécialisation à outrance qui tend à réduire l'intervention chirurgicale au travail d'un simple manœuvre. — « Qu'il s'agisse de manier un médicament ou un instrument tranchant, dit excellemment l'auteur, le premier devoir du thérapeute en chirurgie comme en médecine, est de penser en observateur et en médecin ». La leçon est parfaite, mais nous croyons qu'elle ne s'adresse pas à nos chirurgiens qui ont particulièrement montré, en toute occasion, comme nous venons d'en donner les preuves, combien leur intervention était basée sur une étude consciencieuse et approfondie des conditions pathologiques de leurs malades.

Dr PAUL LADAME

(1) *Revue médicale de la Suisse romande*, 20 oct. 1890, p. 666.

LISTE DES MEMBRES DE LA SOCIÉTÉ

AU 1er JUILLET 1890

Membres fondateurs

MM. ANCEL, adm. délégué de la Cie du gaz, 7, rue de Savoie.
ANDRÉ (Paul), industriel, 52, rue de Sèze.
AYNARD (Éd.), député, 19, rue de la République.
BOUTHIER, administrateur du Crédit Lyonnais.
CAMBEFORT (Jules), rue de la République, 13.
Dr CARRIER (Albert), méd. des hôp., rue Laurencin, 14.
CARRIER (A.), Conseiller général de l'Ain, à Sutrieu.
CHABRIÈRES, Trésorier général du Rhône.
CHAMBRE DE COMMERCE DE LYON.
COMPTOIR NATIONAL D'ESCOMPTE.
CRÉDIT LYONNAIS.
DAMBMANN, avenue de Noailles, 53.
FALCOUZ (Augustin), place des Célestins, 10.
Mme Veuve FERRAND, quai des Brotteaux, 8.
MM. Dr GAYET, prof. à la F. de méd., rue Hôtel-de-Ville, 100.
GENSOUL (Paul), ingénieur, rue Vaubecour, 42.
GILLES (Louis), industriel, quai Claude-Bernard, 37.
GILLET (François), teinturier à Izieux (Loire).
GILLET (Joseph), teinturier, quai de Serin, 10.
JACQUAND, anc. prés. du Trib. de com. q. Tilsitt, 10.
JACQUIER (F.), banquier, rue de la Bourse, 4.
Dr LABOYENNE, prof. à la Fac. de médecine, rue Boissac, 1.
Dr LÉPINE, rue Vaubecour, 42.
LETORD, anc. pr. de la Ch. des not., rue Bât-d'Argent, 18.
LILIENTHAL, négociant, rue du Bât-d'Argent, 19.
De LORIOL, ingénieur, quai Saint-Antoine, 32.
Dr LORTET, doyen de la Fac. de méd., q. Guillotière, 1.
MANGINI (Lucien), ingénieur, avenue de l'Archevêché, 2.
MANGINI (Félix), ingénieur, avenue de l'Archevêché, 2.
MARTELIN, manufacturier, quai de Retz, 5.
E. OBERKAMPFF, avenue de Noailles, 20.
Dr OLLIER, quai de la Charité, 9.
PERMEZEL, place Bellecour, 37.

MM. De Riaz, banquier, quai de Retz, 10.
Sabran (H.), place Morand, 10.
Seguin (Augustin), ingénieur, place Carnot, 2.
Sévène, avenue de Noailles, 56.
Société Lyonnaise de dépots et comptes-courants.
Soulier (H.), adm. des hospices, chemin de Serin, 9.
Dr Soulier, prof. à la Fac. de méd., r. Ste-Hélène, 11.
Stengelin (H.), banquier, place de la Bourse, 4.
Vautier (Théodore), quai Saint-Antoine, 32.
Vernet (Edmond), Consul Suisse, quai St-Clair, 3.
Vignon (J.), anc. adm. des hospices, r. Malesherbes, 45.
Vitta (le Baron J.), banquier, avenue de Noailles, 38

Sociétaires

MM. Aeschimann, pasteur, rue Lafont, 8.
Allègre, maître de conférences à la Faculté des Lettres.
Allégret, professeur à la Faculté des Sciences.
André (G.), architecte, avenue de Saxe, 82.
André, directeur de l'Observatoire de Saint-Genis-Laval
Appleton, professeur à la Faculté de Droit.
Aressy, professeur.
Arloing, Directeur de l'École vétérinaire.
Aubert (Pierre), sculpteur, quai de la Charité, 58.
Audibert, professeur à la Faculté de Droit
Dr Audibert, cours Morand, 10.
Dr Audry, rue de la République, 54.
Augagneur, agr. à la Fac. de méd., méd. des hôpitaux.
Autonne, maître de conférences à la Faculté des sciences.
Auzières, avocat général, avenue de Noailles, 23.
Aynard (Ch.), place de la Charité, 5.
Aynard (M.), banquier, rue de la République, 19.
Badet, rue de la République, 45.
Mme Bagary, rue de la République, 71.
MM. Bagary, professeur au Lycée de Roanne.
Balay, ingénieur, quai de Serin, 10.
Barbier, professeur à la Faculté des Sciences.
Bard, agr. à la Fac. de Médecine, méd. des hôpitaux.
Bardot, professeur au Lycée de Saint-Étienne.
Barral, médecin de l'Hôtel-Dieu de Lyon.
Bataillon, préparateur à la Faculté des Sciences.
Baud (Longin), avenue de Noailles, 67.
Bayet, recteur de l'Académie de Lille.
Beau, place des Célestins, 1.
Mme Beauregard, place Morand, 6.

MM. BEAUVISAGE, chargé de cours à la Faculté de Médecine·
BELLEMAIN, architecte, rue du Jardin-des-Plantes, 9.
BERNE, négociant, rue Victor-Hugo, 8.
BERT, fabricant, quai de la Charité, 39.
BERTHÉLEMY, professeur agrégé à la Faculté de Droit.
BERTRAND, professeur à la Faculté des Lettres.
BESSE, professeur au Lycée de Lyon.
BESSON, industriel, quai des Brotteaux, 12.
Dr BIROT, rue Victor-Hugo, 5.
E. BIROT, notaire, place Bellecour, 8.
Dr BLANC (E.), rue du Garet, 14.
Dr BLANC, chirurgien de l'Hôtel-Dieu de Saint-Etienne.
BLETON, secrétaire au Palais des Arts.
BLOCH, maître de conf. à l'Ecole Normale supérieure.
DE BLONAY, ingénieur, quai des Etroits, 10.
BLONDEL, agrégé d'histoire, rue de l'Université, 1, Paris.
BONDET, professeur à la Faculté de Médecine.
BONIFACE, rue Saint-Pierre, 41.
BONNEFOUX (G.), place Bellecour, 21.
BONNET, sous-préfet d'Yssingeaux.
BONNET (E.), ingénieur, rue du Peyrat, 1.
BONZON, agent de change, rue de l'Hôtel-de-Ville, 50.
BORDET, avocat, cours Victor-Hugo, 11, à Saint-Etienne.
BORNET, ingénieur civil, quai de Serin, 23.
BOUFFIER, Cons. général du Rhône, place Saint-Clair, 8.
BOUILLIN-GAUTHIER, négociant, rue Bât-d'Argent, 2.
BONNEL, professeur au Collège d'Arbois.
BOUR, ingénieur, quai Claude-Bernard, 36.
BOURGEOIS, professeur à la Faculté des Lettres.
Dr BOURNET, à Amplepuis.
BOUSQUET, rue Corderie, 2.
BOUVARD (Eugène), fabricant, place Tolozan, 26.
Dr BOUVERET, médecin des hôpitaux.
BRAHME, avocat, rue Bât-d'Argent, 6.
BREGHOT DU LUT, archiviste à la Charité.
BREITTMAYER, quai de l'Est, 8.
BREYTON, professeur d'histoire au Lycée de Poitiers.
BRISAC, avocat, rue des Archers, 10.
BRUEL, professeur à la Martinière, rue Terme, 2.
BRUNOT, maître de conférences à la Faculté des Lettres.
BURDEAU, député du Rhône.
BURELLE, ingénieur civil, rue Gasparin, 20.
CADÉAC, professeur à l'Ecole vétérinaire.
CAILLEMER, doyen de la Faculté de Droit.
CAMBON (J.), préfet du Rhône.
Dr CARRIER (Edouard), rue St-Dominique, 11.
CASTEX-DESGRANGES, professeur à l'Ecole des Beaux-Arts.
CAZENEUVE, professeur à la Faculté de Médecine.
DE CAZENOVE, rue Sala, 8.
Dr CÉNAS, médecin en chef de l'Hôtel-Dieu, à St-Etienne

MM. Cercle du Commerce de Lyon.

Chabana, rue du Commerce, 7.

Chabert (Josué), filateur, rue du Garet, 4.

Dr Chambard-Hénon, cours Morand, 50.

Champin, commerçant, rue d'Aguesseau, 28.

Chantre, sous-directeur du Muséum.

Chapot, agréé, rue de l'Hôtel-de-Ville, 53.

Charles, recteur de l'Académie de Lyon.

Charruit, professeur au Lycée de Lyon.

Dr Chavanis, médecin de l'Hôtel-Dieu de St-Etienne.

Chavanon (A.), avenue de Saxe, 247.

Dr Chervin, avenue Victor-Hugo, 82, Paris.

Chevassus, prép. à la Faculté des Sciences de Lyon.

Clavel, professeur à la Faculté des Lettres.

Clavenad, ingénieur en chef de la voirie, à la Mairie.

Clédat, professeur à la Faculté des Lettres.

Dr Clément, rue St-Joseph, 53.

Cohendy, professeur à la Faculté de Droit.

Coignet (Jean), ingénieur, rue Cuvier, 2.

Coint-Bavarot, fabricant, rue des Capucins, 22.

Colonna d'Istria, professeur au Lycée de Bar-le-Duc.

Comberousse, ingénieur, boulev. des Brotteaux, 60.

Convert (Joseph), industriel à Pont-d'Ain.

Convert (J.-M)   id.

Convert (Paul), quai des Brotteaux, 12.

Convert (Philippe), notaire à Meximieux.

Coulon, cours Morand, 7.

Coquet (Adolphe), architecte, avenue de Saxe, 289.

Coste-Labaume, publiciste, cours Vitton, 1.

Couturier, notaire à Heyrieux (Isère).

Couvreur, chef de travaux à la Faculté des Sciences.

Dr Coutagne, chef de trav. prat. à la Fac. de Méd.

Dr Crolas, professeur à la Faculté de Médecine.

Guilleron, avoué, place des Terreaux, 2.

Dr Gusset, rue Terme, 10.

Debize, lieut.-colonel, quai de la Charité, 42.

Degoulet, pharmacien, place des Jacobins, 1.

Delcour, ingénieur, rue Bonnand, 28, Montchat.

Demontés, prof. d'histoire au Lycée de Châteauroux.

Deperret, professeur à la Faculté des Sciences.

Dequaire, professeur, rue de Vauban, 112.

Despierre, place des Célestins, 6.

Devay, négociant, rue Victor-Hugo, 16.

Dr Diday, rue de la République, 71.

Didelot, agrégé à la Faculté de Médecine.

Dobler (André), at. au cab. du Min. de France, à Tunis.

Dr Dor, montée de la Boucle, 55.

Dr Doyon, rue de Jarente, 27.

Dreyfus-Brisgac (J.), rue de Turin, Paris.

Druard, notaire, avenue de Noailles, 59.

MM. Dubois, rue Franklin, 11.
Dubois, prof. à la Faculté des Sciences.
Dubost, commerçant, quai de l'Hôpital, 13.
Dr Duchamp, chirurgien de l'Hôtel-Dieu de St-Etienne.
Dumond, directeur de la Caisse d'épargne de Lyon.
Durand, maître de conférences à la Faculté des Lettres.
Durand-Kœchlin, à St-Fons.
Durand, boulevard de la Croix-Rousse, 1.
Durieu, rue Franklin, 34.
Durieu du Souzy, rue Sala, 25.
Echernier (Casimir), architecte, rue du Plat, 2.
Ecole militaire de santé.
Edel, ingénieur, place Gensoul, 2.
Enou, prof. à la Faculté de Droit.
Dr J. Eraud, rue Victor-Hugo, 23.
Estéoule, avenue de Saxe, 222.
Fabre, apprêteur, Miribel (Ain).
Fauché, rue de Condé, 23.
Faure, prof. à l'Ecole vétérinaire.
Faure (Léon), avocat, Le Puy.
Favre (Léon), avocat, quai Tilsitt, 29.
Faye, place Saint-Clair, 4.
Fayolle (Jules), quai St-Antoine, 35.
Félix (Albert), quai St-Vincent, 21.
Félix (Georges), rue d'Algérie, 21.
Ferrand (Lucien), quai des Brotteaux, 8.
Ferraz, professeur honoraire de la Faculté des Lettres.
Firmery, professeur à la Faculté des Lettres.
Fitler, banquier, cours Morand, 29.
Flachat-Dumond, verreries, rue Pizay, 6.
Florence, agrégé à la Faculté de Médecine.
Flotard, ancien député, rue de la République, 52.
Flurer, professeur à la Faculté de Droit.
Fochier, procureur général, rue de Jarente, 13.
Fochier, professeur à la Faculté de Médecine.
Fontaine, doyen de la Faculté des Lettres.
Fossez, rue Camille Colard, Saint-Etienne.
Fourcade, pr. prés. de la Cour d'appel, rue Bellecour, 1.
Fourgeol, au dépôt de la Mouche.
Fournier, directeur de l'agence Fournier, Lyon.
Fournier, rue Confort, 14.
Fracque, rue Garibaldi, 149.
Fritz (G.), brasseur, cours du Midi.
Gaillard, professeur d'hist. au Lycée de Tournon.
Gailleton, maire de Lyon, prof. à la Fac. de Médecine.
Gall (Léon), quai de la Pêcherie, 1.
Gallois, chargé de cours à la Faculté des Lettres.
Gangolphe, agrégé à la Faculté de Médecine.
Dr Garand, médecin de l'Hôtel-Dieu de St-Etienne.
Garcin, avoué, rue de la République, 13.

MM. GARDE, mécanicien, place Carnot, 9.
GARIN, avocat, place Bellecour, 31.
GARRAUD, professeur à la Faculté de droit.
GAVOIS, conservateur des hypothèques, rue V.-Hugo, 58.
GAYET (Marcel), avocat, rue Saint-Jean, 54.
GAZANION, greffier en chef du Tribunal civil, au Puy.
GENESTE (P.), architecte rue Constantine, 2.
GEORG, libraire, rue de la République, 65.
GÉRARD, professeur à la Faculté des Sciences.
GÉRARD (André), avenue de Noailles, 61.
GINET, fabricant, passage de l'Enfance, 4.
GIRARD, conseiller municipal, à Bourg.
GLÉNARD, professeur honoraire à la Faculté de Médecine.
GOBIN, ing. des Ponts et chaussées, place St-Jean, 8.
GONNARD (E.), ingénieur, quai de Vaise, 98.
GONNESSIAT, à l'Observatoire de St-Genis-Laval.
GONNON, pharmacien, rue Victor-Hugo, 14.
Dr GOUJON, sénateur de l'Ain, place Daumesnil, 15, Paris.
GOURJU, avocat, rue de la République, 64.
GOUY, professeur à la Faculté des Sciences.
Dr GRAND, place du Peuple, 3, à St-Étienne.
Dr GRANDCLÉMENT, place Bellecour, 7.
GRAVIER, secrétaire général à la Préfecture du Rhône.
GRIMONET, entrepreneur, rue Pierre-Corneille, 127.
Dr GROS, cours Morand, 46.
GROS (Ad.), avocat, rue Constantine, 9.
GROSSET, sous-bibliothécaire de la Ville, rue Cuvier, 1
GRUBER, professeur au Lycée, quai des Brotteaux, 14.
GUÉNEAU, fabricant, rue Duquesne, 91.
GUERRIER, pharmacien, rue St-Joseph, 37.
GUICHARD, propriétaire, cours de la Liberté, 1.
GUILLOT (André), avocat, **rue Pizay, 22.**
GUYAZ (Marc), Cons. mun., boulev. des Brotteaux, 22.
GUYOT, sénateur de l'Ain, Paris.

HANNEQUIN, chargé de cours à la Faculté des Lettres.
HARTAUT (G.), négociant, montée des Carmélites, 10.
HÉDIN (A.), directeur de l'Ecole des Beaux-Arts.
HEINRICH (Christ.), cours d'Herbouville, 1.
HEINRICH,   id.
HIGNARD, prof. hon. de la Fac. des Lettres, à Cannes.
HIRSCH, rue de Castiglione, 1, Paris.
HIRSCH, architecte de la ville de Lyon.
HIRSCH (Aug.), rue de Fleurus, 2, Paris.
HOFFHERR (H.), brasseur, cours Perrache, 4.
HOLLEAUX, chargé de cours à la Fac. des Lettres.
HOLSTEIN, directeur du Comptoir national d'Escompte.
Dr HORAND, quai de l'Hôpital, 18.
HUGENTOBLER, rue Maisons-Neuves, 77.
HUGOUNENQ, agrégé à la Faculté de Médecine.

MM. Huguet (Ed.), avocat, rue d'Egypte, 3.
Hutter (G.), directeur de la Société générale.
Isaac (Aug.), fabricant de tulles, quai des Brotteaux, 12.
Isnard (Albert), avocat, quai de l'Est, 15.
Jaboulay, agrégé à la Faculté de Médecine.
Jallas, place de la République, 42.
Dr Janez, rue de la Charité, 43.
Jangot, place Morand, 18.
Jarrige, professeur au Lycée de Lyon.
Jean, professeur au Collège de Cette (Hérault).
Jomain, commerçant, rue Lanterne, 7.
Jullien, professeur-adjoint à la Faculté des Lettres.
Mme Jusserand, à St-Haon-le-Châtel (Loire).
Jusserand (J.), s -dir. Min. des aff. étrangères, Paris.
Juvanon du Vachat, juge à Belley (Ain).
Kahn (L.), négociant, rue des Archers, 8.
Kœhler, maître de conférences à la Faculté des Sciences.
Labranche, sculpteur, place Bellecour, 6.
Lacassagne, professeur à la Faculté de Médecine.
Lachmann, chargé de cours   id.   des Sciences.
de Lachomette, ingénieur, quai de la Pêcherie, 4.
Lafaye, professeur à la Faculté des Lettres.
Lamante, pharmacien, rue de la République, 30.
Lang, Dir. de La Martinière, rue des Augustins, 5.
Lannois, agrégé à la Faculté de Médecine.
Mme de Laprade, rue de Castries, 10.
de Laprade (Paul),   id.
Laurent, joailler, quai St-Antoine, 11.
Legouis, maître de conférences à la Faculté des Lettres.
de Leiris, avocat à la Cour d'appel, rue St-Dominique, 10
Lemoine (G.), répétiteur à l'Ecole militaire de santé.
Lepage, ing. chemin de fer de l'Est, rue Charlet, 30.
Léroux (Ernest), éditeur, rue Bonaparte, 28, Paris.
Lesbre, professeur à l'Ecole vétérinaire.
Leser, Dir. usine Girard, à Fontaines-sur-Saône.
Leseur, agrégé à la Faculté de Droit.
Lestra (Jean), avocat, place de la Charité, 5.
Dr Levrat, médecin major à la Charité.
Lévy, grand rabbin, quai Tilsitt, 13.
Lévy (Marc), professeur à l'Ecole vétérinaire.
Linossier, agrégé à la Faculté de Médecine.
Littaut, fabricant, rue Franklin, 59.
Lobbecht-Lortet, à Oullins.
Loiseau, avoué à Bourg.
Lordereau, apprêteur, rue du Commerce, 30.
Loret, maître de conférences, à la Faculté des Lettres.
Lumière (Antoine), rue Saint Victor, 21.
Lumière (Auguste),   id.
Lumière (Louis),   id.
Lunant, ingénieur, rue du Bât-d'Argent, 31.

MM. MABIRE, professeur à la Faculté de Droit.
    MAGNIEN, pharmacien en chef de la Charité.
    MAGNIN, manufacturier, quai de Serin, 55.
    MAIRESSE, ancien négociant, quai de l'Est, 15.
    MALLET, professeur au lycée de St-Etienne.
    MALO (Léon). rue de Jarente, 12.
    MANCARDI, fabricant, rue Royale, 5.
Mme F. MANGINI, avenue de l'Archevéché, 2.
    MANGINI (Marc),   id.
    MANTIN (Georges), quai de Billy, 51, Paris.
    MARCHEGAY, ingénieur, quai des Célestins, 11.
    MARCHESSOU FRÈRES, imprimeurs. le Puy.
    MARIÉJOL, maître de conf. Faculté des lettres de Dijon.
    MARQUE, pharmacien, rue du Pont-de-la-Gare, 3.
    DE MARS, rue du Plat, 38.
    MARTINO, major de l'Ecole milit. de santé.
    MARTIN (J.-P.-A), rue Tramassac, 30.
    MARTIN, chirurgien-dentiste, rue de la République, 30.
    MATHEVON, avocat, route de Bourgogne, 71.
    MAUVERNAY, avoué, rue Dubois, 19.
    MAYET, professeur à la Faculté de médecine.
    MÉGROZ (H), négociant en soieries, av. Noailles, 31.
    MÉGROZ,   id.   id.   id.
    MÉGROZ (L.), rue Royale, 27.
    MÉLON, place Tolozan, 19.
    MERCIER, imprimeur, rue de l'Hôtel-de-Ville, 91.
    DU MESNIL, chef de cabinet du Préfet de Saône-et-Loire.
    MONDON, professeur d'histoire au lycée du Puy.
    MONOYER, professeur à la Faculté de médecine.
    MONTUPET, cours Charlemagne, 54.
    MORARD, avocat, rue de Montaud, 25, à St-Etienne.
    MORAT, professeur à la Faculté de médecine.
    MORIN, cours Morand, 29.
    MORIN (E.), cours Morand, 29.
    MÜLLER, professeur de philosophie au lycée de Tournon.
    MUNIER (Paul), avoué à la Cour, rue Octavio-Mey, 1.
    NEYRON, fabricant, cours Morand, 29.
    NOLOT, conseiller général, rue Cavenne, 21.
    OBERKAMPFF (H.), avenue de Noailles, 20.
    ODET, fabricant, rue d'Egypte, 1.
    OFFRET, maître de conférences à la Faculté des Sciences.
    PALUD, libraire, rue de la Bourse, 4.
    PARENT, pharmacien à Bourg (Ain).
    PATRICOT, avoué, place des Cordeliers, 12.
    PAYROCHE, pasteur, cours Morand, 27.
    PEIRON, avoué, rue d'Algérie, 19.
    PENOT, dir. Ecole de Commerce, rue de la Charité, 31.
    PERRET, professeur à la Faculté de Médecine.
    PERRIN, ancien notaire, rue du Plat, 24.
    PETOT, professeur à l'Ecole vétérinaire.

MM. Peyrachon, rue de la République, 81.
Piaton, ingénieur civil, rue de la Bourse, 49.
Picard (Achille), négociant, rue des Archers, 10.
Piernet professeur à la Faculté de Médecine.
Ul. Pila, négociant, rue de la République, 2.
Pinet, Dir. Cⁱᵉ gén. des Eaux, r. de l'Hôtel-de-Ville, 41
Petiot, place Carnot, 20.
Mˡˡᵉ Plasson, quai Tilsitt, 27.
MM. Poirier inspecteur d'Académie, à la Préfecture.
Poncet, fabricant, place Tolozan, 26.
E. Poncet, ancien médecin, avenue de Noailles, 61.
Poncet, professeur à la Faculté de Médecine.
Pondeveaux, avoué, rue Neuve, 7.
Pollosson, agrégé à la Faculté de Médecine.
Porteret, pharm. en chef Hôtel-Dieu Saint-Etienne.
Poullet, chargé de cours à la Faculté de Médecine.
Pouzet, professeur, chargé de cours au Lycée de Roanne.
Pradel (N.), professeur à la Martinière.
Dʳ Pupier, quai Fulchiron, 24.
Mᵐᵉ Quinet, boulevard Montparnasse, 166, Paris.
Quinson, fabricant de velours, rue de la République, 8.
Quivogne, adjoint au Maire, quai de la Charité, 39.
Rainaud, agrégé d'histoire, chemin d'Alay, 117.
Dʳ Raulin, à Rennes.
Raulin, professeur à la Faculté des Sciences.
Dʳ Rebatel, quai de l'Hôpital, 11.
Recoura, chargé de cours à la Faculté des Sciences.
Mᵐᵉ de Récourt, rue de la Charité, 86.
MM. Regnaud, professeur à la Faculté des Lettres.
Dʳ Réveil, rue Victor-Hugo, 47.
Riche, préparateur à la Faculté des Sciences.
Rigollot, chef de travaux à la Faculté des Sciences.
Ritton (Jean), fabricant de soiries cours Morand, 24.
Roberty (J.), Quai des Brotteaux, 8.
de la Rochette, ingénieur, place Gensoul, 4.
de la Rochette, manufacturier à Givors.
Rodet, professeur à la Faculté de Médecine.
Rogeat, rue d'Enghien, 13.
Rollet, professeur à la Faculté de Médecine.
Roque, courtier, quai de la Charité, 2.
A. Rosset, fabricant, rue du Griffon, 9.
Rossigneux, capitaine d'artillerie à Besançon.
Rougier, professeur à la Faculté de Droit.
Roux, professeur à la Faculté des Sciences.
Sabatier, agrégé à la Faculté de Médecine.
Saint-Lager, bibliothécaire au Palais des Arts.
Salomon, quai Saint-Clair, 2.
Saulnier, Conseiller général de l'Isère.
Sauzet, professeur agrégé à la Faculté de Droit.
Schneider (Louis), imprimeur, quai de l'Hôpital, 12.

MM. Seguin (Paul), directeur de « la Buire », place Carnot, 2.
Seguin (L.), directeur de la Compagnie du Gaz, Le Mans
Sennet (Gustave), rue Royale, 18.
Séris, Directeur adjt de « la Foncière » rue Pizay, 11.
Seux, négociant en soieries rue Pizay, 11.
Mᵐᵉ Siaux, rue Victor-Hugo, 34.
MM. Sicard, doyen de la Faculté des Sciences.
Simon (J.), pharmacien, rue de Béarn. 41.
Simonin, professeur au Lycée de Bourg.
Société de lecture de Lyon, rue de la Bourse, 4.
Sornay (Louis), Quai Saint-Clair, 2.
Stehelin, à Bistschwiller, par Thann (Alsace-Lorraine),
Mᵐᵉ Ch. Steiner Pons, place des Hospices.
Stengelin, banquier, rue de la Bourse, 4.
Mᵐᵉ Storck, rue de l'Hôtel-de-Ville, 78.
Storck, imprimeur, rue de l'Hôtel-de-Ville, 78.
Syveton, professeur d'histoire au Lycée d'Aix, en mission.

Tabourin, à Miribel (Ain).
Tallon, prés. de chambre à la Cour, avenue Noailles, 54
de Tannenberg, rue Pierre-Corneille, 35.
Tardy, rue de la République, 17.
Targe, rue Tupin, 31.
Tavernier, avocat, rue de Jarente, 24.
Tédeschi, avenue de Noailles, 49.
Testenoire, Directeur de la Condition des Soies.
Testut, professeur à la Faculté de Médecine.
Mᵐᵉ Thaller, place Ampère, 7.
Thaller, professeur à la Faculté de Droit.
Thamin, maitre de conférences à la Faculté des Lettres.
Thévard, avocat général, quai de la Charité, 38.
Thevenin, fondeur, quai de la Guillotière, 12.
Toeffeut, à Villeurbanne.
Tripier (Raymond), professeur à la Faculté de médecine.
Tripier (Léon), professeur à la Faculté de médecine.

Union patriotique du Rhone, place de la Miséricorde, 5.

Vallin, directeur de l'Ecole militaire de Santé.
MM. Vallin, percepteur, place du Pont, 13.
Vernet, docteur en Droit, quai des Célestins, 11.
Vessiot, professeur au Lycée de Lyon.
Vevre (Félix), employé à la Société lyonnaise.
Veyrin (Paul), rue de la République, 10.
Dʳ Vidal (Emile), à Hyères.
Vidor (P.), avenue de l'Archevêché, 7.
Vignon (Paul), boulevard Saint-Michel, 76, Paris.
Vignon, Mᵉ de conf. à la Fac. des Sciences.
Villard, rue Mazard, 6.
Villet (Joseph), cons. gén., quai de la Guillotière, 6.
Vinay, professeur à la Faculté de médecine.

VINCENT, distillateur, avenue de Saxe, 74.
VINGTRINIER, bibliothécaire de la Ville, rue Neuve, 32.
VIRY (Ch.), sous-directeur de l'Ecole militaire de Santé.
VOIGT, à Géanges (Saône-et-Loire).
VOURLOUD, ingénieur. quai d'Occident, 3.
VUY, avocat, avenue de l'Archevêché, 1.
WADDINGTON, maître de conférences à la Fac. des Lettres.
WARNERY (Rod.), commerçant, quai Saint-Clair, 14.
Mlle WAHL, rue Saint-Pierre, 16.
WEILL, agrégé à la Faculté de médecine.

ÉTUDIANTS

Faculté de Droit

MM.

APPLETON J.
ATHANASIADÈS.
D'AYNARD.
BAL.
BARSU.
BERTRAND.
BEUF.
BONNETAIN.
BROSSET-HECKEL.
BROUILHET.
CAILLOT.
CARTIER.
CATTAN.
CHENEVIÈRE.
CITRON.
CLERMIDY.
COESTER.
COLLAIN.
CORBIÈRE.
DAMOUR.
DOR.
DOREY.
DREYFUS.

MM.

DRUTEL.
E. DURAN.
FRANC.
GAUCHERAND.
GAY.
GENIN.
GEORGES.
GONNOT.
GRÉPAT.
JOSSERAND L.
DE MATTEIS.
MEYNET.
MOTONO.
NEYRET.
PARISET.
PINEL.
ROCHEX.
RODET.
ROLO.
ROUSSOS.
SCHRAMECK (Paris).
THIODET.
DE VILLENEUVE.

Faculté de Médecine

MM.

ARTAUD.
BRET.
GARCIN.
GENOUD (Philibert).
MICHAUD.

MM.

PIC.
RIVIÈRE.
ROUX A.
DECHENOUX (Pharmacie).

Faculté des Sciences

MM.

ANSTETT.
CAMPIN.
ETAIX.
GEOFFRIAUD.
JOUBERTON.
LE CADET.
MOREL J.

MM.

MOREL L.
PATIENT.
PERRIGOT.
PEYRÈGUE.
ROCHE Aug.
THOVERT

Faculté des Lettres

MM.

BOUDIER.
BUCHE.
CANTON.
CHARVET (Paris).
CHIDE.
CRÉMIEUX.
DEMONTÈS V.
DESORMAUX.
DUPUIS.
FAUBERT.
FRÉJAFON.
GINOUX.
GULLIET.
ROCH.
KLEINCLAUSZ.

MM.

LACUIRE.
LAPAIRE.
LÉGER.
LESIRE.
MORET.
NOIROT.
PÉROUSE.
PONTAL.
PRAVIEUX.
PROST.
REBOUL.
ROBERT.
SACOMAN.
STECK.
VULLIOD.

TABLE ANALYTIQUE DES MATIÈRES

(Travaux de l'année 1889)

Minéralogie et cristallographie

Astrologie et météorologie

Géologie

SCIENCES SPÉCIALES. ANTHROPOLOGIE ET SOCIOLOGIE

Grammaire comparée et linguistique

Littérature étrangère

Epigraphie et archéologie

Histoire

Droit grec

Droit romain

Histoire du droit

Droit civil

Droit commercial et industriel

Droit international

Obstétrique et Chirurgie

CHRONIQUE

SOCIÉTÉS SAVANTES
PUBLICATIONS SCIENTIFIQUES ET LITTÉRAIRES

ACADÉMIE DES SCIENCES, BELLES-LETTRES ET ARTS de Lyon. Fondée en 1698. Au palais des Arts.

ASSOCIATION HORTICOLE LYONNAISE, cours Lafayette prolongée, 61, fondée en 1872.

ASSOCIATION LYONNAISE DES AMIS DES SCIENCES NATURELLES, secrétariat au Muséum, palais des Arts.

CLUB-ALPIN FRANÇAIS, SECTION LYONNAISE, quai de Retz, 6, fondé en 1876.

SOCIÉTÉ ACADÉMIQUE D'ARCHITECTURE, fondée en 1830. Palais des Arts.

SOCIÉTÉ D'AGRICULTURE, HISTOIRE NATURELLE ET ARTS UTILES (Palais des Arts, fondée en 1761 (*Annales*).

SOCIÉTÉ D'ANTHROPOLOGIE, palais des Arts.

SOCIÉTÉ BOTANIQUE DE LYON, fondée en 1872, palais des Arts (*Bulletin*).

SOCIÉTÉ D'ÉCONOMIE POLITIQUE, fondée en 1866, réunion au café Casati.

SOCIÉTÉ D'ENSEIGNEMENT PROFESSIONNEL, fondée en 1864, 7, rue des Marronniers.

SOCIÉTÉ DE GÉOGRAPHIE, fondée en 1873, rue de l'Hôpital, 6 (*Bulletin*).

SOCIÉTÉ D'HORTICULTURE PRATIQUE DU RHÔNE, fondée en 1843, palais des Arts (*Bulletin*).

SOCIÉTÉ LINNÉENNE, fondée en 1822, place Sathonay, 2 (*Annales*).

SOCIÉTÉ LITTÉRAIRE, HISTORIQUE ET ARCHÉOLOGIQUE, fondée en 1778, palais des Arts.

SOCIÉTÉ LYONNAISE DES BEAUX-ARTS, fondée en 1887, rue de l'Hôpital, 6.

SOCIÉTÉ NATIONALE DE MÉDECINE, fondée en 1789, palais des Arts.

SOCIÉTÉ NATIONALE D'ÉDUCATION, fondée en 1832, palais des Arts.

SOCIÉTÉ DE PHARMACIE ET SCIENCES UTILES DE LYON ET DU DÉPARTEMENT DU RHONE, fondée en 1806. Palais des Arts (*Bulletin*).

SOCIÉTÉ POMOLOGIQUE DE FRANCE. Palais des Arts. (*Bulletin*).

SOCIÉTÉ RÉGIONALE DE VITICULTURE, 27, rue de l'Arbre Sec.

SOCIÉTÉ DES SCIENCES INDUSTRIELLES, fondée en 1862. (*Annales*).

SOCIÉTÉ DES SCIENCES MÉDICALES, 41, quai de l'Hôpital.

ANNALES DE DROIT COMMERCIAL FRANÇAIS, ÉTRANGER ET INTERNATIONAL. Rousseau, éditeur.

ARCHIVES DE L'ANTHROPOLOGIE CRIMINELLE ET DES SCIENCES PÉNALES. Storck, éditeur.

ARCHIVES DU MUSÉUM, Palais des Arts.

BULLETIN DE L'INSTRUCTION PRIMAIRE (Inspect. Académique, rue de Bonnel 10).

BULLETIN DE L'ASSOCIATION DES ÉTUDIANTS (81, rue de la République),

LE CULTIVATEUR PROGRESSIF (rue des Maisons-Neuves, 6).

L'ÉCHANGE, revue Linnéenne (18, rue Ferrandière).

ECHO DES SOCIÉTÉS ET ASSOCIATIONS DES VÉTÉRINAIRES DE FRANCE (quai de la Charité, 39).

GAZETTE AGRICOLE ET VITICOLE DU SUD-EST, (quai de Retz, 16).

Journal de médecine vétérinaire et de zootechnie (Ecole vétérinaire).

Lyon horticole (61, cours Lafayette).

Lyon médical (48, rue de la République).

Lyon scientifique et industriel, Librairie Georg, 65, rue de la République.

Lyon vinicole. Montée des Epies, 25.

Province médicale, 15, rue Saint-Dominique.

Recueil de la jurisprudence de la cour d'appel de Lyon et des tribunaux. Mougin-Rusand, éditeur, rue Stella.

Revue du Siècle, C. Roy, cours de la Liberté, 59.

Revue du Lyonnais, Mougin-Rusand, édit.

Revue de Philologie française, Storck, imp.

BIBLIOGRAPHIE

Collection lyonnaise de fac-similés en photogravure (taille douce). (Publiée par la Faculté des Lettres de Lyon).

La Faculté des Lettres de Lyon fait exécuter pour son enseignement paléographique des planches en taille-douce destinées à faire connaître les principales pièces et manuscrits des archives et des bibliothèques de Lyon.

Deux formats sont adoptés pour le tirage. Le premier (série A) s'appliquera aux pièces d'archives et pages de manuscrits dont les dimensions ne dépasseront pas 0^m,27 sur 0^m,36. Le second format (série B) aura 0^m,50 sur 0^m,67.

Un exemplaire de chacune des trois planches énumérées ci-après sera envoyé franco, à titre de spécimen, à toute personne qui joindra à sa demande 1 franc pour la planche de la série A, et 3 francs pour une planche de la série B.

Les trois planches actuellement exécutées sont les suivantes :

Série A, pl. I. — Yzopet de Lyon, XIII° siècle (*N° 57 de la Bibliothèque municipale du palais Saint-Pierre, fol. 67 v°*).

Cette page contient la fin du conte latin *De Viro et uxore*, et le commencement de l'imitation française. Entre les deux, une miniature représente les principaux épisodes du conte.

Série B, pl. I. — Registres consulaires de Lyon, 1529.

Cette planche contient une page entière du registre BB/48 (f° 155 v°) des Archives municipales de Lyon. Le premier registre est un registre de minutes; le fragment reproduit du second registre est la copie grossoyée de la dernière partie du premier.

C'est le procès-verbal de la séance du consulat lyonnais tenue le jeudi 20 septembre 1529. Il y est question notamment de la taxe du pain et de la rançon de François Ier.

Série B, pl. II. — Tablette de cire du XIV° siècle.

Cette tablette est une acquisition récente de la Bibliothèque municipale du lycée. Le fac-simile la reproduit entièrement, recto et verso. On y trouve les comptes de l'abbaye de Cîteaux, du 27 avril au 2 juin 1324.

Pour l'acquisition de ces fac-similés, s'adresser au Secrétaire de la Faculté des Lettres, palais Saint-Pierre, à Lyon.

Dictionnaire Etymologique du Patois lyonnais, par N. DU PUITS-PELU, 1 vol. in-8, en 5 fascicules (4 parues). Storck, imprimeur; H. Georg, éditeur.

L'Exposition Universelle de 1889, par LÉON MALO, 1 vol. in-8, illustré, imp. du *Salut Public*.

La Soie, LÉO VIGNON, maître de Conférences à la Faculté des Sciences de Lyon, 1 vol. in-16, cart. perc., 81 fig. dans le texte. J.-B. Baillière et fils.

Les industries de la soie : Sériciculture, filature, moulinage, tissage, teinture histoire et statistique, par PARISET, 1 vol. in-8°; avec 153 figures, 16 pl. hors texte et une planisphère séricicole historique.

Les industries d'art à Lyon, meubles, décorations, tentures, dentelles, soieries, etc, par J.-B. GIRAUD, 1 vol. in-8°, avec 50 planches.

Le Microscope et ses applications à l'étude des animaux et des végétaux, par ED. COUVREUR, 1 vol. in-16, 120 fig. J.-B. Baillière et fils.

La Coloration des vins, par P. CAZENEUVE, professeur à la Faculté de Lyon, 1 vol. in-16, avec 1 pl. J.-B. Baillière et fils.

L'Egypte au temps des Pharaons, la vie, la science et l'art, par V. LORET, maître de Conférences à la Faculté de Lyon, 1 vol. in-8, avec fig. J.-B. Baillière et fils.

Le Monde des rêves, par le D* P. MAX-SIMON, médecin de l'asile d'aliénés de Bron, 1 vol. in-16. J.-B. Baillière.

Les Exercices du corps, et le développement de la force et de l'adresse, par E. COUVREUR, chef des travaux de physiologie à la Faculté des Sciences de Lyon, 1 vol. in-16, 75 fig.

La psychologie de l'effort et les doctrines contemporaines, par A. BERTRAND, 1 vol. in-12.

Sous presse

Nos jeunes détenus, avant, pendant et après leur séjour au quartier correctionnel; Etude sur l'enfance coupable par M. RAUX, directeur de la vingtième circonscription pénitentiaire, 1 vol. in-8, de la *Bibliothèque de Criminologie*. Storck, édit.

LYON A L'EXPOSITION UNIVERSELLE de 1889, in-4. — Edition de grand luxe, ornée de très nombreuses illustrations et planches en héliogravure. — Ouvrage honoré des souscriptions du Conseil général, du Conseil municipal et de la Chambre de Commerce.

STORCK, imprimeur-éditeur.

Troisième Année. — Fascicule 3.

BULLETIN DES TRAVAUX

DE

L'UNIVERSITÉ DE LYON

PUBLICATION DE LA

SOCIÉTÉ DES AMIS DE L'UNIVERSITÉ LYONNAISE

RÉDIGÉE PAR

LES PROFESSEURS DES FACULTÉS

Comité du Bulletin

Président : **M. THALLER**, Professeur à la Faculté de Droit.

MM.

ANDRÉ, Professeur à la Faculté des Sciences, Directeur de l'Observatoire.

APPLETON, Professeur à la Faculté de Droit.

AUDIBERT, Professeur à la Faculté de Droit.

BARBIER, Professeur à la Faculté des Sciences.

BOURGEOIS, Professeur à la Faculté des Lettres.

FONTAINE, Doyen de la Faculté des Lettres.

MM.

LACASSAGNE, Professeur à la Faculté de Médecine.

LANNOIS Professeur agrégé à la Faculté de Médecine.

LÉPINE, Professeur à la Faculté de Médecine, Correspondant de l'Institut.

MORAT, Professeur à la Faculté de Médecine.

ROUX, Maître de Conférences à la Faculté des Sciences.

THAMIN, Maître de Conférences à la Faculté des Lettres.

Secrétaire général de la rédaction : **M. DUBOIS**, Professeur à la Faculté des Sciences.

TOME QUATRIÈME

LYON

A. STORCK, IMPRIMEUR-ÉDITEUR

78, Rue de l'Hôtel-de-Ville

PARIS

Ernest LEROUX, ÉDITEUR, 28, rue Bonaparte

Voir le Sommaire aux pages 3 & 4 de la Couverture.

COLLABORATEURS DU BULLETIN A L'ÉTRANGER

SUISSE

Genève... — EUGÈNE RITTER, doyen de la Faculté des Lettres à l'Université.

CHARLES SORET, professeur de minéralogie à la Faculté des Sciences.

MARTIN, professeur de Code Civil à la Faculté de Droit

E. LADAME, privat-docent de médecine légale à la Faculté de Médecine.

Bâle...... — ED. HAGENBACH-BISCHOFF, professeur de physique à l'Université, directeur du Bernoullianum.

SCHULIN, professeur de Droit à l'Université.

Neuchâtel — DE TRIBOLET, professeur de minéralogie à l'Académie
PH. GODET, publiciste.

Berne..., — KŒNIG, professeur à la Faculté de droit de l'Université.

Zurich.... — A. PETIT, professeur de géographie au Polytechnicum.

Lausanne. — RENEVIER, professeur de géologie à la Faculté des Sciences, à l'Académie.

FOREL, professeur extraordinaire à la même Faculté.

ITALIE

Turin..... — PACCHIOTTI, professeur de clinique chirurgicale à l'Université, sénateur du royaume d'Italie.

C. RINAUDO, professeur d'histoire à l'Université, directeur de la *Rivista Storica Italiana*.

BRUSA, professeur de droit pénal à l'Université.

Gênes .... — ISSEL, professeur de géologie et de minéralogie à l'Université.

LE BULLETIN DES TRAVAUX DE L'UNIVERSITÉ DE LYON

Paraît tous les trois mois, en quatre fascicules par an
Et est servi gratuitement à tous les Membres de la *Société des Amis
de l'Université lyonnaise.*

EXTRAIT DES STATUTS

DE LA SOCIÉTÉ DES AMIS DE L'UNIVERSITÉ DE LYON

ARTICLE 1er. — La Société des Amis de l'Université lyonnaise a pour objet la constitution et le développement d'une Université régionale à Lyon.

ART. 2. — L'accès en est ouvert à tous les amis des hautes études, moyennant le versement d'une cotisation annuelle minima de 10 francs. Les dames peuvent faire partie de la Société. Les étudiants pourront adhérer moyennant le versement d'une cotisation annuelle de 5 francs.

ART. 3. — Seront *membres fondateurs* les membres de la Société qui auront versé une somme minima de 500 francs.

. . . .

ART. 5. — La Société continuera la publication du *Bulletin des Travaux de l'Université de Lyon* ET LE DISTRIBUERA A TOUS SES ADHÉRENTS . . . .

ART. 14. — Tout membre de la Société qui désire envoyer sa démission doit le faire avant le 15 décembre de chaque année.

Les souscriptions seront reçues chez MM. DUBOIS, 86, rue de la Charité et BERTHÉLEMY, 10, quai de la Guillotière, Secrétaires-adjoints.

CHRONIQUE

CHRONIQUE